JN240394

〈優勝劣敗〉と明治国家

加藤弘之の社会進化論

田中友香理

ぺりかん社

〈優勝劣敗〉と明治国家＊目次

【凡例】

一、年代の表記にあたっては、元号と西暦を適宜併用するが、引用史料と参考文献の刊行年等は西暦を用いた。また、月日に関して、改暦が公布された明治六年（一八三七）以前については旧暦のものを記載した。

一、引用史料および参考文献を含む本文中における漢字表記は、原則として通行の字体を用いた。また、読みやすさを考慮して、ごく一部の漢字については同義の別字に改めた。ただし、仮名遣いは原文の通りとした。

一、引用史料においては、適宜句読点を付すほか、改行などの整理を施した（一部の改行については／で示した）。また、欧文単語の綴り等の誤りについてはとくにことわらずに訂正を施した。

一、引用史料において、著者による注記は級数を下げたうえで〔　〕内に示した。また、史料名等で著者が標題を付したものについても〔　〕で補った。

一、引用史料で原文が外国語のものについては、邦訳がある場合はそれらを適宜使用し、それ以外の場合は必要に応じて著者による訳を掲げた。

一、引用史料および参考文献等の註記は、各章ごとに一括して掲げるが、初出の場合を除き刊行年等を省略して示した。

一、本文内の表・図には、掲載順に通し番号を付した。

序章　本書の課題と方法

第一節　一八九〇年、ロンドンそして東京——快楽と国家

ドリアン・グレイと進化論

オスカー・ワイルド（Oscar Wild）が一八九〇年に発表した小説『ドリアン・グレイの肖像』は、美少年ドリアン・グレイが悪徳と快楽に溺れ怪死を遂げるまでを描いた作品だが、同作品は、ヴィクトリア朝的価値観が横溢する十九世紀末のイギリスにおいて、ラファエル前派にも通ずるような耽美的世界を描き出したものである。

後に同性愛の罪で投獄されるワイルドの筆によるドリアンは、汚れのない完璧な美貌を保ちながら、残酷で退廃的な行動を重ねていく。婚約の約束までした少女を死に追いやり、カトリックの神秘的な儀式に心惹かれ、香水の精製と、宝石とタペストリーの収集を趣味とし、怪しげな宿屋で悪行に耽った。

ドリアンの信条は、理性を疑い感覚を信じ、美を求める繊細な本能に忠実に生きることによって、快楽主義的人生が完成するというものであった。その背景にある思想は次のように説明される。

ありきたりの事柄を未知のものに見せるすばらしい力を持った神秘主義や、それに必ずついてくるような

道徳不要論は、いっとき彼〔ドリアン〕の心を動かしていた。そしてまたあるときはドイツにおけるダーウィン主義運動の物質主義的な学説に傾倒し、思考や情熱の起源を人間の真珠のような脳細胞や身体組織の白い神経にたどって考えることに不思議な喜びを感じ、精神は、病的なものであろうと健全なものであろうと病んでいようと、なんらかの身体的状況に完全に左右されているという考えに喜びを見いだしていた。(1)

ドリアンの快楽主義が「神秘主義」「道徳不要論」と「ドイツにおけるダーウィン主義運動の物質主義的な学説」の双方を背景にもつというのである。快楽主義と「神秘主義」「道徳不要論」の親和性は濃厚だと思われるが、「ダーウィン主義運動の物質主義的な学説」と快楽主義はいかに結び付くのか。「ドイツにおけるダーウィン主義運動の物質主義的な学説」とは、十九世紀のドイツでビュヒナー (Ludwig Büchner) らが唱えた自然科学的唯物論のことであろう。ビュヒナーは物質一元論の自然観のもと、実在の本質を物理に求め、すべての現象が物理の力(=自然法則)によって支配されるとし、人間の生命の独自性を否定した哲学者である。ワイルドのいう「ダーウィン主義運動の物質主義的な学説」とは、「思考や情熱」の起源がともに人間の「身体的状況」にあるという一元論のことであり、そのような立場においては、理性(知覚)と肉体(感覚)を対立的に捉える二元論は排除され、感覚に従うことと理性に従うこととの本質的違いは失われ、それによって快楽主義における感覚偏重の思想と行動が正当化される。ドリアンという退廃的な快楽主義者は、すべてを一元的、因果的、唯物的に解釈する進化論を快楽主義の思想に導入することによって造型されたのである。

ダーウィン (Charles R. Darwin) が『種の起源』を発表した一八五九年前後、彼とその周辺の生物学者が提唱した進化論は、生物学の範疇に止まらず、文明論と強く結びついて進歩の観念を導き、産業化や植民地主義などを支える政治的、社会的強者の論理を提供した。しかし、世紀末に至りヴィクトリア朝文化が爛熟期を迎え、工場から排出される煤煙に覆われた霧の街ロンドンでは、ワイルドの手によって「神秘主義」と「ドイツにおけるダーウィン主義運動の物質的な学説」を信奉する快楽主義者が生まれたのであった。つまり、進歩や文明とはおよそ異質と思われる地点に進化論は行き着いていたのである。

日本における進化論受容と加藤弘之

『ドリアン・グレイの肖像』がロンドンで刊行された前年、明治二十二年（一八八九）十一月二十二日午後三時、東京麹町の富士見軒にてダーウィンの『種の起源』刊行三十年記念祭が催された。主催者は東京動物学会、東京植物学会その他有志者であった。石川千代松による開会の挨拶、箕作佳吉によるダーウィンの紹介、加藤弘之による演説がなされた[2]。百人ほどが集まり盛会だったようである。明治七年（一八七四）に葵川信近の『北郷談』でダーウィンの名が紹介され、伊沢修二によってハクスリー（Thomas H. Huxley）の訳書『生種原始論』（一八七九）が刊行されたのを嚆矢として我が国に進化論が紹介されて以来、進化論は日本の知識層の注目するところとなった。その流行がいちはやく訪れたのは、東京大学とその周辺であった。フェノロサ（Ernest F. Fenollosa）がお雇い外国人として明治十一年（一八七八）に来日し同大学で教鞭をとり、翌年演説した内容が『学芸志林』に「世態開進論」（一八七九年）として掲載されると、当時の教官、学生に大きな影響を与えた[3]。明治十年代前半、東京大学を中心として、まさに「進化の語は翼を生じて飛」び始め[4]、思想界に深く浸透したのである。進化論は生物学分野に止まらず、社会学、国家学などにも理論を提供し、なかでもスペンサー（Herbert Spencer）の社会進化論は外山正一をはじめ学者から金子堅太郎ら官僚にいたるまで多くの人々が受容した。

とりわけ、社会進化論をより広く世上に喧伝することとなったのは加藤弘之の『人権新説』であった。明治十五年（一八八二）に刊行された同書は当時勢いをもっていた自由民権運動が依拠する天賦人権説を〈優勝劣敗〉の思想によって徹底的に批判するものであり、植木枝盛や馬場辰猪ら民権派は即座に反論を発表した。おりしも明治十四年の政変直後、社会進化論は学問の世界から政治の世界に引きずり出されたのである。ワイルドが件の書を刊行した一八九〇年に加藤は雑誌『天則』を刊行し、社会進化論に依拠する国家思想を展開することになった。イギリスのように近代社会がある程度成熟した国において、進化論が社会の説明原理のひとつとなったのに対して、日本では明治初年代〜二十年代にかけて、近代国家を創出する時期に社会進化論が受容されたため、国家を説明する原理として用いられたのである。とくに、加藤は明治期を通じて一貫して国家統治の正当性を社会進化論によって説明しようとした人物である。

第二節　本書の課題と論点

本書の課題

本書は、十九世紀中葉から第一次世界大戦頃まで欧米を中心として世界的に流行した社会進化論が、同時代の日本における国家思想にいかなる影響を与えたのかを、加藤弘之を中心に明らかにしようとするものである。ひとくちに近代日本の社会進化論思想といっても、その射程は際限なく広がってしまう。明治初年代以降の日本において、社会進化論は広い範囲の知識層、政治家たちに大きな影響を与えたが、本書ではこれらの人々の思想と行動を羅列する列伝や概説を目指すわけではない。加藤が唱えた〈優勝劣敗〉の思想に着目することで、社会進化論によっていかなる国家思想が構築されたのかを究明したい。

後発的な近代国家として出発したわが国は、西欧をモデルとした近代国家の仕組みだけでなく国家が拠って立つ正統性の源泉を創成する必要があった。明治二十二年二月十一日、大日本帝国憲法（以下、明治憲法）が発布されたが、発布式当日の午前中に明治天皇自身が宮中三殿で「皇祖皇宗ノ神霊」に奉じた告文では「皇朕レ天壌無窮ノ宏謨ニ循ヒ惟神ノ宝祚ヲ承継シ旧図ヲ保持シテ敢テ失墜スルコト無シ」として、「惟神ノ宝祚」の神勅に国家統治の正統性が求められた。また、上諭文には「国家統治ノ大権ハ朕カ之ヲ祖宗ニ承ケテ之ヲ子孫ニ伝フル所ナリ」とあり、万世一系の天皇に「国家統治ノ大権」が存することが明示された。さらに、翌年の明治憲法施行の一月前に発布された教育勅語において、臣民は「一旦緩急アレハ義勇公ニ奉シ以テ天壌無窮ノ皇運ヲ扶翼スヘシ」とされ、臣民は天皇という国家元首に対して精神的帰属を強いられることになった。[5]教育勅語は法律や勅令のかたちをとらず、天皇のお言葉として下付されたものであり、天皇の立憲君主としての在り方を定めた憲法とは異なる次元において、天皇と臣民の道義的関係を上から示したものであった。明治憲法と教育勅語は、明治国家の統治の正統性と天皇と臣民の関係を定位したことで明治国家の根幹になった。近年、瀧井一博氏は憲法の原語である constitution が制度を意味することから、明治国家の形成過程を憲法とそれを基軸にした「国制」の形成過程として捉えなおしているが、[6]明治憲法と教育勅語が「国制」＝国家制度の準則になり、統治の正統性と天皇と臣民の関係性を定めたことでいわゆる国体論が確立したのである。

論点1――国体論と〈優勝劣敗〉

本書の第一の論点は、そうした国体論と〈優勝劣敗〉の思想との関係である。憲法制定後、天皇機関説と天皇主権説、国体論から派生したと考えられる国民道徳論や家族国家観等といった「明治国家の思想」が織りなされていったが、国家の統治の正統性を〈優勝劣敗〉に求める社会進化論者、加藤の国家思想は明治憲法と教育勅語およびそれ以後の「明治国家の思想」と矛盾しないのであろうか。〈優勝劣敗〉を核とする加藤の進化論理解は「惟神ノ宝祚」の神勅に国家統治の正統性を求める国体論と矛盾しないのであろうか。加藤は明治十年代はじめに社会進化論を受容して以来、大正五年（一九一六）に没するまで一貫して社会進化論によって国家を論じつつ、東京大学綜理、貴族院議員、帝国大学総長、宮中顧問官、枢密顧問官等を歴任し、男爵を授けられ、正二位勲一等という同時代の学者としては最高の地位に到達した。彼の国家思想が社会進化論に基づいている以上、彼は明治国家の「正統」(legitimacy)を創出、維持する役割を負いながら、内的世界に「異端」(heterodoxy)を抱え込むことになったと考えられる。[7]かつて武田清子は、「近代日本における「正統」はまさに天皇制」であり、そのなかでキリスト教は「異教」とされていたが、キリスト者のなかでもキリスト教の「正統」思想に満足せず、かといって「背教者」となることもなく、日本におけるキリスト教の思想の可能性を追求し、「土着のエトスの質の革新」を生み出した者もいたとして、「正統と異端の〝あいだ〟」という「範疇(カテゴリー)」を提起した。[8]加藤の場合、「正統」のなかにありながら、「異端」の思想を抱え続けたとはいえないだろうか。本書で明らかにするように、加藤という一人の人間のなかに幾重にも「正統」と「異端」が積み重ねられ、ときには絡まり合っていたと考えられるのである。また、先行研究のなかには進化論について、国体論を否定する「密教」部分を担う知的資源として位置づける向きもあるが、[9]加藤のように明治国家の統治の正統性に真正面から切り込んだ知識層の内的世界で「顕教」と「密教」を使い分けることは可能なのか。いわゆる天皇制における「顕教」と「密教」についていえば、長尾龍一は「「国体論」の枠の中にプロイセン型立憲君主制をはめこんだような」帝国憲法に「顕教」と「密教」の分離する契機があると指摘し、そのうち「国体」概念という「顕教」が「天皇親政論」という「世俗原理」に化したと指摘した。[10]明治国家における「国体」と「政体」の共存あるいは分離という視点に関していえば、「天皇制国家」は「「万世一系の国体」イデオロギー」と国家機構という異なる原理によって構成されたという見解もある。[11]しかし加藤の場合、本書で論じるように、「顕教」と「密教」、国体論と国家機構というような二元論は用いず、あくまで明治国家を「一元論」的に捉え、社会進化論によって説明しようとし、それが成功したか否かは別として、生涯その基本的な思想の枠組みを崩すことはなかった。

つまり、加藤の社会進化論に基づいた国家思想を検討していくことは、明治国家と社会進化論のはりつめた緊張関係を紐解くことにつながるのである。よって、本書の第一の論点は、加藤弘之を中心として社会進化論思想と明治国家の関係性がいかに変化していくか明らかにすることである。

論点2――学者としての加藤弘之

第二の論点は、加藤弘之の社会進化論に基づいた国家思想が同時代においていかなる思想的境位を占めたのかを解明すること、すなわち彼を取りまく知的環境（学者社会）と彼の同時代における位置づけを検討することである。

大正四年（一九一五）六月二十日、東洋大学において加藤の八十歳記念祝賀会が開かれ、「加藤博士八十寿記念号」と題して『東洋哲学』第二二編第八号が刊行されたが、同書において大内青巒や得能文は加藤に対する尊崇の念を込めて「学界の耆宿」[12]と表現した。このように、同時代を代表する学者というイメージは、弛むことのなかった研究活動だけでなく、真理を追究する真摯な態度、公平無私な人格に対する畏敬の念から生まれたものである。[13]加藤没後、井上哲次郎は、加藤と同じく明六社社員であった福沢諭吉が「通俗的な著述」を得意とした「ジョルナリスト」であったのに対して、加藤はあくまで「学者的態度」[14]をとった人物であったと回想している。明治七年に福沢が『学問ノス丶メ』第四編において学者が官吏として国家に奉仕することを批判すると、加藤は『明六雑誌』において強く反論した（いわゆる学者職分論争）。明治初年においては、在野で学者としての独立を保つべきだとした福沢とそれに反対した加藤であるが、大正期になると、井上をはじめ若い世代の学者たちによって、超然たる学者として称揚されるにいたったのである。

一方で、彼が明治期を代表する学者であったことは間違いないが、井上の言によれば加藤は「事務と学問とを兼ね」[15]た学者であったとされている。井上は「事務」が何を指すか明言していないが、それを推測するには中島力造の言が参考になる。「先生（加藤）が若年にして幕吏となり後に至りて大学総長、学士院長等の要職に就かれた事を以て見ても先生には事務の才があつた事が解る[16]」という。つまり「事務」とは、大学総長や学士院長といった官職・役職を指しているのである。それだけでなく、彼は明治十九年以降大正五年にいたるまで、元老院議官、貴族院議員として明治国家の議法・立法機関に所属し、最後は枢密顧問官として天皇の諮詢に奉答する立場にあった。加藤本人も「余の如きは本来貧士族から成り上がつたものであるけれども今日は親任官を辱くして居るから宮中席次に於ては公侯爵の上に列することが出来るのである[17]」としており、帝国大学総長が勅任官であったことを考えると、枢密顧問官に任命されたことによる「親任官」への就任に非常に満足していた様子がうかがえる。

これほどの人物がいずれの内閣でも文部大臣に任命されなかったのは不思議であるが、これについては中島徳蔵が「これ〔加藤が大臣にならなかったこと〕は権力の位置といふものが余り深遠な思想と一致しない具合があるからであろう。先生は大臣となるには余りに真ッ直で、又た聡明すぎたとも見られよう[18]」と述べていることから推察されるとおり、加藤はたとえば貴族院においてほぼ党派的行動をとらず、時には娘婿の父・山県有朋と対決する立場で自説を展開することもあった。つまり、加藤は時の政府からすればまことに扱いにくい存在であり、閣僚として、あるいは官僚として国家に奉仕するにはあまりにも学者としての自意識が強かったのである。

それでは、彼をいかなる学者として評価するのが妥当なのか。これについては、建部遯吾が加藤を「実理ニ拠リテ経綸ヲ樹ツ[19]」学者であったとしていることが参考になろう。加藤自身も「国家の大経綸に係れる一大天則[20]」の提示を思想課題にしていた。本書では、加藤を明治国家の内部に在り続けながら「実理」に基づく「経綸」の学を構築しようとした学者として捉えていきたい。

彼が学者として同時代にいかなる境位を占めていたのかを明らかにすること、それは、近代日本思想史の分野にとどまらず広く人文社会系の学問における知識人論にも積極的にコミットしていくことにつながるだろう。

J・バンダの『知識人の裏切り』を引用するまでもなく、知識人は常に権力との距離を厳しく問われる。真理と権力は時に（往々にして）背反するからである。とくに、ナチス政権下のフランクフルトに訪れた「知識人の黄昏」[21]にみるように、知識人が権力に迎合するさまを批判的に捉える潮流は根強く存在する。しかし、在野の立場を貫いた福沢に対して、常に官職にあった加藤が知識人として劣っているとは決していえないのではなかろうか。知識人と権力の問題を考えたとき、E・サイードが知識人の機能に焦点を絞り、知識人は内に閉じ籠りただひたすらに真理を追究するのではなく、「大衆」の代弁者となるべきだと提唱したことが注目されよう。[22]明治初～中期にはまだ大衆は成立していないので何ともいえないが、本書においても知識人の社会における役割という点から加藤を評価したい。

論点3――進化論研究の新動向

第三の論点は、近年、進化論的アプローチによって文化を論じる研究動向が各分野で見られるが、これらの研究分野への参与である。たとえば、A・メスーディは、ダーウィンの「自然淘汰」説を用いて文化を自然科学的（定量的）に分析し、その変遷のメカニズムを明らかにしようと試み、進化論によって自然科学と人文科学とを架橋しようとした。[23]また日本においても、進化論の「系統樹」の思考方法を用いて理系・文系の枠組みを超えた文化進化学と文化系統学といった学問分野も開拓されつつある。[24]以上のような進化論の概念を文化に応用することで、従来の文系的発想、アプローチからでは見えてこなかった文化の側面を明らかにしようとする傾向は、十九世紀末の欧州、そして日本における社会進化論者にも見られるものであり、とくに加藤は政治学や社会学も事実と実験を重視し「自然科学」の手法を導入すべきだとしていた。

現在、十九世紀末から二十世紀初頭の社会進化論の流行は、どちらかというとネガティブな印象をもって見られることが多い。社会進化論は資本主義における弱肉強食を正当化する強者の論理として作用し、進化論が生みだした優生学は二十世紀に入りナチスドイツ等によって歪曲化されたうえで利用された。それによって、弱者の人権が蹂躙され、ホロコーストという人類史上最悪の事態を招いたというひとつの見方が支配的である。[25]しかし、近年の文化進化論や文化進化学の台頭を見てもわかるとおり、社会進化論と国家や社会、文化は、そのような不幸な関係を結ぶばかりではない。近代日本において社会進化論によって国家を論じることの意味を明らかにするとともに、そのひとつのパターンを提示することで、近年の文化進化学をはじめとする新しい研究分野の進展に資していきたいと考える。

第三節　先行研究の整理

近代日本における社会進化論の受容とその展開

近代日本とくに明治期の進化論に関する先行研究は、まさに汗牛充棟の態を呈しているが、本書の問題関心に即して大きく分けて四つに分類したい。

第一に、近代日本における西欧思想の受容における社会進化論の役割に関する研究である。舩山信一は「唯物論と観念論の対立における日本的特色」として「無神論」に着目し、そこにおける進化論の「役割」を論じ、明治の思想家が「自然科学」を自身の「思想の建設」に「利用」する様相を明らかにした。[26]イギリス経験主義思想を専門とする山下重一は、スペンサーの社会進化論の受容とその展開について、自由民権運動の主導者から明治政府の政治家までを対象に丹念に解明している。[27]山下の研究は、近代日本における社会進化論が単に強者の権利の思想として受容されたとする先入観に警鐘を打つものとなったと同時に、明治期の進化論研究の困難さを知らしめるものとなった。山泉進氏は初期社会主義の政治思想における進化論の機能を追究し、進化論を「社会主義」だけでなく「帝国主義」にも結実する政治思想の「基底」になったものと結論付けている。[28]これらに対して九〇年代に入ってから山脇直司氏が明治期の社会進化論思想の類型化を行なっている。[29]また、前近代の「勢」の思想との関係や自然法と社会進化論の「日本的結合」等、伝統思想と社会進化論がいかにして結びついたかに関する思想史的研究もなされた。[30]

第二に、明治国家の体制内において強者の論理として機能したとする研究動向がみられる。とくに国家有機体説と結びつくことで民族主義・国家社会主義・ファシズムの原理として作用したとする舩山信一の研究、[31]進化論が個人の価値を国家・社会より低く設定する「集団淘汰主義」思想に結びついたとする鵜浦裕氏の研究がある。[32]

第三に、第二の点とは異なって、むしろ明治国家の異端的思想と結びついたとする研究動向も指摘できよう。とくに北一輝の進化論思想に着目した嘉戸一将氏は、北において進化論は国体論のかわりに「国家統治の準拠」として作用したと指摘している。[33]さらに、天皇制の「密教」部分を知る「エリート層」が「皇国史観」を否定する知的武器として進化論を受容し、大衆に対して「自己の卓越性を確認」しようとしたと指摘する右田裕規氏の研究もある。[34]

第四に、近代日本の社会進化論に関する最新の総括的研究として松本三之介氏の著書を挙げなければならない。同書は、これまでに挙げた第一～三の論点を包括しながらも、もうひとつ大きな枠組みを有するものである。それは近代とは何なのか、近代を支える思想とは何なのかという問いに支えられたものといえよう。松本氏は、近代日本における社会進化論について、「生物としての人間」像と「社会的な存在としての人間」像というふたつの人間像を関連づけ理論化する課題を負っていたものとして評価し、そのような人間像を前提にして、人間の「生存の欲求」に基づく「権利」は「自然権すなわち基本的人権の観念と重なる」るのではないかと指摘し、天賦人権説とは異なる「自然権思想を形成する可能性」を社会進化論思想から見出したいと述べている。[35]つまり松本氏は、社会進化論によって自然法における「自然」の解釈の可能性を極限まで突き詰めようとしたのだと思われるが、それに対して丸山眞男は、進化論を近代日本において機械的な「自然」観形成の一端を担ったものだとしていた。丸山は福沢諭吉を例として、近代自然科学によって「自然」を「客観視」する視点が導入され、「近代精神」が醸成されたが、そのような「近代精神」は進化論の「自然淘汰」説等を取り入れたことで、「人間の内在的価値や意味をはぎとられた機械的自然の冷酷」へと行き着いたとした[36]。

以上のような先行研究に対して、本書ではそれらすべてを批判し退けるという非生産的な態度はとらない。ただし、これらの先行研究に共通する問題点は、純粋な思想構造の抽出に終始している点であり、本書では明治期における社会進化論思想の受容と展開が、当時の知的環境や政治、社会状況といかに関連するかという視点を重視する立場をとりたい。さらに、先行研究において社会進化論はファシズムのような極端なイデオロギーとの関係性が強調され、あるいは国家の異端的な思想を支える論理となったと指摘されてきたが、本書では加藤弘之を中心に据え、彼の生涯とその思想の展開を丹念に追うことで、明治国家の形成―確立―展開、再編期において国家思想に社会進化論が導入されたことで、明治国家がいかに説明されたのかという視点を重視したい[37]。

加藤弘之研究の成果と問題点

次に、加藤弘之に関する先行研究の整理を行ないたい。

研究史上、加藤の評価は概して低いものにとどまっている。その理由は、加藤のいわゆる「転向」に求められる。加藤の「転向」とは、明治十四年（一八八一）、文部卿福岡孝弟から圧力を受け、『真政大意』『国体新論』の二著を絶版にし、翌年『人権新説』を出版したことで、自身の思想を転換させたことを指す。

これを田畑忍は、「政府の方針の学問的弁護」であるとし、「絶対主義と支配階級の弁護」をしたもので、「弘之の御用学者ぶりを露骨に示している」としている[38]。また、植手通有は、『人権新説』執筆を経て、加藤は

「御用学者」になったという認識を田畑氏と共有しながらも、彼の「性法」理解が儒教を媒介としたものであったことなどを指摘し、「儒教的民本主義の要素と近代的民主主義の要素とは、明治十年代になって自由民権運動が盛り上がり、民主主義の要求が社会全体に貫徹していくにつれて、その非両立性が自覚されざるをえなくなる。そのとき、加藤は天賦人権論と民主主義を否定する方向に向かって進んでいく[39]」と分析している。同様に石田雄氏は、「転向」後の加藤の思想を「儒教主義」と進化論の妥協によって「家族国家観」に帰着するものとした[40]。「転向」後の加藤の思想は、「天皇制国家」を下支えするイデオロギーと化したという厳しい評価が下されているのである[41]。

右のように、先行研究において加藤の思想は「転向」という枠組みによって理解される傾向が顕著であった。それは、加藤を対象とする研究を今日に至るまで呪縛しているものといえよう。果たして加藤の思想は、「転向」によってのみ語り尽くされるものなのであろうか。

近年、前記のような研究動向を批判する動きがみられる。二〇一三年に刊行された田頭慎一郎氏の『加藤弘之と明治国家』は、加藤の生涯と思想の全体像を田畑の評伝以来五十年ぶりに再提示しようとした研究書である[42]。同書の意義は、第一に、加藤の政治思想を、郡県・封建論など近年の研究動向も織り込みながら明らかにしたことである。第二に、加藤の思想を政治史的文脈との関わりを詳細に描いていることである。第三に、『人権新説』の刊行を「転向」と捉えずに後期思想にスポットを当て、ここに至る加藤の思想の変化を内在的に分析しようと試みたのも生産的なことである。

しかしながら、同書にも問題点がないわけではない。第一に、加藤の中心思想であったと考えられる社会進化論の位置づけが十分に検討されているとはいえない点である。とくに同書第三部に関わることだが、加藤の国家思想の評価についても首肯しかねる部分がある。田頭氏は、『人権新説』刊行を「転向」という言葉は用いずに「前期加藤の終焉」と説明し[43]、さらに、明治四十年代に主張された「立憲的族父統治」の有機体的国家観によって加藤は一見「国体」論者のように見えるが、実は「忠君愛国」道徳のもとで政党政治を運用しようとした思想家として位置づけられるとした[44]。それに対して本書では、〈優勝劣敗〉の思想に着目することによって加藤の国家思想の本質に迫りたい。第二に、田頭氏が加藤を「官僚学者[45]」と理解しようとしている点である。第三に、同書には史料論が欠落しており、史料の全体構造が提示されていないことが惜しまれる。

以上の整理をふまえて、本書においては、加藤弘之を権力からは相対的に独立し、「国家経綸の学」を模索するなかで独自の国家思想を構築した思想家、学者として捉え、『人権新説』等著作の詳細な分析を行なうとともに、執筆背景にも着目し、加藤を取り巻く学界や言論界との関わりを分析の対象とする。これらをとおして、加藤が明治国家の形成―確立―再編期においていかなる問題関心をいだいてそれと対峙していたのかを明らかにしたい。その際、〈優勝劣敗〉として現れる〈万物法〉の原理が〈天則〉、そして〈自然〉へと展開するにしたがい加藤の国家思想がいかに変遷するのかを描き出すことが本書の課題である。

第四節　本書の史料と構成

研究手法と史料の全体構造

前節で述べたような課題を解決するため、本書においては加藤弘之における社会進化論が彼の国家思想の構造とその変容にいかなる影響を与えたのかをクロノジカルに追うが、その際とくに出版自体が思想的事件とされる『人権新説』については、書誌学的手法を用いて同書の異版本の校合作業を行ない「転向」と言われてきた現象を再検討する。また『道徳法律進化の理』の初版と増補改訂版にも同じ手法を用いて、「道徳法律」論と社会進化論の関係を考察する。

さらに、加藤の社会的立場とその役割認識の析出を行なうために、具体的には、元老院、貴族院、枢密院の会議議事録、委員会議事録によって立法や法令審査への参与過程の分析を行なう。個人雑誌として創刊した『天則』（一八八九〜九六年）についてはメディア史の研究手法を用いて、その誌上で展開した時事評論の内容だけでなく、その言論空間の広がりに着目することにしたい。さらに地域史の手法を用いて最晩年の「族父統治」論について見直しを図る端緒を得たい。

こうした手法で加藤の〈優勝劣敗〉の思想に迫るために、本書では以下のような構造をもつ史料群の存在を視野に入れ、それらを悉皆的に検討する。

①東京大学文書館に所蔵されている加藤の日記、書簡、加藤死去時の弔辞を含む「加藤弘之関係資料」、同大学附属図書館所蔵の加藤の草稿等。このうち一部の史料は、大久保利謙・田畑忍監修『加藤弘之文書』全三巻（同朋舎、一九九〇年）として刊行されている。

②加藤の著書。一部は、『明治文化全集』（日本評論社）や植手通有編『西周・加藤弘之』（日本の名著、中央公論社、一九七二年）等に収録されているが、未収録の著書（『人権新説』各版、『強者の権利の競争』『道徳法律之進歩』『道徳法律進化の理』『自然と倫理』『国家の統治権』）等は、著者の収集本のほか筑波大学附属図書館等で所蔵されている原本を利用した。

③加藤の著作のうち雑誌等への投稿論説。『東京学士会院雑誌』『哲学会雑誌』『東洋学芸雑誌』『日本人』等に寄稿した論説のほか加藤自身が明治二十二年（一八八九）に発刊した『天則』に掲載した時事評論。

④加藤が議官や議員を務めた元老院、貴族院、枢密院の会議筆記等。『元老院会議筆記』（一部未刊行の分は国立公文書館内閣文庫所蔵、一部焼失した分は国立国会図書館憲政資料室「憲政史編纂会文書」）や『帝国議会貴族院議事速記録』、国立公文書館所蔵「枢密院関係文書」（このうち議事録に関しては『枢密院会議議事録』として刊行）。

⑤加藤の周辺史料として、国立国会図書館憲政資料室所蔵の「井上馨関係文書」「大木喬任関係文書」、立教

大学図書館所蔵「谷干城関係文書」ほか個人関係文書、また、『東京大学百年史』等の公刊史料および関連人物の自伝・回想類。茨城県をはじめ加藤の訪問地に関する地域史料。

⑥社会進化論を受容した外山正一、有賀長雄、井上円了、清沢満之、小崎弘道、三宅雪嶺、徳富蘇峰、石川千代松、北一輝、丘浅次郎らの著作。

なお、書誌情報の詳細は各々の引用箇所に明記する。

また、本文中の引用史料には今日の視点に立つと差別的な表現が含まれている場合もあるが、歴史資料としての性格を鑑み、そのまま引用することにした。

本書の構成

本書は次のような章構成をとる。

第一章「国家思想の構築と社会進化論の受容」では、社会進化論受容以前の加藤弘之の国家思想の構造とその特徴を『真政大意』（一八七〇年）、『国体新論』（一八七四年）等から明らかにした後、明治十～十五年頃に加藤によって記録された読書録を分析することで社会進化論受容の特質を明らかにしたい。次に、社会進化論が本格的に受容された東京大学における有賀長雄と井上円了の宗教論を例にして社会進化論がいかに機能したのかを考察する。

第二章「「優勝劣敗是天理矣」――『人権新説』の思想世界における〈万物法〉」では、『人権新説』（一八八二年）の異版本の校合作業をふまえて、その思想世界を描き出す。とくに、社会進化論受容後に提唱された「最大優者」論と「上等平民」論に着目し、〈優勝劣敗〉に基づく国家思想の特色の一端を解明する。さらに、明治十五年前後における井上毅と元田永孚の君主論と主権論を加藤のそれと比較検討したい。

第三章「明治二十年前後における〈優勝劣敗〉思想の深化」では、明治憲法制定直前というまさに明治国家形成の最終段階における政治と社会進化論の関係を考察する。具体的には明治十年代後半から二十年代前半期における加藤の元老院での発言等を分析し、地方自治制度の審議において「自治」論がいかに展開されたかを論じていく。一方で、同時代の草稿「自由論」を分析することで、そのような「自治」論が「自由」論といかなる関係にあるのかを分析し、〈優勝劣敗〉の思想が深化していく過程を明らかにする。

第四章「明治国家の確立と〈天則〉の主張」では、明治憲法制定後の時期を扱い、とくに加藤の個人雑誌として出発した『天則』に集い反藩閥を掲げ「国粋保存主義」を標榜した「明治の青年」たちとの思想的交流の様相を明らかにするとともに、加藤の〈万物法〉が〈天則〉へと変容していく過程を「日本人種」と「無窮皇統」に着目して考察したい。

第五章「日清戦争前後の「道徳法律」論」では、『強者の権利の競争』（一八九三年）と『道徳法律之進歩』（一八九四年）において導入された「道徳法律」論が『道徳法律進化の理』（初版一九〇〇年、増補改訂版一九〇三年）においていかに変容したかを分析する。その際、明治国家が直面した日清戦争前後に起こった諸問題（殖民論、対外硬運動等）に対していかなる「道徳法律」論を提示できたかという点に留意したい。

第六章「日露戦後における社会進化論の行方――〈自然〉一元論の提唱」では、『自然と倫理』（一九一二年）と『国家の統治権』（一九一五年）において、〈万物法〉が〈天則〉を経て〈自然〉＝「宇宙」論へと転回したことを指摘するとともに、「族父統治」論が同時代における天皇機関説論争といかに関連していたのかを論じ、大正初期における〈優勝劣敗〉の思想の行方を見定めたい。

補章「加藤弘之による「追遠碑」建設――大正二、三年の茨城県筑波郡訪問」では、加藤が最晩年、大正二、三年に先祖を顕彰する碑と「神之遺徳」を讃える扁額を遠祖の地とされる茨城県の神社に納めたことに着目し、その思想史的意義を地方改良運動や「大正デモクラシー」との関係から論究したい。

これらによって、本書では明治国家形成から再編期までの〈優勝劣敗〉の思想と国家思想の関係を加藤弘之を中心に明らかにしたいと思う。

註

(1) オスカー・ワイルド『ドリアン・グレイの肖像』(仁木めぐみ訳、光文社、二〇〇六年)二五三～二五四頁。*The Picture of Dorian Gray* の邦訳本は、今日に至るまですでに複数刊行されているが、仁木氏の翻訳が最も新しいものであったため、同書から引用した。ただし仁木氏が訳出した「ダーウィン主義運動の物質主義的な学説」という用語は、昭和三十七年に『ドリアン・グレイの肖像』を翻訳した福田恆存によれば、「ドイツにおけるダーウィン主義運動の唯物論的な学説」として、ドイツの自然科学的唯物論との関係をより強調した訳出をしている(『福田恆存翻訳全集』第一巻、文芸春秋、一九九二年、一三五頁)。

(2) 学会記事「ダーヰン氏紀念会」(『動物学雑誌』第一巻第一四号、一八八九年十二月)五一八頁。加藤はこの日の日記に、「ダルヰン博士大著述三十年回紀念会ニ臨ミテ」という「演説」をした旨を書き記している(「明治二十年日記丁亥」、東京大学文書館所蔵「加藤弘之関係資料」Ⅰ―一五)。

(3) 中野目徹『政教社の研究』(思文閣出版、一九九三年)第二章第一節参照。

(4) 三宅雪嶺『明治思想小史』(丙午出版社、一九一三年)一一〇頁。

(5) 三谷太一郎氏は、自身の国民学校時代を回顧して、教育勅語を「毎朝家で声を張り上げて」暗唱していたが、あるとき奉安殿への直立不動の姿勢を怠ったことで修身の成績が下がり、「「少国民」としての失格の烙印を押されたようで、心が大変傷つきました」と語っている(「教育勅語の本質」、二〇一七年四月十九日付『朝日新聞』一五面)。教育勅語が学校制度をとおしていかに「臣民」の精神を支配したかを示している。

(6) 瀧井一博『文明史のなかの明治憲法』(講談社、二〇〇三年)一三頁。

(7) ただし丸山眞男は、近代日本における国体論の「正典化」が『国体の本義』(一九三七年)によってなされたことを指摘し、国体論は特定の教義を持たぬ「疑似O〔orthodoxy〕正統」を有するものとした(東京女子大学丸山眞男文庫編『丸山眞男集 別集』第四巻、岩波書店、二〇一八年、一八頁)。確かに明治国家の Legitimacy としての「正統」が西欧の諸国家におけるそれと同じように成立していたか否かについては議論すべき課題ではあるが、本書においては帝国憲法と皇室典範、そして教育勅語によって示された国家統治の正統原理に対して、同時代を生きた加藤がいかに対峙したかという点に着目し、明治国家の一側面を明らかにしたいと考えている。

（8）武田清子『正統と異端の〝あいだ〟――日本思想史研究試論』（東京大学出版会、一九七六年）九七頁。
（9）右田裕規『天皇制と進化論』（青弓社、二〇〇九年）参照。
（10）長尾龍一『日本国家思想史研究』（創文社、一九八二年）三三頁。
（11）増田知子『天皇制と国家――近代日本の立憲君主制』（青木書店、一九九九年）二三頁。
（12）大内青巒「頌言」（『東洋哲学』第二二編第八号、一九一五年八月）五一頁、得能文「加藤先生の自叙伝を読む」（同前）四七頁。
（13）加藤が修身教科書調査会会長在任時に同会起草員であった吉田熊次「男爵加藤弘之先生の人格」（『丁酉倫理会倫理講演集』第一六三輯、一九一六年三月）等を参照。
（14）井上哲次郎「故加藤弘之博士を追憶す」（『東亜之光』第一一巻第三号、一九一六年三月）三～四頁。
（15）同前、五頁。
（16）中島力造「故加藤博士に就ての回想」（『哲学雑誌』第三一巻第三四九号、一九一六年三月）九一頁。
（17）加藤弘之『弘之自伝』（私家版、一九一三年）七七頁。
（18）中島徳蔵「我が加藤先生」（『東洋哲学』第一一編第八号、一九一五年八月）三八頁。
（19）日本社会学院代表建部遯吾「悼詞」（東京大学文書館所蔵「加藤弘之関係資料」Ⅸ―二四）。
（20）加藤弘之「政治家（就中日本の政治家）は歴史を学はさるへからす」（『天則』第一編第七号、一八八九年九月）一五四頁。
（21）ヴォルフガング・シヴェルブシュ『知識人の黄昏』（初見基訳、法政大学出版会、一九九〇年）参照。
（22）エドワード・W・サイード『知識人とは何か』（大橋洋一訳、平凡社、一九九五年）三二頁。
（23）アレックス・メスーディ『文化進化論――ダーウィン進化論は文化を説明できるか』（野中香方子訳、NTT出版、二〇一六年）参照。
（24）三中信宏「文化系統と文化進化――継承のパターンからプロセスを推論する」（『現代思想』第四四巻第一〇号、二〇一六年）、中尾央・三中信宏編『文化系統学への招待――文化の進化パターンを知る』（勁草書房、二〇一二年）参照。さらに、必ずしも進化論を理論的枠組みとしては用いていないが、議会制民主主義の成立の一般理論を打ちたてようとしたロジャー・D・コングルトン『議会の進化――立憲的民主統治の完成へ』（横山彰他訳、勁草書房、二〇一五年。ただし、原題は *Perfecting Parliament: Constitutional Reform, Liberalism, and the Rise of Western Democracy* であり、"evolution of Parliament" ではない）や人類学の見地から「制度」の発生とその「個」への影響を論じた河合香吏編『制度――人類社会の進化』（京都大学学術出版会、二〇一三年）、いわゆる利他心の進化について論究したサミュエル・ボウルズ、ハーバート・ギンタス『協力する種――制度と心の共進化』（竹澤正哲監訳、NTT出版、二〇一七年）等が刊行された。これらは、進化という概念を用いて制度の成立を論じたものである。

（25）米本昌平他『優生学と人間社会――生命科学の世紀はどこへ向かうのか』（講談社現代新書、二〇〇〇年）をはじめとして、近年、優生学、優生思想を全体主義国家（ナチスドイツ等）と結びつける傾向を批判し、むしろ福祉国家と親和性の高いものであることを明らかにする研究成果が挙がっている。

（26）船山信一『増補 明治哲学史研究』（ミネルヴァ書房、一九六五年）三頁、二九四頁。このほかにも進化論に関する先行研究として富樫裕「日本における進化論の受容史」（『群馬大学教育学部紀要』自然科学編第四一・四五号、一九九三・一九九七年）、松本三之介『近代日本の政治と人間』（創文社、一九六六年）などがある。

（27）山下重一『スペンサーと日本近代』（御茶の水書房、一九八三年）参照。

（28）山泉進「勢と進化論――近代日本政治思想の基相」（片岡寛光編『政治学』成文堂、一九八〇年）参照。

（29）山脇直司「進化論と社会哲学――その歴史・体系・課題」（柴谷篤弘他編『講座進化2 進化思想と社会』東京大学出版会、一九九一年）参照。

（30）前掲山泉「勢と進化論」参照。

（31）船山信一「日本の社会ダーウィニズムについて」（『季刊社会思想』第二巻第四号、一九七三年）参照。

（32）鵜浦裕「近代日本におけるダーウィニズムの受容と展開」（前掲『講座進化2』）参照。

（33）嘉戸一将『北一輝――国家と進化』（講談社、二〇〇九年）。北一輝の進化論に関しては、岡本幸治氏が「北一輝における進化論の受容と変容」上・下（『大阪府立大学紀要人文・社会科学』第二八号・第二九号、一九八〇年・一九八一年）で丘浅次郎との比較を試みている。

（34）前掲右田『天皇制と進化論』参照。

（35）松本三之介『「利己」と他者のはざまで――近代日本における社会進化思想』（以文社、二〇一七年）五～一〇頁（まえがき）。

（36）丸山眞男「福沢諭吉に於ける「実学」の転回」（丸山眞男著・松沢弘陽編『福沢諭吉の哲学』岩波文庫、二〇〇一年）五四頁（初出は『東洋文化研究』第三号、一九七四年）。

（37）B・I・シュウォルツは『中国の近代代化と知識人——厳復と西洋』（平野健一郎訳、東京大学出版会、一九七八年）において厳復がいかなる問題意識をもってスペンサーのいかなる点を受容したかを史料に基づいて考究しているが、本書はそのような手法に学び、加藤における社会進化論の受容がいかなる問題意識をもってなされ、いかなる思想と結合したかに着目したい。

（38）田畑忍『加藤弘之』（吉川弘文館、一九五九年）四四頁。

（39）植手通有「明治啓蒙思想の形成とその脆弱性」（『西周・加藤弘之』中央公論社、一九七二年）六頁。

（40）石田雄『明治政治思想史研究』（未来社、一九五四年）参照。

（41）加藤弘之の思想についての研究は、以下のとおりである。①加藤の生涯を通じてその思想を分析したものとして、田畑忍『加藤弘之の国家思想』（河出書房、一九三九年）、同『加藤弘之』（吉川弘文館、一九五九年）、吉田曠二『加藤弘之の研究』（大原新生社、一九七六年）。②初期思想に焦点を絞ったものとして下出隼吉「『隣艸』解題」（吉野作造編『明治文化全集』第五巻〈自由民権篇〉、日本評論社、一九二七年）、同「国体新論」（同前）、吉野作造「『立憲政体略』解題」（同前）、池内啓「加藤弘之初期の政治思想における国民主義について」（『福井大学学芸学部紀要 第一部人文社会』第三巻、一九五四年）、大淵利男「加藤弘之の初期における自由主義財政経済思想——とくに「鄰艸」・「西洋各国盛衰強弱一覧表」を中心として」（『法学紀要』第一四号、一九七二年）、同「加藤弘之の「初期三部作」と自由主義財政経済論」（『政経研究』第九巻第三号、一九七三年）。③「転向」前後の思想を検討したものとして、本文で紹介した論文のほかに桐村彰郎「加藤弘之の転向」（『法学雑誌』第一四巻第二号、一九六七年）、渡辺和靖「加藤弘之の所謂「転向」——その思想史的位置づけ」（『日本思想史研究』第五巻、一九七一年）、同「加藤弘之の後期思想——近代日本に於ける「儒教」の運命」（『日本思想史研究』第六巻、一九七二年）、米原謙「加藤弘之の哲学と政治思想」（『阪大法学』第一一四号、一九八〇年）、岩崎允胤「加藤弘之の立憲主義思想」一・二（『大阪経済法科大学論集』第七六号・第七七号、二〇〇〇年）、間宮庄平「加藤弘之の国体思想——思想転向の深層心理を省みて（序説）」（『産大法学』第三四巻四号、二〇〇一年）、戸田文明「加藤弘之の「転向」」（『四天王寺国際仏教大学紀要』第四四号、二〇〇七年）。④「転向」後の思想を扱った研究として、宮本盛太郎「加藤・市村論争——一九一〇年代の日本における国家観の相剋」（『社会科学論集』第一七巻、一九七七年）、小畑隆資「加藤弘之の社会観」（『法政論集』第七七号、一九七八年）、とくに国際関係論に着目したものとして佐藤太久磨「加藤弘之の国際秩序構想と国家構想――「万国公法体制」の形成と明治国家」（『日本史研究』第五五七号、二〇〇九年）、同「「社会進化論」と「国際民主主義論」のあいだ――加藤弘之と吉野作造」（『立命館大学人文科学研究所紀要』第九六号、二〇一一年）。⑤加藤の思想と西欧思想の関係については田中浩「明治前期におけるヨーロッパ政治思想の受容にかんする一考察――加藤弘之の『人権新説』をてがかりに」（稲田正次編『明治国家形成過程の研究』御茶の水書房、一九六六年）、同「福沢諭吉と加藤弘之――西洋思想の受容と国民国家構想の二類型」（『一橋論叢』第一〇〇巻第二号、一九八八年）、武田清子「近代科学摂取三つの道――福沢諭吉、加藤弘之、植村正久を中心に」（『教育研究』第六号、一九六〇年）、村上淳一「加藤弘之と社会進化論」（石井紫郎・樋口範雄編『外から見た日本法』東京大学出版会、一九九五年）。とくに本書に関係する社会進化論と国家有機体説に関しては、斎藤正二「加藤弘之の社会学論」（『日本法学』第一六巻第五号、一九五一年）、松本三之介「加藤弘之における進化論の受容」（『社会学論叢』第九号、一九六二年）、同「加藤弘之の転向」（『近代日本の政治と人間』未来社、一九六六年）、横山寧夫「加藤弘之と社会ダーウィニズム」（『社会学論叢』第三七巻、一九六七年）、安世舟「明治初期におけるドイツ国家思想の受容に関する一考察――ブルンチュリと加藤弘之を中心として」（『年報政治学』一九七五年号、一九七六年）、堀松武一「わが国における社会進化論および社会有機体説の発展――加藤弘之を中心として」（『東京学芸大学紀要 第一部門 教育科学』第二九集、一九七八年）、服部健二「加藤弘之とE・ヘッケル」（『立命館大学人文科学研究所紀要』第五九号、一九九三年）。このほか、加藤の出身地豊岡市出石町では、武田良彦『加藤弘之とその時代――明治の啓蒙思想家』（斎藤隆夫顕彰会「静思塾」、一九九九年）という伝記が出版されている。

(42) 同書に対しては、『史境』第六八号（二〇一四年）に書評を掲載しているので、ご参照いただければ幸いである。

(43) 田頭慎一郎『加藤弘之と明治国家――ある「官僚学者」の生涯と思想』（学習院大学、二〇一三年）二七六頁。

(44) 同前、三五一頁。

(45) 同前、六頁。

第一章　国家思想の構築と社会進化論の受容

第一節　幕末維新期における加藤弘之の思想

幕末期の加藤弘之

近代日本において社会進化論が本格的に受容されたのは、明治十年代の東京大学においてであったが、それ以前にイギリスで社会進化論を学ぶ機会を得た者がいた。森有礼である。この点に関しては序章で紹介した山下重一の研究があるのでここではその概要を述べよう。森は一八七三年四月頃、駐米代理公使を解任され帰国途中、ロンドンにスペンサーを訪問して教えを乞うている。その際スペンサーは社会進化論の立場から、日本において「接ぎ木」的に議会制度等を導入することに懐疑的な見方を示し、森に対して「保守的忠告」を与えたという(1)。

森は帰国後の同年九月に明六社を結成したが、その中心メンバーのひとりに加藤弘之がいた。加藤は、『明六雑誌』で繰り広げられた民撰議院設立論争で尚早論を展開したことが知られているが、そのときはまだ社会進化論を受容しておらず、国家思想の形成過程にあった。以下本節では、幕末に「隣艸」を執筆してから明治十五年(一八八二)に『人権新説』において社会進化論に全面的に依拠した国家思想を展開し、「優勝劣敗是天理矣」と宣言するに至る加藤の思索の過程を明らかにしたい。

天保七年（一八三六）に但馬国出石藩の兵学師範役の家に生まれた加藤は、江戸に出て佐久間象山ついで坪井為春のもとで蘭学を学び、やがて洋学者としての存在感を示すこととなった。文久元年（一八六一）、蕃書調所教授手伝の立場にあった彼は最初の著作「隣艸」（未刊）を著した。ちなみにその翌年、加藤は蕃書調所教授でドイツ語を専門にしていた市川兼恭の妻の姪すずと結婚している。[2] 当時を振り返って「下等のうちの上か中等の下ぐらゐ」の生活ぶりで、「官舎」という名の「長屋」に住み、「貧乏」して「随分困つたこともありました」としながらも、「人情は今ほど軽薄でない」[3]と述べ、決して裕福とは言えないまでも慎ましく幸福な生活を送っていたことがうかがえる。

さて、「隣艸」は西欧の立憲政体を称揚し、清朝の専制政治を批判することを装いながら、幕藩体制の現状を批判するというねらいをもったものであったが、本章ではその国家思想に関わる部分にのみ焦点をあてて紹介しておきたい。

「隣艸」では、「人和」を得るための「良術」として「仁義を旨とせる公明正大の政体」[4]が必要であると説かれている。最も理想的な政体は「上下分権の政体」、つまり「君主万民の上にありてこれを統御すといえども、確固たる大律を設け、また公会といえるものを置きて王権を殺ぐもの」[5]だという。つまり立憲君主政体である。「政体は元来、暴君暗主らの出ずるときにも明君・英主の政治と大異なからしめんがために設くる所」[6]のものであって、そのために「公会」の役割を重視している。「公会」とは、「パルレメント（parlement）」「スターテン・ゼネラール（staaten generaal）」「ステンデン（ständen）」「コルテス（cortes）」等を指し、「万民に代わりて国政を謀議するもの」[7]であり、「天下は天下万民の天下たることを忘れず、万事みなひとり国王のために謀らず、もっぱら国家万民のために謀るを本意と」[8]するとされた。西欧諸国では「公会」が設置されたことで、「上下の志情相親睦」して「畢竟するところは大権ことごとく朝廷にあり」[9]という結果がもたらされたという。「隣艸」の特徴は以下の二点にまとめられるだろう。一つは、「暴君暗主」が出現したときに備えて「公会」

を確立させることこそ「治国の要」とされている点である。加藤において立憲君主制とは、君主の専権を抑制するとともに、「公」の意見を代表する「公会」によって国家の運営をなす「仁義を旨とせる公明正大の政体」そのものであったと考えられる。もう一つは、立憲君主制があくまで「大権」を把握するための「良術」として紹介されている点である。すなわち立憲政体論は当初から人民の権利を制度的に保障するものというよりもいかに統治をするかという観点から統治論の一部として導入されたといえる。「隣艸」が執筆されたのは桜田門外の変の翌年であったが、幕府による尊王攘夷運動に対する弾圧は依然として厳しく、加藤がこの時期に天皇を君主とする立憲君主政体を想定していたとは考えにくいので、おそらくは幕府を中心とする「大律」に基づく「公会」設置を理想としていたのであろう。

『立憲政体略』と『真政大意』

幕藩体制瓦解後に執筆されたのが『立憲政体略』（一八六八年）と『真政大意』（一八七〇年）である。前者では政体の種別について、後者では「治術」つまり政府による統治の在り方について主として述べられている。

『立憲政体略』では、政体の種別が説明され、とくに「上下同治」（「隣艸」でいうところの「上下分権」beperkte monarchie）、「万民共治」（「隣艸」でいうところの「万民同権」democratische republiek）について詳論されている。この二つの政体は、「君主専制」、「君主専治」（「隣艸」でいうところの「君主握権」ombeperkte monarchie）、「貴顕専治」（「隣艸」でいうところの「豪族専権」aristocratische republiek）[10]と異なり、「天下をもって君主貴顕の私物となすことなく、いわゆる天下の天下となす」[11]ものであり、そのもとで「臣民」の「私権」と「公権」が保障されるという。

一方、『真政大意』においては、「人の天性」には「不羈自立を欲する情」があり、国家は「億兆を統一合同する者がなくて、人々思い思いでは、とても権利義務の二つが並び行なわれて人々がその幸福を求むべき土台が立たぬ、という自然の道理が第一の根元となりてできたもの」であるので、政府の義務は「臣民の生命と権利とおよびその私有との三つを保護すること」[12]であるとされた。政府の具体的な権能は「保護」と「勧導」にあり、とくに後者の役割が強調されている。「勧導」とは「教化撫育」のことで、その範囲は「知識」と「百工技芸」にわたるが、「勧導」が行き過ぎると、「ソシアリスメ」(socialismus)や「コムミュニスメ」(kommunismus)に陥り[13]、「臣民」の「不羈の情と権利を束縛」することになるという。そのような状態に陥らないために、政府と「臣民」の「権利義務」を規定する「憲法」(「隣艸」でいうところの「大律」)の制定が必要だという。これによって、「立法権柄」を確立し「国君」の「暴政」を阻止し、「天下の公論」に基づく統治を行なうことが可能だとされている。

『明六雑誌』においても、加藤は右のような統治論に立った議論を展開している。学者職分論争では、フランツ(Konstantin Franz)の『国家生理学入門』の一部を引用し、「リベラール党」と「コムムニスト党」の双方を批判し[14]「国務も民事もともに肝要[15]」と述べ、学者がその知識を活かすのは、在野在官を問わず重要なことだ主張した。さらに同年に発表した「軽国政府」では、政府が「国事を秘匿」し「制圧をほしいままにするの権」を持つことは許されないとして、「政府の事はすなわち人民の事、政府の力はすなわち人民の力、政府の財はすなわち人民の財、人民は本にして、政府は末[16]」と断言した。

以上のような幕末から明治初年代にかけての加藤の国家思想の形成過程から明らかになるのは、第一に、国家思想のうち統治論が先行して形成されたことである。「隣艸」から『真政大意』においては、国家の起源やその形態等についてはいまだ本格的には論じられておらず、あくまで立憲君主制と議会制度が統治のための「良術」として紹介されたにとどまっている。

第二に、加藤が君主や貴族による政治の独占を何よりも問題視していたことである。「暴君暗主」に「公会」を対置し、政治を「私」のものではなく「公」のものとして捉えた。おそらくそれは、ペリー来航以来の未曽有の国難に際してもなお門閥に頼った閉鎖的な国家運営を行なう幕府に対する危機意識によるものであったろう。

第三に、右のような統治論を支えた概念についてである。「仁義を旨とせる公明正大の政体」を至上のものとし、国家は「人の天性」に基づいて形成され、統治にあたる者は「天下の公論」に従うべきであると書かれていることからもわかるとおり、彼の統治論を支えていたのは「天」の概念であった。それは儒教的な概念であり、後に『国体新論』で本格的に紹介されることになる天賦人権説における「天」もこの概念にきわめて近いものであったといえよう。[17] このような「天」概念に基づくことで、統治者は天意に従い「私」の利益のためではなく「公」のために統治にあたるべきだとする統治論が形成されたのである。ただし、加藤家が代々兵学師範役を勤めた家柄であったことを考えると、加藤においては朱子学とともに兵学の影響も強かったと推察される。前田勉氏によれば、兵学は「理」よりも「法」を重んじ、戦時の「軍隊組織の編成原理」を平時に適応することで「兵営国家」の「支配原理」を確立させようとするものであった。[18] この時期の加藤は、朱子学的な「天」の概念に基づきつつ、「支配」の観点から制度すなわち「法」の確立という目的をもって西欧の立憲君主制と議会制度を学んだと考えられるだろう。

侍読就任とブルンチュリ国家学の受容

慶応四年(一八六八)一月に鳥羽・伏見の戦いが勃発し、徳川慶喜が帰還すると江戸城内は一時混乱をきわめ、加藤もまたその渦中に投じられたようである。このときすでに私塾(四月に慶應義塾と命名)を主宰していた福沢諭吉が「見物半分」に江戸城に行くと、加藤が裃を着込み慶喜への謁見を待っていたという。[19] 福沢が「イヤ加藤君、今日はお裃で何事に出て来たのか」と声をかけ、「戦争に極まれば僕は荷物を拵えて逃げなくてはならぬ」とからかうと、加藤は「ソンな気楽な事を云て居る時勢ではないぞ、馬鹿々々しい」と「プリ〳〵怒て居た」という。福沢が加藤よりも一枚上手であるかのような印象を与える右のエピソードは福沢自身によるものであり、加藤の立場を考えれば彼の「プリ〳〵」にはそれなりの理由があったように思われる。この頃、福沢は二回目の米国派遣の際の不手際によって蟄居を命ぜられていたのに対し、加藤は大久保一翁の推挙によって津田真道らとともに目付に任じられ[20]、「集議所設置のことに鞅掌[21]」していたという。新たな統治機構の創出にあたって、ドイツ語を解し西欧の立憲政体の知見を有する加藤自身の当事者意識は相当高いものであったことが想像される。

四カ月後に江戸城が新政府に明け渡されると、加藤は大目付として一時駿府に赴くも十月には政体律令取調御用掛として新政府に出仕した。これは後の明六社社員のなかでもたとえば津田が翌二年一月に徴士刑法官権判事として出仕し、西周がさらにその翌年九月に兵部省に出仕したことに比しても、きわめて早い段階での新政府への登用であった。新政府からの出仕の依頼を断り「独立自尊」の立場を標榜しつつあった福沢に対して、加藤は国家権力の中枢にあって、国家制度の設計に携わる道を選んだのであろう。それは彼が研鑽してきた学問を十二分に発揮できる道であった。

『真政大意』刊行の年すなわち明治三年十一月、加藤は国法会議への列席を命じられ、翌月四日には侍読に任命された。それまでの天皇への進講は、皇学所御用掛の平田銕胤、漢学所御用掛の中沼了三、神祇官権判事の福羽美静（明治二年侍読兼任）、本居豊穎、玉松操（翌年侍読兼任）らが担当しており、国学者と漢学者によって独占されていた。彼を侍読に推薦したのは、後に明六社社員と親交を深めた木戸孝允だといわれている[22]。

明治天皇は同四年八月十八日、浜離宮内延遼館で大臣・参議とともに初めて西洋料理を食し、翌年五月二十三日、燕尾型ホック掛の洋装で大阪・中国・四国行幸に出発し、さらに同六年三月二十日には断髪するなど、外形面での欧化を受け入れていた。加藤が侍読に任じられたのも、こうした改革の一環だといえる[23]。おそらく、加藤の洋学者としての知識と政体律令取調局や公議所での経験が評価されたのであろう。こうして加藤は、同八年まで毎週二、三回、ブルンチュリ（Johann K. Bluntschli）の『一般国法学』（*Allgemeines Staatsrecht*, 1852-1875）

をテキストにして欧米の政体、歴史等だけでなく、立憲君主としての在り方を明治天皇に進講したのである。

そのような宮中の改革に対する反発もなかったわけではない。加藤の侍読任命から半年後の明治四年五月三十日、大蔵卿大久保利通の意向を受けた安場保和の推薦によって、熊本藩出身の儒学者である元田永孚が侍読に任じられた。元田は加藤の進講を苦々しく思っていたようで、加藤辞職後に「福羽・加藤奉職中は兎角歴史翻訳書を専ら主張いたし、本意を達し得不申候処、去九月已来は一人の主任に相成、則論語を奉願候得ば、御許容被遊、真に難有事に候[24]」と述べている。元田の君主観については第二章で後述するが、彼は堯や舜といった中国古代の「仁君」を理想的な君主モデルとしており、彼にとって加藤は明治天皇自身を西洋的な立憲君主へと変貌させようとする危険人物であったと思われる。また、廃藩置県をはじめとする明治政府の政策に頑強に反対し、薩摩に隠棲していた島津久光が明治六年四月に上京すると、同年六月二十二日に二十項目に及ぶ建言書を政府に提出し、侍読の人事を批判した[25]。特定の個人名を出してはいないが、佐佐木高行の日記に「加藤弘之ナドハ殊ノ外左府殿被忌候由ニ付、此頃侍読其人ニ非スト申立候[26]」とあることをみれば、島津の批判は、加藤の侍読就任に向けられていたと考えても不自然ではなかろう。

右のような元田や島津らの加藤に対する悪感情は、加藤が明治天皇に講じたブルンチュリの国家学に由来するものであった。加藤の国家思想はブルンチュリを受容したことでさらに展開したが、彼がいつ頃ブルンチュリを受容したかは定かではない。遅くとも明治四年、あるいはそれ以前であったことは間違いないだろう。安世舟氏の分析によると、『真政大意』にすでにその影響がみられるという[27]。

ブルンチュリはベルリン大学のサヴィニー（Friedrich C. Savigny）のもとで国法学を学び、チューリッヒ大学やハイデルベルク大学等で教授を務めた国家学者である。わが国においては、『一般国法学』が加藤と平田東助の翻訳によって『国法汎論』という題で刊行されたことで、その名を広く知られるようになった。それだけでなく、ブルンチュリが師事したサヴィニーは、伊藤博文が明治憲法を起草するにあたって教えを請うたグナイスト(Heinrich R. H. F. Gneist)の師であり、グナイストはお雇い外国人として明治憲法の起草に寄与したモッセ(Albert Mosse)の師である。ブルンチュリは明治国家の「国制」の理論形成に貢献したドイツ国家学の学問的系譜上にあるといっていいだろう。[28]

ドイツ国家学とは国家を市民社会に対して高次の共同体として捉え、とくにその倫理性や規範性を重視する学問である。安氏によれば、そのなかでもブルンチュリの国家学は、国家を生物のような有機体に擬し、「国家の自然科学」を考究する点で特徴的であったとされる。安氏はまた、ブルンチュリにおける近代国家とは、文化共同体としての民族(Nation)が国家共同体(Volk)によって組織化されたものであり、公法的人格を有するものであったと指摘している。[29]

それでは、ブルンチュリの国家学から加藤はいかなる点を学んだのか。山田央子氏によれば、第一に君主を「国家第一等の高官」とする立憲君主制論、第二に国家は為政者の恣意性を排した機構であること、第三に個人の自由権を確保することが国家の機能として必要であることを学んだという。[30] 確かに山田氏が指摘した三点は加藤の著作にみられる点ではあるが、本書の問題意識からもしこれに加えるとするならば、以下の三点であろう。第一に国家主義的志向である。明治初年代の加藤においては、確かに天賦人権説が紹介され「公」のための国家運営が良しとされたが、それらは安定した統治を行ない、国家を維持、発展させていくために必要であるとの考えに立ったものであった。そのような志向は、統治の学としての兵学の素養が前提となって受け入れられたものであろう。第二に国家を論じる際の手法である。「国家の自然科学」を考究するブルンチュリの国家学は加藤に自然科学とくに進化論によって国家を論じるきっかけを与えたと思われる。第三に国家を有機体として捉え、国家そのものに固有の意思があるとする考え方である。『国体新論』までの著作において明快な国家有機体説が展開されることはなかったが、明治憲法制定後になると段階的に同説を取り込み国家思想の中心に据えた。ブルンチュリの国家学は加藤の国家思想のその後の展開と変容を促す種子を蒔いたといえよう。

「隣艸」以来、政体論を中心とした国家思想を形成しつつあった加藤であったが、ドイツ国家学から西欧の国家論の骨格を学んだことで国家主義的志向を強めるとともに、国家を自然科学が対象とする存在として認識し直したのである。

民撰議院設立論争と元老院への転出

加藤がドイツ国家学を受容した頃、明治政府では立憲政体構想をめぐる議論が活発化していた。明治七年一月、征韓論争後に下野した副島種臣、後藤象二郎、板垣退助、江藤新平らによって「民撰議院設立建白書」が提出されたが、同七年二月三日、加藤は『日新真事誌』に「民撰議院ヲ設立スルノ疑問」を発表し、民撰議院設立尚早論を展開した。「隣艸」以来、議会制度と立憲君主制の導入を訴えてきた彼が、このときなぜ尚早論をとったのか。加藤によれば民撰議院は「国家治安ノ基礎タル制度憲法ヲ創定スル」ためのもので、「賢智者」が集うべきところであるが、「開化未全ノ吾邦」の「吾邦人」は政治的知識に乏しいので、その設立は尚早であるという。[31]『明六雑誌』第四号においても、ブルンチュリを引用しつつ「時勢」と「人情」の進歩の段階に応じた「国家治安の術」を選ぶべきだと主張している。[32]つまり、加藤は議会制度の導入を理想としながらも、日本は「開化未全」の段階にあるという現状認識に基づいて議会設立尚早論を唱えたのである。加藤のほか森有礼や津田真道ら明六社グループの洋学者らも次々と建白書に対する反応を示した。

実はこの二カ月前すなわち同六年十一月、大久保利通は「立憲政体に関する意見書」を政体取調掛の伊藤博文に示し、「国憲」の制定と「君民共治ノ制」[33]の採用を提言していた。明治政府において、立憲政体を導入することについてはある程度の同意が形成されていたように思われるが、議会の権限の範囲等については意見のばらつきがみられ、それが政治的な対立のひとつの要因となった。対立を解消するために、同八年一月から二月にかけて大久保、木戸、板垣、伊藤や井上馨らによる大阪会議が開かれ、四月十四日に漸次立憲政体樹立の詔が発布された。

このとき、加藤はいかなる政治状況にあったのか。興味深いことに、民撰議院設立尚早論を発表した翌年四月二十五日に木戸の推薦により元老院議官へと転じた。元老院とは、漸次立憲政体樹立の詔に基づいて法令審議機関として設置された機関である。その権限は明治八年四月二十五日下付の元老院章程によって規定され、「新法ノ設立旧法ノ改正ヲ議定」すること、「諸建白書ヲ受納」すること、そして各行政官に対する推問権が認められた。同院には正副議長として一等官各一名、議官として一〜三等官無定員、正権の大少書記官（四〜七等官）、そのほかに正権の大中少書記生、等外吏（一〜四等）、准等外吏が置かれた。しかし、大久保と伊藤が主導したといわれる十一月の章程改正によって、行政官に対する推問権が削除されるとともに、受納できる建白書が「立法ニ関スル建白書」に限定された[34]。

こうして徐々に権限を奪われていった元老院であったが、創設当初においては議官の政府に対する不平を解消する機能を有していたと思われる。そこに参集した面々を見れば、それは一目瞭然である。議官には陸奥宗光、後藤象二郎らが任命されており、創設から明治十三年までは一般に「民権の巣窟[35]」と称されるような状態にあった。つまり、加藤が転任した元老院とは、大阪会議を経て漸次立憲政体樹立の詔を発した後の明治政府と板垣ら民撰議院設立論者との妥協を体現するような場であった。

ここに加藤が招集された背景には、前述したように元田や島津といった保守的な人物から、福沢諭吉と並ぶ「進歩的な存在」として疎まれていたということが挙げられよう[36]。後に研究史上「立憲カリスマ[37]」と評価される伊藤でさえも、いまだ確固とした立憲政体構想をもっていなかった当時において、加藤が急進的な洋学者とみなされるのは仕方がなかったのかもしれない。田頭慎一郎氏によれば、この頃木戸から元老院章程改正について加藤と相談するように依頼された伊藤は、加藤が「純粋立憲家」であり、すぐに憲法を制定すべきだというような「事実上を不顧の議論」をするので、対談することに意味を見出さない旨を書簡に認めてきたという[38]。

明治八年十一月、加藤は元老院議官就任後わずか半年でその職を辞した。ちょうどこのとき元老院の権限と参議省卿分離問題をめぐって木戸・大久保・伊藤・板垣の対立が頂点に達し、ついに「急進派の隊長」である板垣と「守旧派の隊長」である島津が政府から退き、これにともない複数の元老院議官が離職した[39]。板垣に関しては、後藤と陸奥によって「愛国社路線の切り捨て」が図られたのであり[40]、元老院は左右の両極を切り落とす形で存続を図ったのであった。加藤も彼らとともに元老院を去ったということは、洋学者としての経歴や後述するような『国体新論』での主張から考えて、「急進派」のひとりと目されたからであったと考えられる。この後、加藤が政府の立憲政体調査や明治憲法起草の作業に参与することはなかった。

『国体新論』にみる統治観

それでは、右に述べたように加藤が「急進派」のひとりに目されたきっかけのひとつになった『国体新論』について論じたい。同書は加藤が元老院に転出する前年すなわち明治七年に刊行された。彼は同書において、元田や島津らを念頭に「守旧派」への対決姿勢を鮮明に示し、ブルンチュリから学んだ国家論を取り入れ独自の「国体」論を展開した。同書では国家成立の要因として、権力委任説、征服説等数例が紹介されているが、その根本原因には「人の天性」があるという。加藤によれば、アリストテレスが「人間は社会的動物である」と言ったように、「人の天性」とは人の「必ず相結び互に相生養する」性質を指す。この「人の天性」を基にした国家成立説によって、国家とは「人民を主眼と立て、とくに人民の安寧幸福を求むろを目的と定め」るものとなり[41]、君主と政府は「人民を保護勧導して、もってその安寧幸福を求めしむるがために存在したるもの」になるという。したがって「国体」とは、国家が目的とするもの、つまり「人民の安寧幸福」[42]そのものを指すという。

そのような「国体」論に基づいて、君主はあくまで国家の一機関として位置づけられるべきであり、君主が

「神種」の子孫であるとか、国土を所有するという考え（王土王民論）は退けられた。したがって、フリードリヒ二世の「君主といえどもその実は国家第一等の高官[43]」という発言を引用し、天皇も西欧的な立憲君主として国家制度に位置づけられるべきであるとして「天皇も人なり」と断言した。つまり『国体新論』における君主論は後の天皇機関説に限りなく近いものであったといえよう。宮中の元田や島津らを挑発するかのような君主論である。

加えて、国内における「人民」の権利についても考察を深め、以下のように述べている。「人民」の「自由権」として具体的に「生命を保存すべき権利」「身体を自由に使用すべき権利」「所有を自由に処分すべき権利」「教法を自由に奉じ」「自由に論述書記すべき権利」「同志と相結びて自由に事を謀るべき権利[44]」を挙げ、それらはすべて「天賦」であるという。この「天賦」の権利がないかぎり、国家の「安寧幸福」は望めないという。そして、このような「人民」の「自由権」を保障するものこそ立憲君主政体であるという。こうして、日本でも立憲君主政体を導入すべきだと切言するに至っている。

本節の最後に『国体新論』で展開された加藤の国家思想についてまとめよう。同書において新たに「国体」という概念が国家思想に組み込まれた。国家の主眼、拠って立つ準則である「国体」が「人民の安寧幸福」に定められ、政体（立憲君主政体）は人民の「自由権」を保障するという目的のもと運用されるべきだとされた。ひるがえって、「隣艸」以来加藤の国家思想を支えた「天」について言及すると、「天」は国家を形成する人間の「天性」であるとともに、「自由権」の根源にあるものとされた。すなわち「天」は彼の国家思想を支えるものではあったが、ドイツ国家学の受容を経たことで、その内実は朱子学的な「天」概念に次第に西欧における自然法概念が加えられたものになりつつあったといえよう[45]。

つまり、『真政大意』までに展開された政体論に『国体新論』における「国体」論が接合されたことで、社会進化論受容以前の加藤の国家思想が形成されたといえるが、国家を儒教的概念から西欧的、近代的な概念として捉えれば捉えるほど、加藤のなかで疑問が生じてきたと思われる。「国体」が「人民の安寧幸福」に定まるにはどうすればいいのか、立憲君主制が成立するまでの道筋はいかに描くことができるのか。こうして、加藤は新たな国家思想の原理を模索し始めるのである。

第二節　「開化史」から社会進化論へ

明治十年の転機

元老院議官辞職後、加藤はおよそ一年間官職に就かなかったが、当時の文部大輔田中不二麿の推輓により[46]、明治十年二月一日に開成学校綜理に就任した。開成学校は四月から東京大学と改称されることが決定していた。明治政府がいよいよ本腰を入れて整備を進めようとするわが国の最高学府の最初の責任者に加藤が選ばれたのである。

加藤の綜理就任と同じ二月、九州では明治政府に対する最大の士族叛乱である西南戦争が勃発した。西南戦争は研究史上、岩倉使節団帰国後のいわゆる大久保政権で遂行された諸政策に対する批判および困窮した士族の救済とその復権を求めたものとされているが、文芸評論家の江藤淳による次のような「解釈」は、加藤との対比を視野に入れたとき示唆的である。すなわち西郷隆盛は「この国を西洋に変えよう」とする明治政府に対して「「報国」の至情」のために挙兵し、戦死することによって明治政府への「尋問」を果たそうとするものであって、それゆえに西郷の生きざま（死にざま）とその思想は明治という時代のひとつの「エトス」となったのだという。それは、『平家物語』から三島由紀夫にいたる日本を貫く「全的滅亡」の思想の系譜に連なるものであり、マルクス主義やモダニズムといったいかなる思想よりも強力な「「西郷南洲」という思想[47]」であったとされる。

後年、井上哲次郎によれば、加藤は尊敬する人物として佐久間象山とともに西郷を挙げたというが[48]、明治十年二月、加藤と西郷は対照的な進退を選び取ったのではないだろうか。西郷は多くの青年を道連れに「全的滅亡」を果たし、加藤はわが国の最高学府で多くの青年を教育する綜理に就任したのである。しかし、ふたりが希求した明治国家の理想像には共通する側面があった。加藤は『国体新論』で「仁義を旨とせる公明正大の政体」を追求しようとしていたのに対して、西郷もひとに語って「大政を為すは天道を行ふものなれば、些とも私を挟みては済まぬもの也、いかにも心を公平に操り、正道を踏み、広く賢人を選挙し、能く其職に任ふる人を挙げて政柄を執らしむるは即ち天意也[49]」と述べていた。つまり、明治十年という段階において、国家観における加藤と西郷のふたりに大きな隔たりはなく、もし違いがあるとすれば、そのような理想的な国家を実現する方法と、とりわけ加藤の場合、前節で論じたような西欧の国家論や政治思想に依拠する国家思想を模索していたことにある。

加藤にとって、明治十年は大きな転機となった年だと思われる。それは最高学府の綜理に就任したということだけではなく、後述するようにこのとき以降、「開化史」を構想するなかで社会進化論と出会い〈優勝劣敗〉の思想を構築していくことになるからである。加藤にとって、ある意味では孤独な戦いの始まりでもあった。加藤の思想は、維新の勝者であった明治政府を正当化するような単純で軽薄な思想ではなく、むしろ明治国家のあるべき姿を希求する真摯な思索の結果としてこそ理解されるべきものではないだろうか。

加藤弘之排斥の動き

明治十二年(一八七九)、加藤に対する批判が再び高まった。教育令が公布されたこの年の八月、天皇は初めて教育方針について発言し、元田を通じて「教学大旨」を示し、儒教的徳育の強化を促した。同年四月に天皇は「教育の事たる実に専要にして、漢学者にても可ならず、勤王家にても然るべからず、福沢諭吉、加藤弘之の如き洋学者亦注意せざるべからず」[50]と語ったといわれており、とくに福沢や加藤といった洋学者の存在が危険視されていたことがうかがえる。

後年にはなるが、明治天皇の教育上の憂慮は大学にまで及び、「朕過日帝国大学を観る、理科医科法科学術の進歩は則ち喜ぶべしと雖も、教育の主本とする修身の学科に至りては果して如何、其施設朕観る所なし。又古典講習科の設ありと聞くも、是亦何処にあるか、抑々帝国大学は我国最高の教育所にして国家有用の材を養成するを目的とす、然るに今日の如くんば、理科医科等に於て専門家学者を作り得んも治国の道を講じ、国家経綸の任に堪ふるの人を養成し得べきや疑なき能はず」と述べたという。これに対して元田も、大学が「洋学専修の徒」に占められていると応答した[51]。明治天皇は、「理科医科」に対し「修身」を挙げ、それこそ「国家経綸」にあたる人物を育成する学として考えていたようである。このような学問観を持つ明治天皇とその側近は、東京大学綜理である加藤へと批判の的を絞っていった。

その批判を先鋭化させたのは、自由民権運動の進展であったと思われる。明治十一年に愛国社が再興され、同十三年三月の第四回愛国社大会において国会期成同盟が結成されると、民権派の国会開設に対する期待はますます高まり、民間においても数多くの私擬憲法案が起草された。自由民権運動が全国的な盛り上がりをみせるなか、同十三年には政府内でも立憲政体に関する本格的な検討がはじまり、各参議から意見書が提出された。しかし、大隈重信が提出した立憲政体に関する意見書が即時国会開設を求めイギリスの議院内閣制の導入を主張するものであったため、政府内で問題視され、十月十二日に大隈は参議を免官になった。いわゆる明治十四年の政変である。

大隈参議免官のわずか一週間後、海江田信義が『国体新論』排斥の建議を太政大臣と左右大臣に宛てて提出した。海江田は、西南戦争における西郷隆盛が「政治」の「改良」を訴えただけであったのに対して、加藤をはじめとする「民権自由」の論者は「国体」そのものを批判する「我国開闢以降未曾有ノ逆賊」であり、とくに加藤を「獅子身中の虫」として糾弾した。これをうけて岩倉具視も加藤の『国体新論』が自由民権運動へ与える影響を憂慮し、その「御禁制」[52]の必要を痛感したようである。それまで役職を辞すことはあっても説を曲げることはなかった加藤が自著を絶版していわゆる「転向」の端緒を示したとされるのはこの年のことである。

東京大学綜理としての加藤弘之

しかし加藤は右のような外的なプレッシャーに完全に屈したわけではなかったように思われる。というのも彼は初代綜理として東京大学の整備に携わり、着実に彼自身を取り巻く知的環境を創り上げつつあった。

明治十五年十月二十八日に行なわれた学位授与式における加藤弘之の演説に耳を傾けてみよう。福岡文部卿のあとに登壇した加藤は、額の「汗をふき」[53]ながら祝辞を述べた。

> 今我邦ノ文明ヲ謀ラント欲セバ、必ズ之ヲシタル諸子ノ任ニ帰セザルヲ得ズ、左レバ諸子ニシテ卿ノ栄ニ安ジテ益〻其学ノ深カランコトヲ勉メズンバ、是我邦ノ為ニ大ニ悲マザルヲ得ズ、余窃ニ我社会ヲ視ルニ、喋々欧米ノ事ヲ唱和スルモノモ其実ハ学識極メテ浅薄ナリ、我社会ノ風潮ハ蓋シ斯輩ノ造ル所ナリ、是ヲ以テ社会ノ風儀日ニ月ニ浮薄軽操ニ趣カントス〔中略〕彼輩ノ上ニ立チ自ラ進ミテ社会ノ風潮ヲ制スルコト能ハズンバ、諸子ガ今日ノ栄モ遂ニ全キヲ得ザルノミナラズ、我邦将来ノ事実ニ憂慮ニ耐ヘザラントス諸子ソレコレヲ勉メヨ[54]

右の祝辞のなかで加藤は、東京大学出身者を「真正ノ順序ヲ踏ミ高等ノ学科ヲ専修」した者であるとし、彼等に「我邦ノ文明」の先導者となるよう呼びかけている。この「文明」の敵こそ「欧米ノ事ヲ唱和スルモノモ其実ハ学識極メテ浅薄」な者たちであり、明治十五年十月という時期を考え合わせると民権派を指すと思われる。ちなみに、この年の卒業生は、法学士八名、理学士二〇名、医学士二九名、製薬士五名、文学士四名の計六六名であった[55]。そのなかでも、法理文学部卒業生の進路は、学校教職員一三名、銀行・会社員七名、行政官吏六名、弁護士四名、司法官吏一名、その他七名となっている[56]。官吏に任用された卒業生が少ないのはいささか意外であるが、加藤は官吏に限らず、学校の教員や銀行員、会社員ら高等教育を受けた「学識」ある者たちによる「文明」化を理想としていたといえるのではないか。そのような考えは、大きな政府による産業、工業の育成を志した大久保利通や、また行政官僚の役割を重視した伊藤博文のように、日本の「文明」化を富国強兵の政策や行政の指導によって達成しようとするものではなかった。

では、日本の「文明」化の担い手たちに、どのような教育を施そうとしていたのか。以下、加藤綜理の時代に実施されたドイツ法学の導入、文学部改編、古典講習科の設置に着目したい。

ドイツ法学の導入は穂積陳重によって建議された。穂積は明治十四年に、留学先のドイツから帰国後、直ちに東京大学法学部の講師に任じられた人物である。その後、加藤が文部卿に「方今文学理学ノ最旺盛ナルハ独乙国ニ若ク者無之候間、文理学部中諸学科ニ従事スル者ノ、他日学フ処フ更ニ深ク研究セント欲スレハ必独乙書ヲ渉猟セサルヘカラス」と具申し、第二外国語をドイツ語に限定することと法学部で「法学通論」と「独逸法科」を新設することが許可された。「法学通論」とは、西欧の大学の「エンサイコロペデヤ・オフ・ロウ」を参考にした科目で、専門諸科の前提として第一学年に法学の基礎を学ばせるものであった[57]。このドイツ法学の導入は井上毅によるドイツ学奨励政策と連動したものであった。井上は明治十四年十一月七日に「進大臣」を岩倉具視に提出し、「保守ノ気風」を醸成するために「独逸学ヲ奨励」すべきことを上申した。これに基づき、同年九月に独逸学協会が設立され、同十六年には独逸学協会学校が開校され、同二十三年には加藤が同校第三代校長に就任した（初代校長は西周）。

次に、文学部において哲学、政治学及理財学科を分離独立させたことについてであるが、これは、「自今ハ可成専一ニ講習為致候」ことが「有用ノ人材ヲ育成スルノ道ト存候[58]」との考えに立つものであった。つまり加藤は、工学や医学といった実践的な学問だけでなく、文学部の哲学、政治学、理財学といった学問分野にも「開化」のための「学識」があり、それぞれの分野の専門性と独立性を高めることで「有用ノ人材」が育成できると考えていたのである。

最後に、古典講習科の新設についてだが、これは明治十二年から加藤が温めていた構想で、同十五年に文部省の許可を得て文学部内に設置されたものである。文部省は洋学偏重の風潮を改めようという政策的関心から許可した模様であるが、加藤自身は「開化進歩ノトキニ方リ全ク従来ノ風俗習慣ヲ棄テ新奇ニ走ル国民ハ遂ニ永存スル能ハサル[59]」ものという考えに基づいていたと考えられる。ちなみに、東京大学における日本人教師の数が外国人教師の数を上回ったのもこの年である[60]。

以上のように、加藤は新たな学科編成や授業課程の改良によって、東京大学に日本の「風俗習慣」を温存しつつ、漸進的に「文明」化を進める「学識」ある人材を養成するための学問の在り方を示そうとしたと考えられる。

読書録「疑堂備忘」

東京大学において「文明」化を担う学生の育成という理念を掲げたまさにその頃、加藤は「開化史」に関する研究を進めていた。加藤は「開化史」の研究途上で社会進化論を受容したが、この受容過程の詳細をうかがい知ることのできる材料が「疑堂備忘」である[61]。同史料に関しては松本三之介氏がすでに分析しているので[62]、適宜参照しながら上述の点について論じることにする。

「疑堂備忘」は明治十年末から十五年十一月頃までの読書備忘録で、毛筆で記された全四冊からなるものである。明治十年末から十二年五月頃までに記された第一冊目からは、ヘルワルド（Friedrich Hellwald）、バックル（Henry T. Buckle）、バジョット（Walter Bagehot）、ドレーパー（John W. Draper）らの「開化史」に関する著作を重点的に読破していたことがうかがえる。これらの著作からはとくに西欧の「開化」の内実とその原因に関する部分を引用しているが、そのような知的作業から彼は何を得たのか。それは、引用文の合間に記された「我邦ノ開化ヲ妨ケタル者ハ気候、土地ノ豊富ナルコト、一男数妻等ヲ以テ尤ナル者トスル歟、可考[63]」、「愚案スルニ、東方各国就中本邦ノ如キハ、古来外国貿易ノ事ナキヲ以テ平民富ヲ得ルノ術ニ之シカリシハ、其才智ノ発達スルヲ得サリシ一源因ナリ、故ヲ以テ所謂中等門地ナル者起ルヲ得サリキ」といった彼自身の推論からわかるとおり、「開化」が種々の要因によって漸進的に進むものであることとともに、日本では「才智ノ発達」が未成熟で「中等門地」が興らなかったために「開化」が未発達であるという現実であった。

こうして、彼は日本の「開化」を妨げる原因の探求に従事することになったのであるが、「開化」の内実とその要因よりも「人種」に関する引用文が漸増してくる。「疑堂備忘」第一冊の後半では、「人種」と朱書きで頭註を付された引用文が多くみられる。「開化」から「人種」へ、これは問題関心の断絶なのか、それとも収斂、深まりになるのか。「疑堂備忘」は読書備忘録であるため、それに対する直接的な説明はほとんどないが、第一冊の最後部は以下のような記述で終わっている。

バックル氏其他諸大家、人民ノ開化ハ気候、土地ノ性、食物、地形其外ノ事ニ由テ浅深遅速ヲ生スト云フ、固ヨリ是ナレトモ余カ見ヲ以テスレハ、此事ヲ論スル前ニハ先ツ諸人種ノ体軀、膚色等モ唯土地、気象等ニ由テ差異ノ生シタルモノヤ将否ラスシテ他ノ原因ニヨルモノナリヤヲ究メサル可ラス、何者近世ノ心理学ニテハ心身ハ別物ニ非サルモノナルコト分明ナリタレハ、若シ諸人種ノ体格、膚色ノ土地気象等ニ関渉スルナクシテ他ノ原因ニヨリテ差異ヲ生シタルモノナレハ、其心神ニ於テモ亦原因ヲ同ウスルコト必然ナレハナリ、故ニ人種ノ事ヲ究メサル可ラス[64]

右の史料で加藤は、「人民ノ開化」の「浅深遅速」が「気候、土地ノ性、食物、地形」等の影響を受けるというバックルらの説があるが、心身は一元的なものなので、まずは「人種ノ体軀、膚色」といった身体的な違いが「土地、気象等」によるものなのか明らかにすることで、「人民ノ開化」を規定する要因を突きとめたいと述べている。これだけでは少々わかりにくいので、「人民ノ開化」について説明を補うと、「徳義ノ源因ハ社会ヲ結フ情ヨリ起ルノ論多賓氏書[65]」にありとの記載や「不文明人民」では「体軀」が進化し「文明人民」では「脳力[66]」が進化するとの記載、さらに「人世ノ歴史ニ於諸人種才智ノ進歩[67]」が競争によって実現したという記載から、「人民ノ開化」とは、「才智」「脳力」といったものの充実を指していたことがわかる。右記引用史料は第一冊のほぼ最後に記載されているので、明治十二年頃、加藤は「人民ノ開化」を「才智」「脳力」の充実と捉え、「開化」の要因を「人種」の違いに即して研究しようとしていたことがわかる。

「人種」に知力、体力の面で優劣をつけ、それを社会の開化と結びつける傾向は、久米邦武『米欧回覧実記』（一八七八年）や福沢諭吉『世界国尽』『掌中万国一覧』（一八六九年）等でみられる[68]。加藤の場合も当初はそうした側面が強く、前述したとおり、「人種」の違いが「土地、気象等」によっていかにして生じたかについて調査を重ねていたが、同時代の西欧における人類学、社会学、歴史学、考古学について研究を重ねるうちに、次第に別の側面が現れてきた。それは「人種」間、とくに圧倒的に優等な「白皙人」とそれ以外の「人種」の間で「生存競争[69]」が起こるという見通しであった。同時代のアメリカの「白皙人」によるネイティブ・インディアンの迫害といった事件を引用し、「後世今ノ白皙人ト諸野蛮人種ト生存ノ競争ニ由リテ諸野蛮人種悉ク亡」んでしまうと危機感をにじませた。その際、「白皙人」に唯一「纔ニ匹敵スヘキモノ」は「モンコール人種[70]」のみだとする説も引用されている。こうして、「人種」間の「生存競争」という側面が強く意識され、そこから、「開化」が単に「気候、土地ノ性、食物、地形」によって規定されるものではなく、「生存競争」を原動力とすることが意識されるようになり、「開化史」は社会進化論へと展開する。

「開化史」から「生存競争」へ

「疑堂備忘」第二冊（明治十二年五月～八月頃）の冒頭はダーウィンの人種論に始まる。同書は二つの特徴をもっており、ひとつは、第一冊に引き続き、「白皙人」との「生存競争」に敗れたことで壊滅的な打撃を与えられた「人種」に関しての引用がみられることである。もうひとつは、進化論の基本的な概念についての引用がみられることである。たとえば、ヒトがサルから進化したこと、人類は当初他の禽獣と食物をめぐる「競争」をしてきたことなどがヘルワルドの『開化史』（*Kulturgeschichte in ihrer natürlichen Entwicklung bis zur Gegenwart*, 1877）から引用されている。さらに進化論を深く学ぶために取り組んだ書物が、ヘッケル（Ernst H. P. A. Haeckel）の『造化史』（*Natürliche Schopfungsgeschichte*, 1875）である。同書からは「セレクチオンス、テオリー〔Selektions Theorie　選択説〕」「Kampf ums Dasein〔生存競争〕」「クンストリヘツフトワール〔Künstliche Zuchtwahl　人為淘汰〕」「ナツールリヘツフトワール〔Naturliche Zuchtwahl　自然淘汰〕」「遺伝（フルエンブング〔Vererbung〕）ト随変（アーンバッスング[71]〔Anpassung　適応〕）」等を学んでいる。要するに、加藤は明治期の社会進化論の主流であるスペンサーではなく、ヘッケルから進化論の基本的な概念を学んでいたのである。ヘッケル受容の内実については第二章で詳述する。

第三冊（明治十二年八月～翌年六月頃）では、引き続きヘッケルやカスパリ（Otto Caspari）らの著作から、「人種」と「生存競争」の関係について引用を続けているが、同史料では、「人種」間の「生存競争」の様相のみでなく、「人種」の起源や人類の進化の過程についての記述が見られる。注目すべきは、その後の加藤の国家思想に通じるような、国家の性格とその起源についての引用がみられることである。それらはすべてカスパリの『人類太古史』（*Die Urgeschichte der Menschheit mit Rucksicht auf die natürliche Entwickelung des frühesten Geisteslebens*, 1873）から引用されている。たとえば、「人類ノ祖即ウールメンシュ〔Urmensch 原始人〕カ猛獣ノ攻撃ヲ防ク為メニ国ヲ立テ」たということや、「ウールメンシュノ初メ国ヲ建ルハ先ツ分業ニ始マルコト」という国家起源説が記され、さらに、「スタート〔Staat 国家〕」と「ヘールデ〔Herde 家畜の群れ〕即シュワルム〔Schwarm 魚群、蜂の群れ、群衆〕」の違いは、「寇敵ノ来襲ヲ防テ其安全ヲ保」てるか否か、「分業ノ法」[72]が確立しているか否かに表れるという。

こうして、同書の最後は以下のようになっている。

余考フルニ、従来学者人ニ天賦ノ権利アリト考へ、之ヲ牢固ニナスカ為メニ法ヲ設ケ安全トナシテ以テ天賦ノ権利ヲ保護スルモノト思ヘリ、然ルトキハ権利保護ハ即 Ziel〔目的〕ニシテ、法ヲ以テ安全ヲ得ルハ即 Mittel〔手段〕ナリ、然ルニ是レハ甚タ謬レルコトニシテ固ト天賦ノ権利ナルモノナシ、蓋シ人々ノ安全ヲ保護スル為メニ法ナルモノヲ立ツ、是ニ於テ権利始メテ生シテ安全ノ始メテ行ル、故ニ安全保護ハ Ziel ニシテ法ヲ立テ権利ヲ設クルハ Mittel ナリ[73]

「人種」間の避けがたい「生存競争」という観点から社会進化論を受容した加藤であったが、人類の進化の過程において外敵に対して集団の「安全」を保護するために国家が発生したという説を学び、すべての人間に生得的に与えられた天賦人権の存在を否定し、「権利」とは「安全保護」を目的に人為的に「法」が制定されて生じるものとして認識されたのである。天賦人権説を否定する目的をもって社会進化論を受容したわけではなく、人間社会の「開化」が何によってなされるかに関心を抱いた加藤が、「開化史」、「人種」論、社会進化論という段階を踏んで天賦人権説の批判に至ったことが読み取れよう。

これは、福沢諭吉の社会契約説受容と文明論の関係と比較すると、非常に興味深い。松沢弘陽氏によれば、福沢はアメリカの道徳科学の教科書（とくにウェイランド）からキリスト教的道徳に基づいた社会契約説を受容し[74]、国民は統治の「客」であると同時に政治社会の「主人」であるとする「ラジカルな人民主権論」[75]を唱えたという。しかしながら、その後、ギゾー（François P. G. Guizot）やバックルから文明史を学んだことで、「ネーションン」を社会契約説からではなく歴史的形成体として捉えることになり、これによって国家の独立のために文明化が必要という論法に転換したという[76]。このように、社会契約説から出発した福沢は、文明史を受容したことで国際社会における日本の位置を理解し、文明化を射程に入れた国民の「報国心」の形成を思想解題とすることになった。

対して、加藤は福沢のように日本が将来順調に「開化」段階に至るということを白明のものとして捉えていなかったように思われる。むしろ、「白皙人」との「生存競争」に敗れた「人種」は滅びるしかなく、日本人はその瀬戸際に立たされているとさえ考えていたのではないか。

また、「人種」間の対立を「生存競争」として捉え、「白皙人」が他の「人種」を圧倒してきた現実を重く受け止め、文明なるものへの憧れが限定的であった点も福沢とは異なる。社会契約説を土台として文明史を受容した福沢とは異なり、「開化史」において「人種」論に着目し社会進化論を受容した加藤にとって、西欧はあらゆる意味で理想的な文明国というよりも、他国や他人種を侵略するものとして捉えられ、「生存競争」の相手として鋭く意識された。十九世紀の西欧の光を見たのが福沢であり、影をことさらに強く意識したのが加藤といえるかもしれない。これには、二人の洋行経験の有無の影響があるだろうが、それ以上に、加藤が受容した学問が人類学や社会学、歴史学、考古学等といった過去の歴史的事実に基づくものであったことも大きいだろう。

以上のように加藤は、国家の成立から発展までを社会契約説や天賦人権説ではなく、あくまで自然科学に起源を有する社会進化論によって説明した。そこにおいて国家は、「人種」間の「生存競争」に勝ち残り、国民の「安全」を確保するために不可欠な存在として位置づけられた。さらに、第二章で詳述するが、この「生存競争」は国家間や「人種」間だけでなく、国内でも権利をめぐって起こるとされ、権利をめぐる競争の先に立憲政体が成立するとされた。なぜ立憲政体が理想的な政体なのか、なぜ政治は「公明正大」でなければならないのか、これを実証主義的な方法を用いる学問に拠って説明するのが〈優勝劣敗〉の思想であった。社会進化論を導入したことで、加藤の国家思想を支えていた「天」の概念の内実が科学的な事実によって再構成されることになり、明治十五年には『人権新説』における「優勝劣敗是天理矣」という宣言が導き出されるのである。

第三節　社会進化論受容の諸相

明治十年代の東京大学

近代日本において社会進化論が本格的に受容されたのは、加藤が綜理を務めた期間の東京大学においてであった。まずは東京大学における自治と財政基盤の確立および専門学会の設立に着目して、社会進化論受容の前提となった知的環境について述べ、その後社会進化論受容の諸相について論じたい。

加藤は綜理の諮問機関として諮詢会という自治組織を創設し、大学の政府からの自立を図る一方で、財政面においても大学の自立に努めた。明治十三年の文部省歳出決算のうち、三五・七％が東京大学の経費に充てられていたが[77]、松方財政期の歳出緊縮によって文部省の経費が削られると、それに伴い東京大学も法文学部棟の建設を中止せざるをえないほど財政状況が悪化した。同十五年十月三日、加藤は福岡文部卿に「米国ヨリ返還ノ下関償金ヲ東京大学ニ下付ノ件」[78]を提出する。この建議は、「一般ノ高等学科」を網羅した東京大学の「栄枯盛衰」が「我邦高等教育ノ栄枯盛衰」に関わるとしたうえで、「下関償金」の下付と併せて東京大学の安定した財源確保を政府に願い出たものである。

また、加藤綜理期において最も重要な学界の形成について述べよう。明治十一年化学会、東京大学生物学会、同十六年法学協会、同十七年東京数学物理学会、哲学会、同十九年造家学会、同二一年国家学会、同二十一年電気学会、同二十二年史学会等が、教員や卒業生を中心に形成された。とくに国家学会や哲学会、法学協会には、加藤自身も名を列ね、演説会に参加したり機関誌に寄稿したりと、それらの活動に積極的に参加している。また、東京大学法理文三学部では共通の学術雑誌として『学芸志林』が発行された。同誌は明治十年から同十八年まで刊行されており、内容は西欧の学術論文の翻訳から教員らによる研究論文まで多岐にわたったが、「明治前半期の日本の学術動向の一面を表すジャーナリズム」[79]と評価されている。

さらに、直接東京大学とのつながりはないものの、明治十二年一月に西欧諸国のアカデミーを模範に「文部省ノ起立ニ係リ教育ノ事ヲ議シ学術技芸ヲ討論」[80]する東京学士会院が設立されると、加藤をはじめ明六社社員が創立会員になった。加藤は、福沢が脱会すると同十三年十二月から同十五年六月まで会長を務め、以後、同十九年六月から同二十八年十二月、同三十年十二月から同三十九年六月にも会長を、帝国学士院に改組後も同三十九年から同四十二年まで院長を務めた。同十七年十二月十五日の例会に加藤が提出した議案では、講演会の一般公開が建議され決定された。第一回講演会では、加藤自ら「日本人種改良ノ弁」、黒川真頼が「本邦ノ学問ノ説」、杉亨二が「スタチスチック之説」、小中村清矩が「官職ノ沿革」をそれぞれ講演したが、「佇立傍聴シテ群ヲ成ス」盛会で、聴衆のおよそ三分の二は「青年書生」、そのほかは官吏、僧侶、新聞社員であったという[81]。このように、加藤は東京学士会院の会員、会長として、「教育」と「学術技芸」について検討するとともに、その成果を将来の「教育」と「学術技芸」を担う「青年書生」らに向けて発信する仕組みを導入したのであった。

以上のように明治十年代の東京大学では、大学の自治と財政的自立が図られるとともに、学問の専門性を高め教育研究の質を充実させようとする動きが顕著であった。東京大学自体が学知によって日本の「文明」化を牽引する存在として確立しつつあったのである。同時期の綜理が加藤であったことは偶然ではない。加藤は

「知を広め識を明にする[82]」ことを目的とした明六社を結成しながらも、『明六雑誌』廃刊をもって「学者」が自立できる領域と「政府」に従属を強いられる領域を先駆的に体現[83]」せざるをえなかったという苦い経験をしていた。日本の「文明」化を牽引する学知と人材を創出し、そのために学者が「自立」できる領域を創造しようと試みた加藤のもとに、各地方での選抜を勝ち抜いてきた秀才が集った。その東京大学にもたらされたのが、優れた者が自身の力をもって社会の勝者になるとする社会進化論であった。

モースとフェノロサ

本章冒頭で述べたように、明治初年代に森のようにイギリスでスペンサーから直接教えを受けた人物もいたが、日本の知識層の大多数は、東京大学のお雇い外国人や留学から帰国した教員による講義や講演を受けたことで、社会進化論の何たるかを学んだのである。以下、東京大学における社会進化論の受容とその展開について論じたいが、すでに先行研究も多く蓄積されているので適宜それらを参照、引用しながら概括的に述べていく。

東京大学における進化論受容の端緒は、モース（Edward S. Morse）とフェノロサの教授着任に求められるだろう。モースは、ハーバード大学のアガシー（Jean L. R. Agassiz）のもとで動物学を学び[84]、腕足類動物の研究を機に進化論を支持することになった。ミシガン大学で進化論の講義を担当した際、その受講生の一人であった外山正一は帰国後にモースの東京大学理学部の動物学教授就任を強く推し、明治十年六月にそれを実現させた。同年十月、モースは東京大学で地質学及び採鉱学科と予備門四年の学生向けの進化論に関する講義を担当したが、彼の功績は全学の教授、学生及び一般に向けての特別講義や江木高遠主催の江木学校講談会への参加といった進化論の普及活動にも求められるだろう。彼の講演は、動物界における自然淘汰説を主としており、その内容は当時予備門生であった石川千代松が平沼淑郎と相談のうえ刊行した『動物進化論』（一八八三年）からうかがえる。彼の影響は、伊沢修二訳・ハクスリー著『生種原始論』（一八七九年）や神津専三郎訳・ダーウィン著『人祖論』（一八八一年）などの翻訳書に見ることができるが、動物進化論がわが国で本格的に研究されるのは、明治二十年代以降である。とくに石川はモースに師事し、ドイツ留学時にはヴァイスマン（August Weismann）のもとで動物学を学び、帰国後の明治二十四年に『進化新論』を記した（第四章第一節参照）。

東京大学における社会進化論の本格的導入は、明治十一年（一八七八）のフェノロサの着任を待たなければならなかった。モースの紹介によって招聘されたフェノロサは文学部において哲学史、政治学、理財学の講義を担当し、文学部長の外山正一とともに「文科の双璧」[85]とまで称された。彼もまた江木学校講談会における公開講演を行なうなど社会進化論の普及に積極的に尽力した。

フェノロサの講義、とくに「哲学史」講義は、ヘーゲルの弁証法的方法を用いた文明論とスペンサーの機械論的方法の融合を試みた内容であった。[86]フェノロサの東京大学での講義内容を検討した山泉進氏によれば、スペンサーの影響について以下に挙げる三点が重要であるという。[87]社会進化が「散漫な同質性から集結的な異質性へ」という特質を経る点、「軍事社会」から「産業社会」へと社会の構造が変化する点、すべての宗教は「祖先崇拝」から進化したという点である。これらの三点はスペンサーの社会進化論の最も根幹的な部分であったが、フェノロサはどちらかというと保守的な態度をもって受容したようだ。スペンサーにはいわゆる「二つの魂」があり、産業社会の実現と個人の確立を最善のものとする自由主義的側面と社会有機体説をはじめとする国家主義的側面の双方を併せ持っていたと評価されている。[88]そのため受容者の知的背景や政治的信条等によってどちらに重きを置くかが変わったようである。フェノロサの場合、明治十五年の卒業式の祝辞で、立憲改進党創立に参画した高田早苗らを念頭に置きながら、学生が政党に加入することを厳しく批判しており、彼の力点が保守的主張にあったことがわかる。[89]

フェノロサとは逆に、スペンサーのもうひとつの「魂」を受け継いだのは、民権派であったといえよう。スペンサー著『社会静学』(*Social Statics*, 1851)を松島剛が邦訳した『社会平権論』(一八八一〜八四年)が刊行されると、自由党総理の板垣退助らに影響を与え、彼らは「個人の自由平等」と「徹底した必要悪国家観」[90]を学んだという。無論、フェノロサ本人において、そのような批判が社会進化論によって直接的に規定されていたかどうかは分明ではないが、ここでは、当時民権派にも受容された社会進化論を東京大学で講義した教授が、学生の自由民権運動への参加を批判したことに思想史的意味を見出したい。

外山正一のスペンサー受容

というのも、東京大学における「文科の双璧」のひとりである外山正一もまたスペンサーの社会進化論を受容し、それをもとに同時代の自由民権運動を批判しているのである。

外山の経歴を簡単に確認すると以下のようになる。嘉永元年(一八四八)江戸に生まれ、文久元年蕃書調所に入り英学を修め、慶応二年にイギリスに留学し、明治元年に帰国した後は静岡学問所教授や外務省弁務少記を務め、明治五年にアメリカに渡り、翌年以降ミシガン大学で自然科学の講義を受けモースの講演を聞いたことで、社会進化論を受容したようである。[91] 明治九年に帰国し、東京開成学校教授に着任した。大学では英語、英文学、心理学、論理学、哲学を講義し、明治十四年以降は史学と社会学を講義した。講義においてスペンサーの *First Principles* や *The Study of Sociology* の輪読を行なった。

明治十三年、外山は『民権弁惑』を著し、同時代の自由民権運動に対して批判的な論陣を張った。同書は政府の権限と民権の関係について論じたもので、スペンサーの論を引用したうえで、いわゆる小さな政府がすべての国、時代において望ましいとは限らないとした。「何れの国何れの時を論ぜず、一般人民が真成に民権自由を愛重する際に於て、自由主義の行はれざる例は未だ嘗て見ざる所なり。〔中略〕何れの国何れの時を論ぜず、自由主義の行はるゝと行はれざるとは、一般人民が自由を欲すると欲せざるとにあるなり」[92]として、「政府の圧政なり政府の干渉なりとして大に民権自由を妨害するものと認め此の上もなく排撃する政略たる、其実決して民権自由を妨害するものに非ずして、却て大に世人の思想外に出づる所の功徳あるべし、却て大に民権自由の伸暢に裨益あるべしと言へる事決して架空に非ざるを悟るべきなり[93]」と結論づけた。つまり、外山は「一般人民が自由を欲する」情の発達のもとで民権が発達し、徐々に政府の権能を狭めていくというスペンサーの社会進化論の忠実な祖述を行なったうえで、政府対民権派の対立を緩和するような漸進的な民権発達論を提示したのである。

「一般人民」の「自由を欲する情」の発達の重要性を説いた外山は、それを促すような風俗や文学の改良にも力を注いだ。日本の国字を改良するために明治十八年には植物学教授の矢田部良吉、物理学教授の山川健次郎らとともに羅馬字会を設立し、伝統的な詩歌の定型から自由な作詞の在り方を模索するために同十五年に矢田部と井上哲次郎らとともに『新体詩抄』を発表した[94]。ちなみに矢田部は外山と同時期にアメリカに留学しており、井上もフェノロサや外山の講義を聴講するなど、三者ともに社会進化論を受容している。同書は西洋における詩というジャンルを日本に移入しようとしたもので、人間の生活や人生を材料とした新たな試みであった。外山が寄せた詩に以下のようなものがある。

愚なことよ万物の／霊とも云へる人とても／元を質せば一様に／積みかさなれる結果ぞと／見極はめたるこれぞこれ／優すも劣らぬ脳力の／これに劣らぬスペンセル／化醇の法で進むのは／動物而已にあらずして／活物死物それのみか／区別も更になかりしを／感ずるも尚あまりあり／思想智識の発達も／社会の事も皆な都て／既にものせる哲学の／生物学の原理やら／今の体も脳力も／一代増に少しづゝ／今古無双の濶眼で／アリストートル、ニウトンに／ダルウヰン氏の発明ぞ／同じ道理を拡張し／まのあたりみる草木や／凡そありとしあるものは／有形無形それ〳〵の／真理極めし其の知識[95]

現代の感覚からすると文芸作品としては若干奇妙な印象を拭いきれないが、万物に通底する原理としての進化論の存在を歌い上げた作品であり、時代の雰囲気を伝える史料として興味深い。

つまり明治十年代の東京大学に社会進化論を導入したのはフェノロサと外山らであり、彼らが依拠したのは主にスペンサーであった。社会進化論は、立憲政体導入の是非やその時期をめぐる論争に利用されるとともに、日本の伝統的な文化や風俗を批判するための根拠となった。

有賀長雄の場合――宗教と社会進化論

以上のように、加藤とは別にフェノロサや外山によって社会進化論が東京大学を中心に普及されはじめると、それをもとに国家思想を構築しようとした者たちが現れた。ここでは有賀長雄と井上円了の対照的な宗教論を取り上げ、社会進化論に拠ることで国家における宗教がいかに位置づけられたのかを検討したい。

有賀は、明治十五年(一八八二)に東京大学文学部哲学科を卒業し、東京大学編輯所御用掛として日本社会史の編纂にあたっていた時期、つまり同十六〜十七年にかけて『社会学』を刊行した。[96] 同書は『社会進化論』『宗教進化論』『族制進化論』の三巻で構成された大著であるが、ほとんどの部分はスペンサーの『社会学原理』に依拠したものだという。

有賀によれば、社会の進化は「督制」(権力システム)、「供給」(生産システム)、「分配」(流通システム)の機能の複雑化・分化によって進むという。[97] これはスペンサーの『社会学原理』の骨子に従ったものである。部族社会においては、一人の酋長の手に三つのシステムの支配権があったが、次第にシステムの機能分化がはじまり、この機能分化によって社会が進化し国家が形成される。

それ以後の国家の進化は以下のように進むという。国家が成立し君主専制が成立した後、「武力」による権力者が乱立する「戦国擾乱」の世が始まるが[98]、やがて、宗教、族制、儀式などに依拠した支配によって保たれる「教権一統」の世が訪れる。その後、教権支配に対する「革命」が起こり「革命擾乱」の世が幕を開けると、以前の時代とは異なり、すべての人々が権利をめぐって闘争することになるという。この闘争を終わらせるために、社会内部の利害を調整するためのルールとして「法律」が制定されると、個人の権利が確立し政府に対する「民権」概念が生まれる。ここに成立するのが同時代の西欧諸国の立憲国家をモデルとした「法律一統」の世である[99]。驚くことに有賀は「法律一統」の世はさらに進化するという。「道理一統」の世である。前段階の「法律一統」の世では、個人がそれぞれ権利主体となりあらゆる自由を認められたことから個人間の争闘が絶え間なく起こる。このような状態を克服するために必要とされるのが「道理」であった。「道理」とは、個人間の闘争を平定あるいは排除する機能を有する、先験的で内在的な規矩のようなものであった[100]。それが社会で共有され、遵守されるようになることで「道理一統」の世になるという。ただ、『道理』の内容は茫漠としており、「道理に拠て事を決せむには、先づ道理の何たる事、及び何れは道理にして何れは道理に非ずといふ事を決定せざるべからず、何となれば、未だ始めより道理は必ずしも人の従ふべきものなりと言ふ道理あらざればなり」[101]と述べるに止まっている。とはいえ、大学卒業後間もない有賀は『社会学』において、国家の統治システムが集中から分散へ、強制から自発へと進化する様態を過去から未来をとおして描ききったのである。

国家における宗教はいかなるものとして位置づけられているのか。宗教は国家成立後に政権と教権の双方を束ねる君主が掌握する「督制」のひとつになり、「教権一統」の世においてとくに重要な統治システムのひとつとなった[102]。しかし次第に国家が進化すると、教義が「智識進歩の大障礙」[103]になり、宗教は「督制」としての役割を果たせなくなるという。こうして「法律一統」の世における宗教は、各人が信仰の自由に基づいて選択するものへと本質的な変化を遂げるのである[104]。では「道理一統」の世ではどうなるのか。有賀によれば「各人の思想の同意する所に依て之を決する事是れ也、其同意する所といふは他無し、各人自己の思想に於て道理と定む所に依て以つて人世の万事を決するに足る者なりとする事[105]」という。つまり、各人が「道理」に照らして自由に宗教を選択するということである。

ここからわかるのは、有賀はあくまで統治をいかに行なうかという視点に立ち、宗教をその手段のひとつと考えていたことである。しかし同時時代の西欧諸国のような近代国家が成立すると政教分離が掲げられ、そこにおいて宗教は個人が自由に信仰する対象へと本質的な変化を遂げるという。つまり有賀においては、西欧の近代国家が社会進化の先に位置づけられていたのである。

井上円了の場合――仏教と国家

次に宗教、とくに仏教を社会進化論によって国家思想のなかに位置づけた井上円了に着目したい。安政五年（一八五八）に長岡藩の浄土真宗東本願寺派の慈光寺に生まれた井上は、明治十一年に東京大学予備門に、同十四年に東京大学文学部哲学科に入学し、同二十年には東西の哲学による教育を施す教育機関として哲学館を創設した。この時期、井上はフェノロサの講義等から学んだ社会進化論に拠って『真理金針』（一八八六〜八七年）、『仏教活論序論』（一八八七年）等を著した。

『真理金針』によれば、太古の人間は「互いに相離散して生存し、農商の区別なく、君臣の階級なく、井うがちて飲み、田を耕して食い、おのおのその力をもって自らもとむるところを得ることを務め、互いに分業助成するの便用知らざる[106]」状態であったが、個人間の生存競争が苛烈になったことで社会が形成されたという。社会の形成を促す要因は、競争、変化（人の体質能力の差）、遺伝であり、これらがあることによって社会には「自然淘汰の規則」と「適者生存の理法[107]」が通底することになるという。社会の進化が進むと、社会内の「団結」が進みさらに「分労」の状態に至る。「団結」とは他社会との生存競争のために社会内において「服従団結して長者の命を奉ずる」状態で部族社会の段階において必要とされるものである。「分労」とは社会内に「戦争部」と「製産部」が生じ、さらに酋長が「制轄部」[108]を率いることを指している。ここにおいて酋長は立法・行政・司法から道徳・宗教まですべての「百般の長官」となり、そのもとで政府の組織が生じ、国家が成立する。その様子はあたかも「有機体の発育」のようであるという。

同書はスペンサーの『社会学原理』の忠実な祖述だと思われるが、スペンサーの社会進化論の骨子である「軍事社会」から「産業社会」へと社会構造そのものが変化することについては論じられていない。それは、同年刊行された徳富蘇峰『将来之日本』（一八八六年）と比較すると明白である。徳富は、国際競争の現実を認めながらも次第に「生産機能」が「武備機能」を「顚覆」させ、世界規模の経済によって裏打ちされた「平和世界」[109]が実現できるであろうとした。このような井上と徳富の差異は、井上が国家の維持のために仏教の改良を重視した姿勢に起因するであろう。井上は「国際の競争」が熾烈な今日において日本が勝ち残るためには社会内部における「下等私利の競争心を去りて、高等公益の競争心を養う」ことと、「道徳上自利を賤み愛他を勧むる」ことによって「社会の団結」[110]を促すことこそ必要であるとして以下のように述べている。

宗教は永く社会中に存せんと欲せば、その進歩を助けその利益を計らざるべからざるゆえん、また知らざるべからず。その利益を助くる多きものはますます栄え、少なきものはわずかに存し、助くることあたわざるものはついに衰うるに至るは、競争淘汰、適種生存の原則より派出するところの理法にして、すなわち社会中に存する百般の事物、盛衰、存亡の通則なり。宗教あにひとりこの通則に反するの理あらんや。[111]

井上は後に『仏教活論序論』において「護国愛理」を唱えるが、すでに『真理金針』において、宗教に「社会の団結」を促進させ国家を維持するものとしての位置づけを与えていたのである。社会進化論（「競争淘汰、適種生存の原則」）が国家と宗教という、ともすると相反する論理を有する傾向を強くもつ者同士を結びつけたのであった。

　仏教が国家に有用な宗教であることを社会進化論によって論証しようとしたのは井上だけではなかった。たとえば、明治二十年に帝国大学文科大学を卒業した清沢満之は社会進化論における適者生存の法則に着目し、社会における勝者とは、社会公共の精神をより多く有する者であり、そのような勝者が多く生き残ることで社会自体の進化が図られると述べた[112]。そして、仏教こそ社会公共の精神を育むものとして、他宗教に対する優越性を訴えたのである。

　以上のような井上の宗教論が有賀のそれと異なるのは明白である。有賀において宗教は統治の手段のひとつとして捉えられていたが、政教分離が実現した立憲国家では個人が自由に選択、信仰するものとして宗教が位置づけられた[113]。それに対して井上における宗教は、一方では個人に「愛他」の心を芽生えさせることで「社会の団結」を実現させ、もう一方では「高等公益の競争心」の養成するものであった。つまり井上における宗教は国民国家を下から創り上げるための装置のひとつであったと考えることが可能だろう。明治十六、十七年において東京大学を卒業したばかりの「学士」であった両者であるが、この後、有賀は日清日露戦争時の法律顧問や帝室制度調査局御用掛を歴任するなど明治国家の統治に参与し続けたのに対して、井上は哲学館、東洋大学を創始し、一貫して在野の哲学者、教育家であり続けた。

　最後に加藤と井上、有賀の社会進化思想を比較すると、有賀においては、社会の進化が進むと「法律」の機能を「道理」が代替するようになり、とくに国家成立後は権利をめぐる熾烈な「生存競争」も収まるとされた。後述するように、それに比べて加藤においては「生存競争」こそが社会進化の原動力とされたことで、権利をめぐる「生存競争」は社会が進化しても収束することはないとされた。一方で井上とは、国家間あるいは人種間の「生存競争」を勝ち抜くために国家の統一とその機能強化が必要とされた点に関して類似性が認められる。しかし、読書録「疑堂備忘」を見るかぎり、加藤の社会進化論思想においては「護国愛理」の精神のような国家の統一を維持するための思想的な仕組みが導入された形跡はみられない。次章では、『人権新説』で提起された〈優勝劣敗〉論において、国家の統一と国家内の権利をめぐる「生存競争」がいかなる関係にあると説明されたのかに着目して、加藤の社会進化論思想の展開とその意義について論じたい。

註

（1）山下重一『スペンサーと日本近代』（御茶の水書房、一九八三年）一八六頁。
（2）市川兼恭と加藤の関係については、初見昇「市川兼恭と加藤弘之」（『ドイツ文学』第五五巻、一九七五年）参照。市川は安芸の医者の三男で、大阪の緒方洪庵、江戸の佐久間象山のもとで学び、安政三年（一八五六）から蕃書調所教授手伝として加藤とともにドイツ語を習得した。
（3）加藤弘之「五十年前に結婚した当時の思ひ出」（『婦人世界』第八巻第一一号、一九一三年十一月）二頁。なお、同雑誌には、息子加藤照麿やその妻常子も寄稿している。常子は、弘之から日記をつけるよう注意されたが、「面倒臭い」と思い中断していたが、「或る日ふとしたことから舅が若い時につけた日記帳が目に留まりました。よく中を見ますと、なかなか面白さうで」再び日記をつけるようになったと述べている（加藤常子「二十年来日記を附けて得たる理由」、『婦人世界』第三巻第一号、一九〇八年一月）。また、加藤の「日記」にも、風邪をひいた孫の容体を事細かに記しており、加藤は非常に家族思いであることがわかる。狷介固陋な人物という印象が薄れるようである。
（4）加藤弘之「隣艸」（未刊、一八六一年）、植手通有編『西周・加藤弘之』（中央公論社、一九七二年）三一三頁。なお、「隣艸」『真政大意』『立憲政体略』『国体新論』など『人権新説』以前の著作から引用する場合は同書を用いた。
（5）『西周・加藤弘之』三一四頁。
（6）同前、三一三頁。
（7）同前、三一四頁。
（8）同前、三一六頁。
（9）同前、三二二頁。
（10）加藤弘之『立憲政体略』（同前）三一四頁。
（11）同前、三四一頁。

（12）加藤弘之『真政大意』（同前）三五一頁。
（13）同前、三七〇頁。
（14）フランツはドイツの国家学者で、生物学的国家有機体説を展開した。論説「福沢先生の論に答ふ」では、「リベラール党」と「コムムニスト党」の双方を批判する理由として、前者が「国権を減縮」し、教育や郵便等すべての事業の民営化を目指している点、後者が「国権を拡張し」、「民権を減縮」することを理想としている点を挙げている。
（15）加藤弘之「福沢先生の論に答ふ」（山室信一・中野目徹校注『明六雑誌』上巻、岩波書店、一九九九年）六六〜六八頁（初出は『明六雑誌』第二号、一八七四年四月）。
（16）加藤弘之「軽国政府」（『明六雑誌』中巻、二〇〇八年）一三四〜一三五頁（初出は『明六雑誌』第一八号、一八七四年十月）。
（17）儒学における「天」の概念と統治論の関係については、渡辺浩『日本政治思想史――十七〜十九世紀』（東京大学出版会、二〇一〇年）第一章を参照。また、加藤の「隣艸」における「儒教の民本主義」に関しては、植手通有「明治啓蒙思想の形成とその脆弱性」（前掲『西周・加藤弘之』）参照。
（18）前田勉『近世日本の儒学と兵学』（ぺりかん社、一九九六年）二一〜三五頁。
（19）福沢諭吉『福翁自伝』（松沢弘陽校注『福沢諭吉集』新日本古典文学大系明治篇10、岩波書店、二〇一一年）二二〇〜二二一頁（初出は『時事新報』二面、一八九八年十一月一〇日）。
（20）加藤弘之「経歴談（承前）」（『太陽』第二巻第五号、一八九六年三月）一一〇頁。
（21）西周「西家譜略（自叙伝）」（大久保利謙編『西周全集』第三巻、宗高書房、一九六六年）七七五頁。
（22）加藤の侍読就任に木戸の意向が働いていたことは、中野目徹氏が推定している（「洋学者と明治天皇」、沼田哲編『明治天皇と政治家群像――近代国家形成の推進者たち』吉川弘文館、二〇〇二年）。また、木戸と加藤の関係については、田頭慎一郎氏が『加藤弘之と明治国家――ある「官僚学者」の生涯と思想』（学習院大学、二〇一三年）で、『木戸関係文書』などを用いて分析している。ただし、同書でも加藤の侍読就任に木戸の意向が働いたという確定的な史料は紹介されていない。
（23）西川誠『明治天皇の大日本帝国』（講談社、二〇一一年）九六頁。明治天皇の人物研究としては、渡辺幾治郎『明治天皇と立憲政治』（学而書院、一九三五年）、同『明治天皇の聖徳』（千倉書房、一九四二年）、同『明治天皇』上・下（明治天皇頌徳会、一九五八年）、飛鳥井雅道『明治大帝』（筑摩書房、一九八九年）、ドナルド・キーン『明治天皇』上・下（角地幸雄訳、新潮社、二〇〇一年）、伊藤之雄『明治天皇――むら雲を吹く秋風にはれそめて』（ミネルヴァ書房、二〇〇六年）

などが挙げられる。
(24) 一八七八年四月（日付不明）、下津休也宛元田永孚書簡（沼田哲・元田竹彦編『元田永孚関係文書』山川出版社、一九八五年）一四六頁。
(25) 多田好問編『岩倉公実記』下巻（宮内省皇后職、一九〇六年）二五三頁。
(26) 東京大学史料編纂所編『保古飛呂比　佐佐木高行日記』第六巻（東京大学出版会、一九七五年）二四四頁。
(27) 安世舟「明治初期におけるドイツ国家思想の受容に関する一考察――ブルンチュリと加藤弘之を中心として」（『日本政治学年報』一九七五年号、岩波書店、一九七六年）一三一頁。
(28) ドイツ国家学、とくにシュタインの「行政国家」思想が明治国家の「国制」にいかなる影響を与えたかという点に関しては、瀧井一博『ドイツ国家学と明治国制――シュタイン国家学の軌跡』（ミネルヴァ書房、一九九九年）を参照。また、ドイツ国家学といってもロエスラーとモッセの国家論、憲法論には違いがあり、それが明治憲法にいかに反映されたかについては堅田剛『独逸学協会と明治国制』（木鐸社、一九九九年）を参照。また、同書によれば、ブルンチュリの国家学は、明治二十年代に入り「より現実的な国法学」としてグナイストやシュタインのそれにとって代わられたという（二四八頁）。
(29) 前掲安「明治初期におけるドイツ国家思想の受容に関する一考察」一二五～一二六頁。
(30) 山田央子「ブルンチュリと近代日本政治思想」下（『東京都立大学法学会雑誌』第三三巻一号、一九九二年）二四五頁。
(31) 明治七年二月三日付『日新真事誌』。
(32) 加藤弘之「ブルンチュリ氏国法汎論摘訳――民撰議院不可立の論」（前掲『明六雑誌』上巻）一四七頁（初出は『明六雑誌』第四号、一八七四年四月二日）。
(33) 大久保利通「立憲政体に関する意見書」（日本史籍協会編『大久保利通関係文書』第五巻、東京大学出版会、一九六八年）一八六～一八七頁。
(34) 元老院に関しては、大日方純夫・我部政男編『元老院日誌』第四巻「解説」（三一書房、一九八二年）、角田茂「元老院の成立――石川県区長総代（忠告社）建白と元老院の機構編制を中心に」（『中央史学』第九号、一九八六年）、同「太政官制・内閣制下の元老院――職制と勅任官人事を中心に」（明治維新史学会編『明治維新の政治と権力』吉川弘文館、一九九二年）、久保田哲『元老院の研究』（慶應義塾大学出版会、二〇一四年）参照。
(35) 早稲田大学仏教教友会『小野梓』（一九一八年）参照。
(36) 明治八年（一八七五）前後の加藤の侍読時代から元老院議官転出までに関しては、前掲中野目「洋学者と明治天皇」に詳しい。
(37) 坂本一登『伊藤博文と明治国家形成――「宮中」の制度化と立憲制の導入』(吉川弘文館、一九九一年)六頁。
(38) 前掲田頭『加藤弘之と明治国家』一五五頁。
(39) 尾崎三良『尾崎三良自叙略伝』上巻(中央公論社、一九七九年)一八五頁。
(40) 前掲角田「元老院の成立」七七頁。
(41) 加藤弘之『国体新論』(前掲『西周・加藤弘之』)三九〇頁。
(42) 同前。
(43) 同前、三九七頁。
(44) 同前、四〇二頁。
(45) 加藤における儒教思想をもとにした西欧思想の導入に関しては、前掲植手「明治啓蒙思想の形成とその脆弱性」参照。
(46) 前掲田頭『加藤弘之と明治国家』一七三頁。
(47) 江藤淳『南洲残影』(文芸春秋社、一九九八年)五〇頁、二三三頁。
(48) 井上哲次郎「故加藤弘之博士を追憶す」(『東亜之光』第一一巻第三号、一九一六年三月)四頁。
(49) 山田済斎編『西郷南洲遺訓』(岩波文庫、一九三九年)五頁。
(50) 宮内庁『明治天皇紀』第四巻(吉川弘文館、一九七〇年)七五七~七五八頁。
(51)『明治天皇紀』第六巻(一九七一年)六四九頁。
(52)「海江田信義建白書」、国立国会図書館憲政資料室所蔵「三条文書」書類の部四一―44。また、大木喬任は「右等ノ根元加藤弘之の国体新論ヲ政府ニテモ御制止無之上ハ今日ノ演説モ制禁スル事不都合ノ説アリ」とし、岩倉具視は「右新論ト神田孝平の神祖ハ朝鮮人ノ渡来セリトノ演説、桜井静共和政治ノ建白書、右三廉ヲ政府ニテ御禁制ナキ上ハ、何ヲ著述シテモ演説シテモ差支ヘナシト世上感触セリトノ説ハ頻リニ聞ク所ナリ」としている(前掲『保古飛呂比 佐佐木高行日記』第一〇巻、一九七八年、五三七~五三八頁)。
(53) 三宅雪嶺『大学今昔譚』(我観社、一九四六年)四〇頁。
(54) 加藤弘之「同〔学位授与祝辞―引用者〕」(『学芸志林』第一一巻、一八八二年十月)四一一~四一六頁。
(55)「第二表 統合後学位授与式」(東京大学百年史編集委員会『東京大学百年史』第一巻通史一、一九八四年)六〇八頁。
(56)「第一図 法理文学部卒業生の進路」(同前)四七五頁。

(57) 明治十四年（甲）『文部省往復』（同前）四八〇～四八一頁。なお加藤と穂積に関しては、穂積重行「明治一〇年代におけるドイツ法学の受容」（家永三郎編『明治国家の法と思想』御茶の水書房、一九六六年）参照。
(58) 明治十四年乙「文部省往復」（同前）四五七頁。
(59) 加藤弘之「疑堂備忘」（大久保利謙他監修『加藤弘之文書』第一巻、同朋舎出版、一九九〇年）一七五頁（「ウールスブルクデル、ナチオーネン」からの引用部分）。
(60) 天野郁夫『大学の誕生』上（中公新書、二〇〇九年）五一～五三頁。
(61) 「疑堂備忘」というのは、加藤が明治十年末から同十五年十一月まで記した読書備忘録で、全四冊からなる。その題名は、「各人ハ疑フトキハ則講究ス講究スルトキハ則知トナル各人信スルトキハ講究セス講究セサルトキハ則愚トナル」という第一冊にある記述に由来するという（松本三之介『近代日本の政治と人間』創文社、一九六六年、七七頁）。「日本之開化」は、明治十二年六月下旬起稿、明治十四年十月二十五日で中断。
(62) 松本三之介「加藤弘之における進化論の受容」（『社会科学論集』第九号、一九六二年）、同『「利己」と他者のはざまで――近代日本における社会進化思想』（以文社、二〇一七年）第二章参照。
(63) 前掲加藤「疑堂備忘」一六六頁、一七一頁。
(64) 同前、一九〇頁。
(65) 同前、二〇八頁。
(66) 同前、一九七頁。
(67) 同前、二〇〇頁。
(68) 太田明子「幕末初期の近代日本における人種論」（『近代日本研究』第二五号、二〇〇八年）一四〇頁。明治期の人種論に関しては山室信一『思想課題としてのアジア』（岩波書店、二〇〇一年）参照。
(69) 前掲加藤「疑堂備忘」一八八頁。
(70) 同前、一八七頁。
(71) 同前、一九八頁。
(72) 同前、二一三～二一四頁。
(73) 同前、二二九頁。
(74) 松沢弘陽「社会契約から文明史へ――福沢諭吉の初期国民国家形成構想・試論」（『北大法学論集』第四〇巻第五・六号

下、一九九〇年）参照。
(75) 同前、一九〇一頁。
(76) 同前、一九一三頁。
(77) 「東京大学経費推移」（前掲『東京大学百年史』）四四八頁。
(78) 同前、四四九頁。
(79) 同前、四九五頁。
(80) 「東京学士会院規則大意」（日本学士院『日本学士院八十年史』本文編、日本学士院、一九六二年）六七頁。
(81) 同前、一二七～一三四頁。
(82) 明治七年二月制定「明六社制規」（前掲『明六雑誌』上巻）四四二頁。
(83) 同前、四四九頁。
(84) 磯野直秀「進化論の日本への導入」（守屋毅編『共同研究 モースと日本』小学館、一九八八年）二九五頁。ほかに同「進化論の日本への導入とモース」（『サイエンス』一九八五年四月号、一九八五年）参照。
(85) 山泉進「フェノロサの東京大学教授時代――社会学・哲学・政治学講義を中心として」（『國學院法学』第一二巻第四号、一九七五年）一二二頁。また、栗原信一『フェノロサと明治文化』（六芸書房、一九六八年）、秋山ひさ「明治前半期の社会学――フェノロサと外山正一」（『神戸女学院大学論集』第二四巻第一号、一九七七年）参照。
(86) 中野目徹『政教社の研究』（思文閣出版、一九九三年）七三～七八頁。
(87) 前掲山泉「フェノロサの東京大学教授時代」一三四～一三八頁。
(88) 清水幾太郎『日本文化形態論』（サイレン社、一九三六年）参照。
(89) 同年、高田早苗ら卒業生が立憲改進党の創立に参画していた。
(90) 前掲山下『スペンサーと近代日本』六三頁。
(91) 秋山ひさ「外山正一とミシガン大学」（『神戸女学院大学論集』第二九巻第一号、一九八二年）六頁。
(92) 外山正一『民権弁惑』（『ゝ山存稿』前篇上、丸善株式会社、一九〇九年）四二三～四二四頁（一八八〇年初刊）。
(93) 同前、四三一頁。
(94) 『新体詩抄』と社会進化論については太田三郎「スペンサー哲学と「新体詩抄」」（『学苑』第一四巻第六号、一九五二年）参照（後に太田三郎『比較文学』一九五五年に収録）。

(95) 前掲外山『ゝ山存稿』後篇下（一九〇九年）二二三〜二二四頁。
(96) 有賀長雄の社会進化論思想に関しては、松本三之介「近代日本における社会進化思想三――有賀長雄の社会進化論」（『駿河台法学』第一六巻第一号、二〇〇九年）、前掲松本『「利己」と他者のはざまで』第五章参照。
(97) 有賀長雄『社会進化論』（牧野書房、一八八七年）第二部社会発達篇参照。
(98) 同前、第三部「国家盛衰篇第三章君主専制の破壊、即ち戦国擾乱の起源」参照。
(99) 同前、第六章「革命擾乱より法律一統の世に至る次第、即ち法律、人権、憲法、民権、随意協合及ひ競賽の起源」参照。
(100) 前掲松本「近代日本における社会進化思想」において、有賀における「道理」は朱子学的な理の観念に大きな影響を受けているという。朱子学の理における二重性（天地万物の究極の根拠としての意味と万物のあるべき秩序を支える条理法則という意味）が、有賀における道理の二重性（個人が道理を志向する資質を本来的に備えているという意味と先験的な規範準則という意味）に重なっているという。
(101) 有賀長雄『宗教進化論』（東洋館、一八八三年）四九七頁。
(102) ただし、日本を含め東洋では、「教権一統」の世において、宗教のかわりに「族制」による支配が行なわれた。とくに中国では、儒教がそれに該当するという（同前、四七八頁）。
(103) 同前、四八六頁。
(104) 同前、四九五頁。
(105) 同前、四九六頁。
(106) 井上円了『真理金針』続編（東洋大学創立一〇〇周年記念論文集編纂委員会編『井上円了選集』第三巻、一九八七年）一七八頁（初刊は法蔵館、一八八七年）。
(107) 同前、一八三〜一八五頁。
(108) 同前、一八一〜一八二頁。
(109) 徳富蘇峰『将来之日本』（『徳富蘇峰集』明治文学全集34、筑摩書房、一九七四年）七三頁（初刊は経済雑誌社、一八八六年）。
(110) 同前、一八六〜一八七頁。
(111) 前掲井上『真理金針』続編、一九二頁。
(112) 鵜浦裕「明治時代における仏教と進化論――井上円了と清沢満之」（『北里大学教養部紀要』第二三号、一九八九年）参照。

(113) ただし、前掲松本『「利己」と他者のはざまで』第五章では、有賀の社会進化思想においても、国家成立の背景に国家内の「競争の消滅と自然淘汰の「中止」」がみられると述べられており、その「集団主義的な側面」が指摘されている（一〇八～一一〇頁）。確かに、有賀において国家成立後の個人間の「自然淘汰」の「中止」が説かれているが、とくに「法律一統」後の宗教に着目し、井上円了のそれと比較すると、きわめて個人主義的性格が強いものであることがわかる。

第二章　「優勝劣敗是天理矣」――『人権新説』の思想世界における〈万物法〉――

第一節　『人権新説』執筆とその典拠

執筆の背景

明治十五年（一八八二）の夏は、コレラの大流行とともに幕を開けた。五月二十九日東京でその年初めての患者が発生した後、コレラ菌は韋駄天のごとく東京を駆け巡った。全国の死者三万三七八四人。加藤弘之の家でも、「老僕佐七」が「疑似コレラ」[1]の症状を呈するなど、この死の病と決して無縁ではなかった。このころ、加藤は『人権新説』を執筆していた。

彼の「日記」の同年八月十七日の条には、「去年十二月起稿ナレトモ度々趣向ヲ変シタル故遅クナリタレトモ大略先ツ出来セリ」[2]とある。その後、同年十月に初版が刊行され[3]、翌年一月までに二度の改訂が施された。彼が『人権新説』を執筆し改訂作業を行なっていた時期は、明治十四年の政変や自由民権運動の最盛期と重なり、加藤と民権論者の間で天賦人権論争が発生している。同書出版は、東京大学の初代綜理というういわばアカデミズムの総帥であった加藤が前年の自著絶版に続いてあたかも政府の圧力に屈したかのような印象を与えるものであり、それ自体が思想史的事件ともいうべき出来事であった。多くの先行研究においても、同書刊行は加藤が政変後の明治政府に追随した証であり、いわゆる「転向」を画する書物であるとして批判を受けることが多い。本章では、同書の執筆経緯を明らかにするとともに、その思想史的意義を改めて問うことにする。内容の分析に入る前に、『人権新説』が出版された政治的背景について論じたい。

同書出版の直前、明治十四年十月二十日、島津久光の側近、海江田信義が加藤の『国体新論』絶版を建言した[4]。翌月十五日、「御陪食」の席で大木喬任（司法卿）、福岡孝弟（文部卿）、佐佐木高行（元老院副議長）、岩倉具視（右大臣）が『国体新論』を話題とした。島津が明治八年に同書を批判した折には等閑に付されたが、この席上では、同書の影響で最近の演説等が過激なものになっており看過できないとされ、その場で同書絶版を加藤に勧めることが合意された。十八日には福岡が加藤に内諭したところ、加藤も「却ッテ悦ビ」[5]それに同意したという。絶版決定は、松方正義（大蔵卿）、伊藤博文（参事院議長）、山田顕義（内務卿）、三条実美（太政大臣）、熾仁親王（左大臣）らに事後報告された。こうして各新聞には『真政大意』『国体新論』絶版についての東京府知事の布達が転載され、二十四日付の『郵便報知新聞』に前二著の絶版広告が掲載された。

明治初年代発行の書籍が七年もたってから突如問題にされたという不自然さ。この不自然さは、天皇親政運動と明治十四年の政変直後という状況から説明できるだろう[6]。明治十一年に大久保利通が暗殺されてから活発化した天皇親政運動であるが、とくに元田永孚は、教育への儒教道徳の注入を主張し、同十二年に示された「教学大旨」の事実上の執筆者として、「仁義忠孝」を軽んじ「智識才芸」を重んじる「文明開化」の風潮を批判し、今後は「祖宗ノ訓典ニ基ヅキ専ラ仁義忠孝ヲ明カニシ道徳ノ学ハ孔子ヲ主ト」する徳育を知育と併せて行なうべきことを訴えた[7]。その後、伊藤が「教育議」を提出し、元田の考えに反対の意見を示したが、同十四年四月には、民権派に近いと目されていた河野敏鎌が文部卿から農商務卿へと転任させられ、後任には佐佐木、土方久元らとの関係の深い福岡が就任した。東京大学綜理であった加藤は、上司である文部卿との関係上、「国体論者」への批判は控えざるをえない状況となった。『国体新論』が同十四年になって問題となったのは、このような政治的背景があったのである。加藤は出版に先立つ同十五年八月十七日、『人権新説』の原稿を文部卿輔に「見セ置」[8]くという周到な配慮まで行なっている。しかし、そのことで文部卿輔の意向がどの程度同書の叙述に反映されたかは、史料が欠如しており、残念ながら明らかではない[9]。

さらに、明治十四年の政変において、イギリス立憲君主制をモデルに独自の憲法草案を作成していた大隈重信らが政府から追われ、伊藤が憲法起草の主導権を把握しドイツ国家学を基礎とした国家制度の構築を推進した。三宅雪嶺によれば、『人権新説』出版前、伊藤は「思想上にも慶應義塾の浅薄なる議論を一掃すべき」として、福沢諭吉と同じく明六社社員であり、天賦人権説や立憲制等の概念を日本に紹介した加藤の旧著絶版と新著執筆を好意的に捉えていたという[10]。

旧著絶版と『人権新説』発表には、岩倉と伊藤らを中心とした明治十四年政変後の政府が、民権派が議会制度導入の根拠としていた天賦人権説を否定する効果を期待していたことは確かであろう。しかし、果たしてそのような外的な事情によって書かれたのが『人権新説』なのだろうか。

『人権新説』において、加藤の思想はいかなる「転向」を遂げたのか、そもそもそれは「転向」といえるものなのか、より内在的な次元で分析する必要がある。そこで本章では、『人権新説』において展開された権利論と統治論に着目し、加藤の国家思想に〈優勝劣敗〉の思想がいかに導入されたのかを明らかにしたい。

ただし、『人権新説』についての先行研究は多く存在し、同書の内容についても多くの読者が了解していると思われる。よって、本章では、これまで先行研究では行なわれることがなかった次に挙げる三つの基礎的な作業を重ねることで、右記の課題に応えていきたい。

まずは、同書が西欧の著作を多く引用していることに着目し、その傾向と実態を明らかにすることで、同書の学問的背景を詳らかにすることに努めたい。さらに、初版、二版、三版で内容が変化していることに着目し、各版の校合を行なうことで、増訂過程における思索のプロセスを追い、加藤が最も力点を置いて主張したかったことが何であったのかを浮かび上がらせたい。最後に、それらをふまえて、井上毅、元田永孚および民権派の君主論と主権論と比較することで、同時代の「明治国家の思想」における『人権新説』の位相を見出したい。

『人権新説』の内容

基礎的作業に入る前に、『人権新説』の内容について簡単に触れておこう。

同書第一章では天賦人権説が「妄想」であることを証明しようと試みている。ダーウィンらによって発見された「進化ノ実理」は、「心理ニ係ハレル学科」を「妄想主義」から脱却させるものであるという。「妄想」というのは「実理」に対置され、「物理ノ学科」によって証明されないもの全般を指す。加藤によれば、天賦人権説も「妄想主義」に属するものだという。「進化主義」によって明らかになったのは、「万物法ノ一大定規タル優勝劣敗」が、自然だけでなく人間をも支配しているということであった。それゆえ常に優者と劣者に分別されるはずの人間に「自由自治平等均一ノ権利」[11]が内在するという天賦人権説は否定される。権利は競争によって獲得されるものであり、「熾烈」な「権力競争」に勝った優者が「社会共存上ノ権力」[12]を把握し、統治の主体となる。それによって、同時代の「欧州」では「上等平民」が「社会共存上ノ権力」を把握し、社会の開化を進めているとした。

第二章では「権利ノ始生及ヒ進歩」の具体的な内容が明らかにされている。「邦国」が生じる前の人間の社会では人命を奪い合う過酷な「優勝劣敗」が行なわれており、権利というものは存在しない。しかし、「専制ノ権力」をもった「最大優者」が現れ「邦国」を創始したとき、「優勝劣敗」を制限し人民に権利を与え、保護するのである。これが「権利ノ始生」である。「吾人々類ノ権利ナルモノハ素ト只管優勝劣敗ノミノ行ハル、ヲ制シテ社会及ヒ各個人ノ安全ヲ求ムルカ為メニ専制治者カ始メテ之ヲ設ケタルモノナルコトハ既ニ明瞭ナリ」[13]と述べている。次に「権利ノ進歩」であるが、競争によって「気力」と「知識」を得た者だけが権利を獲得できるとした。[14]権利が究極的に進化すると、世界の人類が同等の権利を有することになり、このとき「宇内大共同」[15]が実現されるという。

第三章では、「権利ノ進歩」を図る際の注意点が述べられている。「権利ノ進歩」は「開否文野ノ等差民情風俗」に即して「漸々徐々」に行なわれなければならない。これに反して「軽操急劇」に権利が与えられることは、かえって社会に「弊害」をもたらすという。したがって、「今日社会活動ノ両主義タル保守ト漸進」による「権利ノ進歩」こそ「社会邦国ヲ興スノ道」[16]であると結論づけている。

引用書目とその著者

それでは、加藤の社会進化論思想の学問的背景について、『人権新説』によって考察しておきたい。後掲の表1を見ていただきたい。同書の引用著書・論文の一覧である。

この表を見て気付くのは、ドイツとイギリスの著書・論文を多く引用しているということである。著者は全体で三二人、そのうちドイツ人及びドイツで主に活動した学者一四人、イギリス人及びイギリスで主に活動した学者一一人と全体の大半を占めている。[17]加藤はなぜ両国の学問を重んじたのか、またそこから何を学びとったのか。

まずは、ドイツの学問からの影響について考えたい。ドイツも含め、当時のヨーロッパでは、一八五九年にダーウィンが『種の起源』を発表して以来、進化論が学界を席巻し、それに付随して古生物学や比較動物学など関連科学が発達していた。十九世紀における進化論の興隆は科学という学問分野の発達と同時期になされた。しかし、十九世紀の「科学」というのは、今日の我々が考えるほど科学的ではなかったことはすでに指摘されている。[18]とくに進化論は、いくつかの前提条件がなければ成立しなかった。シェリング（Friedrich W. J. Schelling）が提唱した「進歩」の原動力としての Kraft（力）の概念、サン・シモン（Claude-Henri de Saint-Simon）による社会を生物のアナロジーで捉える見方、これらの観念的な諸前提が学問としての進化論に結実した。[19]

Ernst H. Haeckel (独・1834-1919)	*Natürliche Schöpfungsgeschichte*	①「進化主義」で「妄想主義」を脱す(1)／②「物理」と「制度政令」の比較(1)／③「成元質」の遺伝(1)／④進化が「利益・幸福」を進める(1)
Johann K. Bluntscli (独・1808-81)	*Staatswörterbuch* *Lehre vom modernen Staat*	①天賦人権説の歴史(1)／②「宇内大共同」の展望(2)／③「保守漸進」の利，「守旧急進」の害(3)
Jean-Jacques Rousseau (仏・1712-78)	*Contrat social*	①天賦人権説の定義(1)
Oscar Peschel(独・1826-75)	*Völkerkunde*	①「野蛮」時代の様相(1)／②①に同じ(1)／③「野蛮」人種(2)
John Lubbock (英・1834-1913)	*Origin of Civilization*	①「野蛮」時代の様相(1)／②「野蛮」人民は「権利」を有さず(2)／③野蛮人種(2)
Edward B. Tylor (英・1832-1917)	*Primitive Culture*	①「野蛮」時代の様相(1)／②①に同じ(2)／③野蛮人種(2)／④「開化」人民は万物法を適用できる(3)
Charles R. Darwin (英・1809-82)	*The Descent of Man*	①「野蛮」時代の様相(1)／②人種間の「優勝劣敗」(2)／③「野蛮」人種(2)
Albert H. Post(独・1839-95)	*Die Anfänge des Staats und Rechtslebens*	①「野蛮」の「差別」と「開明」の「差別」の違い(1)
Konstantin Frantz (独・1817-91)	*Die Naturlehre des Staates*	①天賦の権利は私権に止まる←加藤は批判(1)
Julius Froebel(墺・1805-93)	*Theorie der Politik*	①天賦人権説←加藤は批判(1)／②国家は人種民族の優劣や貧富賢愚の差によって生じた(2)
John S. Mill(英・1806-73)	*On Liberty*	①天賦人権説←加藤は批判(1)
A. Reichenbach(独・1824-89)	*Die einheitliche Weltanschauung*	①天賦人権説←加藤は批判(1)
Otto Henne Am Rhyn (瑞・1828-1914)	*Allgemeine Kulturgeschichte*	①天賦人権の否定→優勝劣敗(1)
Friedrich Hellwald (墺・1842-92)	*Kulturgeschichte in ihrer natürlichen Entwickelung*	①天賦人権の否定(1)
Otto Caspari(独・1841-1917)	*Die Urgeschichte der Menschheit*	①「群居」から「邦国」が成立(2)／②権利は「家眷共存」の時生じる(2)
Henry J. S. Maine (英・1822-88)	*Ancient Law*	①数部族が合して国家形成(2)
Georg F. Kolb(独・1808-84)	*Kulturgeschichte der Menschheit*	①「宇内大共同」の展望(2)
Gustav F. Klemm (独・1802-67)	*Allgemeine Kulturgeschichte*	①「進取力」ある欧米人，「進取力」ないそれ以外の人種(2)
Jeremy Bentham (英・1748-1832)	*Jeremmy Bentham's Work* 第三冊『英国国会制度改革論』	①普通選挙論←加藤は批判(3)

*『人権新説』初版から作成。著者欄の（　）内は出生国と生没年である。ただし，ブルンチュリはスイス生まれだが，研究活動は主にドイツで行なっていたので「独」とした。書名欄は『人権新説』の記述に従っているため，正確な書名でない場合もある。概要欄では，引用箇所の概要を記し，括弧内に『人権新説』の何章に該当するかを記した。

表1　『人権新説』に引用された著者・書名一覧

著　者	書　名	概要(『人権新説』該当章)
John W. Draper(米・1811-82)	*History of the Conflict between Religion and Science* *History of the Intellectual Development of Europe*	①「物理の学科」に基づいた「実理」の研究例(1)／②「哲学」も「物理」を応用すべき(1)
Alexander Bain (英・1818-1903)	*Mental and Moral Science* *Mind and Body*	①「物理の学科」に基づいた「実理」の研究例(1)
Henry T. Buckle (英・1821-62)	*History of Civilization of England*	①「物理の学科」に基づいた「実理」の研究例(1)
William E. H. Lecky (英・1838-1903)	*History of Rationalism in Europe* *History of European Morals*	①「物理の学科」に基づいた「実理」の研究例(1)
Walter Bagehot(英・1826-77)	*Physics and Politics*	①「物理の学科」に基づいた「実理」の研究例(1)／②戦争が開化を進める(1)／③数部族が合して国家形成(2)
Herbert Spencer (英・1820-1903)	*Descriptive Sociology* *Date of Ethics* *Cosmos*(雑誌) *Social Statik*	①「物理の学科」に基づいた「実理」の研究例(1)／②「野蛮」時代の様相(1)／③天賦人権説←加藤は批判(1)／④②に同じ(2)／⑤数部族が合して国家形成(2)／⑥「野蛮」世界における酋長の権力は微弱(2)
David F. Strauß(独・1808-74)	*Der alte und neue Glaube*	①「物理の学科」に基づいた「実理」の研究例(1)／②仏独と英人の性質の違い(3)／③英国国民の王族への愛着(3)
Ludwig Büechner (独・1824-99)	*Der Mensch und sein Stellung in der Natur* *Kraft und Stoff*	①「物理の学科」に基づいた「実理」の研究例(1)／②「造物主」によって人間が最高の存在として創造されたということは「妄想」(1)／③「野蛮」人種(2)／④「開化」人民による万物法コントロールの可能性(3)
Bartholomäs Carneri (墺・1821-1909)	*Sittlichkeit und Darwinismus*	①「物理の学科」に基づいた「実理」の研究例(1)／②「天賦人権」の誤謬と「得有権利」，国家の成立と権利の始生(1)
Christian Radenhausen (独・1813-97)	*Der mensch und die Welt*	①「物理の学科」に基づいた「実理」の研究例(1)／②生物の団結は万物法の常則(2)／③権利進歩の四段階(2)
Paul Lilienfeld (露・1829-1903)	*Gedanken über die Socialwissenschaft der Zukunft*	①「物理の学科」に基づいた「実理」の研究例
Albert E. F. Schäffle (独・1831-1903)	*Bau und Leben des Socialen Körpers*	①「物理の学科」に基づいた「実理」の研究例(1)／②人類社会の二種の競争(1)／③遺伝と「因習」(1)／④競争が開化を促す(1)／⑤権利は天賦でなく「世道の開明」で生じる(1)／⑥権利は「専制の権力」を有する「最大優者」によって与えられた(2)
Rudolf Jhering(独・1818-92)	*Der Kampf ums Recht* *Der Zweck im Recht*	①「物理の学科」に基づいた「実理」の研究例(1)／②権利は権力から生じる，また競争によって進化(1)

つまり、進化論自体が、今日の哲学、社会学に近接、あるいはそれと強く関連するなかで成立したということだ。逆に、それらの学問も進化論をはじめとする科学的視点や分析手法を取り入れることで、それぞれ新たな展望を現しはじめていた。そのひとつの現れが、宇宙、自然、そして人類社会を対象に、これらを貫く法則を探ることであった。

ドイツにおけるそのような法則の在り方は、他国のそれと比べて独特なものであったという。たとえば、シェリングは、自然を整然とした時間軸に沿って、混沌から秩序へ、不完全から完全へと組織化されるものとして捉えていた。[20]また、サヴィニーによって大成されたドイツ国家学は、諸学問の成果のうえに成り立つとされており、それこそゲルマン的な学問の在り方の理想とされていた。不完全から完全へと組織化されるという進歩の法則、そして有機的で壮大な学問大系、これこそ、幕命によってドイツ語を習得して以来の加藤が求めていたものなのではなかろうか。とくに、『人権新説』を著した頃の加藤の問題意識は、「日記」によれば「人権進化史[21]」を構築することにあり、着実で確固とした歴史法則の獲得を模索していた。

それでは、右記のことを念頭に入れながら、再び表1に戻って、加藤がドイツの学者から学んだ重要な概念が何か具体的に指摘したい。

最初に着目するのは、生物学者ヘッケルである。表1を見るかぎり、引用数が突出して多いわけではないが、たとえば、体質・心性の遺伝と変化が「成元質」（Protoplasma＝原形質のこと）によってなされたことが引用されており、進化論の要素をヘッケルから学習していることがわかる。

ヘッケル『造化史』の影響

ドイツにおいては、ダーウィンの進化論が比較解剖学や形態学の分野で比較的早い段階で受容された。[22]ヘッケルもダーウィンを信奉してやまず、進化論の普及と発展に生涯を捧げた。ヘッケルは一八三四年ポツダムに生まれ、一八六一年イエナ大学で比較解剖学の博士号を取得し、その直後ダーウィンの『種の起源』と出会い、放散虫等の研究を重ね、『生物の一般形態学』(*Generelle Morphologie der Organismen*, 1866) を発表、さらに『自然創造史』(*Natürliche Schöpfugsgeschichte*, 1868) 等で、進化論を用いて人間や社会を論じた。

彼は、進化を環境からではなく獲得形質の遺伝によって説明し、個体の発生を系統発生のアナロジーと捉える反復説を唱えたことで著名であるが、加藤が最も影響を受けたのは極端な一元論 (Monismus) である。ヘッケルは、天体の運動、植物の成長や人間の意識はすべて、同一の因果法則に従っており、「原子の力学」によって説明されるこの因果法則に支配された発展過程は永遠に途切れることがないと述べた。

加藤がヘッケルから進化の法則を学んだことは、読書録「疑堂備忘」からうかがえる。次は加藤におけるヘッケルからの引用である。

生存ノ競争ハ遺伝ト随変トノ互相ノ働キヲ利シテ遂ニ自然選択ヲ施スモノニシテ、之ニ由リ彼ノ遺伝ト随変ニ於テ優レル者カ遂ニ劣レルモノヲ倒スヲ得テ〔中略〕全捷ヲ得タル者ハ漸ヽ其種族ヲ繁殖スルニ随テ、遂ニ新種類トナルナリ云々(23)

ここでは、『人権新説』で主張することになる「遺伝」と「変化」による「優勝劣敗」、そしてそこから「高等種族」が生まれるという基本的な枠組みが示されている。また以下のような引用もある。

動植物ハ太古ヨリ歳月ヲ積ムニ随ヒ漸ク変化シテ、上等トナルモノハ愈上等トナリ、下等ノモノハ殆ト其地位ノ高キヲ得ス、之ヲ得タルモ甚タ僅カナルカ故ニ其懸隔頗ル大ナルモノトナレリ、人世ノ歴史ニ於テ諸人種才智ノ進歩ニ至リテモ同一ナリ云々(24)

「動植物」そして「人世ノ歴史」に通底する「進歩」の法則をヘッケルから学んだことがわかる。では、一元的な法則が「動植物」から「諸人種」に至るまでに適応できるとする、その根拠は何なのか。ここでも、加藤はヘッケルを引用している。

動植二物共ニ素ト実ニ簡単ナル一個ノ有機物ヨリ漸々進化シタルモノニシテ、其然ル所以ハ唯彼ノ生存競争ヨリ自然簡抜ノ起リテ、漸々万種ノ動植物ナリシナルコト明瞭トナレリ[25]

生命の発生にまでさかのぼると、万物みな一つの「有機物」に帰結するということだ。よって、これらの「有機物」には共通性・同質性があり、そこから進化に関する法則が演繹的に導かれるとされる。ヘッケルの場合、人間の内面すなわち「心的生命」、そして人間が構成する社会にもその法則を適用しようとするが、加藤の場合、この段階で、人間の心理、そして社会を「有機体」として捉える見方はとっていない。従来は、ブルンチュリの国家有機体説の影響が指摘されてきた加藤であるが、『真政大意』『国体新論』など初期の著作に国家有機体説が採用されていないことを鑑みれば、加藤が国家有機体説を取り込む出発点は、ヘッケルの一元論的進化論にあったといっていいだろう。この点については、第四～六章で改めて取り上げる。

また、『人権新説』には、いささか唐突に「眼目主義（テレオロジカール）」「因果主義（コーサール）」という言葉がでてくるが、加藤が天賦人権説を批判する根拠となったこの極端な「因果主義」に関しても、ヘッケルから着想を得たと思われる。ヘッケルは論文「総合科学との関係における現代進化論について」で、創造説を批判した際に、動物の「見えない目」や「飛べない羽根」などの痕跡器官を挙げて、「生物形態の構造の合目的性が一般的でもなく完全でもないことを、またこの合目的性は、目的のために実行される創造計画のあらわれではなく、機械的諸原因がたまたまそこで重なり合って必然的に生じさせたものであることを、もっとも明白に証拠立てています」と述べ、その立場を「二元論哲学で支配的なteleology」と対立するものとしている。[26]加藤の「因果主義」もここに由来するだろう。以上のように、「人権進化史」を構想するに際して、その枠組みとなった一元論や「因果主義」はヘッケルから学びとったものであったといえよう。[27]

加藤がヘッケルから受けた影響を国家、社会観に即して述べよう。第一に、人獣同祖論を強く主張し、キリスト教における創造説を否定したことである。第二に、スペンサーが社会において自由放任主義を採ったのに対して、強力な中央政府によって社会進化を促すべきだとした点である。[28]第三に、国家を高度な分業による階級社会として捉え、国家に対する個人の奉仕を自明のこととした点である。[29]以上三点はすべて加藤に深く影響を与えたが、これらが加藤の思想として明瞭に表明されるのは、明治憲法制定以後のことであるので、本書第三〜六章において改めて取り上げる。

以上のような特質をもつヘッケルの進化論は、西欧において心理学者のフロイトの精神発達プロセスの分析やシュペングラーやシュタイナーらが主導したドイツ青年運動、生活改良運動に影響を与えたという。[30]ヘッケルの進化論は、人間の精神や社会という視覚的には見えない世界へと科学のメスを入れる一つのきっかけとなったのである。[31]本書序論冒頭で触れたドリアン・グレイが影響を受けたという「ドイツのダーウィン主義」とは、まさにこの、ヘッケルの進化論を指すものであった。

シェフレ『社会体の構造と生』の影響

『人権新説』の主要テーマである権利の進化に関しては、主にドイツの歴史学派の法学・経済学等から学んでいる。たとえば、新歴史学派の社会経済学者シェフレの *Bau und Leben des Socialen Körpers*（『社会体の構造と生』）、歴史学派の法学者イェーリングの *Der Kampf um's Recht*（『権利のための闘争』[32]）、歴史学者、法学者のカスパリやイギリス歴史法学の創始者であるメインの著作、チューリッヒ大学の鉱物学教授でありながらウィーン十月蜂起に関わり、アメリカ亡命を経てドイツ統一運動に身を投じたフレーベルの *Theorie der Politik*（『政治理論』）等から、権利が競争によって進化することや、生存競争の勝者である「最大優者」によって国家が創始されたことなどが引用され、権利とは国家の成立によって「最大優者」から授与されたものであるとの結論が導かれている。

そのなかでも、本章で最も注目したいのは、天賦人権説を否定し、新たな権利論を構築するに際して加藤が引用した著作である。それが、シェフレの『社会体の構造と生』である。シェフレは同書において、社会を有機体として捉え、社会は漸進的に進歩、発展するが、それは弱肉強食の法則がより高度になった法則（社会を構成する部分の増殖、分化、融合）に則ったものであることを述べている。以下、『社会体の構造と生』の原文と加藤による邦訳を比較し、加藤の権利論の特徴を見たい。

『人権新説』第二章第二五条において「権利」の発生について述べられているが、国家の創始者である「最大優者」が「全人民」に、「他人ノ性命財産栄誉等」を「毀損妨碍」しない「義務」と自身の「性命財産栄誉等」を「毀損妨碍」されない「権利」を授与し、「諸優者」の「自由放恣」を禁じたことで、「権利」が生まれたという。このように、「権利」が「専制ノ権力ヲ掌握セル治者即最大優者ノ保護ニ由」って生じたものであることが「西弗列（シエフレ）氏」の著書に詳論されているという。

『社会体の構造と生』の該当箇所を見ると、加藤が意訳していたことがわかる。権利の発生について、“Das erste Recht entstand sogar aus den ersten Siegen der Gewalt und List”（「最初の法律は、暴力と奸計の最初の勝利から発生した」）と述べている。その後、「社会的利益闘争」（socialer Interessenkampf）は行なわれ続けるが、それは、「社会的全体維持の利益によって規制された」（nach dem Interesse der gesellschaftlichen Gesammterhaltung geregelt）、「法律と道徳的慣習」（Recht und Sitte）に基づくものであり、そのかぎりにおいて「単独の主体」（die einzelnen Subjecte）

は「ある許容可能な手段を用いて」（mit gewissen erlaubten Mitteln）、「生存競争」（Daseinskampf）を行ない、「明確な優勢の果実」（die Frucht erwiesener Ueberlegenheit）を手に入れることを「許可され義務付けられる」（befugt und verpflichtet）という。[33] ここに権利が発生するということであろう。

「社会的全体維持」のために個人の「生存競争」を抑制するという考えは、同書に何度も登場するが、これは新歴史学派の経済学の特徴であり、『人権新説』もその考えを踏襲しているといえる。また、『人権新説』では、国家成立後の個人間の〈優勝劣敗〉は、それより上位の「大優勝劣敗」によって制限、穏健化されるという抽象的な表現が出てくるが、シェフレの著書を参照するかぎり、これは、「法律と慣習（道徳）」という規範を侵さないかぎりにおいて、個人が利害行動を行なうという意味であると推定される。それを裏付けるように、『人権新説』では、権利をめぐる〈優勝劣敗〉における「法律と慣習（道徳）」の機能についての言及はないが、明治二十七年に『道徳法律之進歩』、同三十三年に『道徳法律進化の理』を上梓しており、『人権新説』後の加藤の中心課題のひとつとなっていく。

より重要なのは、シェフレと加藤の違いであるが、『人権新説』においては権利の授与主体は「最大優者」と明言されているのに対し、『社会体の構造と生』の該当箇所では、権利を授与する主体として「最大優者」のような存在は明示されていない点である。加藤は、権利とは「最大優者」から許可されたものであり、「天」から与えられたものではないことを強調したかったのであろうが、これによって権利は、実力によって獲得するという側面とともに、「最大優者」によって与えられる規範的側面を強く持つ二面性を帯びた概念になる。このような権利論は、後に、天皇主権を明記した明治憲法が制定されると変容していくことになる。

十九世紀イギリスの人類学・考古学等の影響

イギリスの学者の著書・論文からの影響も考えておこう。表1からは、当時日本で流行したスペンサーを多く引用していることがわかるが、加藤のスペンサー理解が完全とはいいがたいものであったことは、先行研究によって明らかにされている。[34] この表からもわかるように、スペンサー（ドイツ、シュトゥットガルトで刊行された雑誌 *kosmos* 第四巻第一一号掲載論文、一八八一年二月）から引用しているのは「野蛮時代」において、いくつかの部族が合してその中から「専制者」が登場するまでの過程についてのみであり、それ以降の「軍備社会」から「産業社会」へと社会が進化していく段階に関しては引用していない。

一方で、ラボックやタイラー、メインの著書も引用している。ラボックは、銀行家の父を持ち自身もその跡を継ぎ、後に下院議員、ロンドン大学名誉副総長にもなった人物で、人類学、考古学を専門とし、初めて旧石器時代と新石器時代の区別をした学者である。また、タイラーは、メキシコ、キューバ旅行の経験を踏まえて、宗教の起源と進化を研究した民族学者である。一方で、メインは歴史法学者で、代表作 *Ancient Law*（『古代法』）でローマ法、ヒンドゥー法を対象として、歴史的、比較的手法によって、社会と法の進化の法則を見出した。その法則とは、停滞的社会から進歩的社会へ進化する際、個人の社会生活関係が身分から契約へ、家族単位から個人単位へと移行するというものであった。[35] このように、加藤が『人権新説』執筆に際して参照したのは、社会学、人類学、民族学、歴史法学といった著書であり、分野は多岐にわたりながらも実証主義的手法が用いられた人文科学の研究成果が大半である。

表1を参照するとわかるように、『人権新説』において多く引用されているのは、未開段階における人類の生存競争が暴力を用いた苛烈なものであったことや、国家は部族の統一によって発生したこと等、主に進化が未成熟な段階の人類の様相についてである。つまり、天賦人権説を否定するひとつの根拠となったのは、政治学や法学の理論ではなく、実証的な手法によって明らかになった歴史的事実であった。

さらにいうと、加藤がイギリスの学者から学んだのは、学問の内容と手法に関するものだけではなかった。ドイツの哲学者シュトラウスの *Der alte und neue Glaube*（『古く新しい信仰』）から、イギリスの国民が「愛国ノ心情」と「敦厚着実ノ風」を持ち、「理論」ではなく「実際ニ着意」しているために制限選挙を行ないつつ漸次的に参政権制限を撤廃していることを引用している。後述するように、加藤は、イギリスにおける立憲君主制の運用とそれを支える社会の在り方を理想としており、その理想を実現するための存在として、「敦厚着実ノ風」を重んじ漸進的に権利を獲得しつつある「上等平民」を見出したのである。

以上のように、加藤は、ヘッケルから一元論的進化論を学び、ドイツの歴史学派の法学、経済学から、新たな権利論を習得し、イギリスの社会学、人類学、民族学、歴史法学等の人文科学から学んだ科学的手法と歴史的事実に拠ることで、『人権新説』の世界を構築する〈優勝劣敗〉の思想を導き出したのである。

第二節　「王公政府」と「上等平民」の競争とその抑止――各版の校合作業から

刊記と形態

本章で再検討を加える『人権新説』は、前述したように、二度の改訂を加えられ、初版と三版では、頁数、内容ともに大きく変化している。この点については、同書がかつて「明治文化全集」に収録された際、校訂を担当した川原次吉郎によって簡単な校合一覧[36]が作成されて以来、その後は等閑に付されているといっても過言ではない。まず、各版の奥付を掲げる（図1〜3参照）。

図に見るとおり、初版は明治十五年九月十三日に版権免許を得て、出版が谷山楼（加藤弘之自身の蔵版）、発売元が山城屋佐兵衛・丸屋善七・島屋一介であり、出版人と発売元は各版を通して変更されなかったことが確認できる。また、定価も三〇銭と変更がないまま、同年十二月に再版が、翌年一月に三版が刊行された。いずれも形態は洋装（ボール紙装）、大きさは、初版が縦一九〇㎜×横一二八㎜で、再版が一九五㎜×一三〇㎜、三版が一九〇㎜×一二八㎜である。[37]

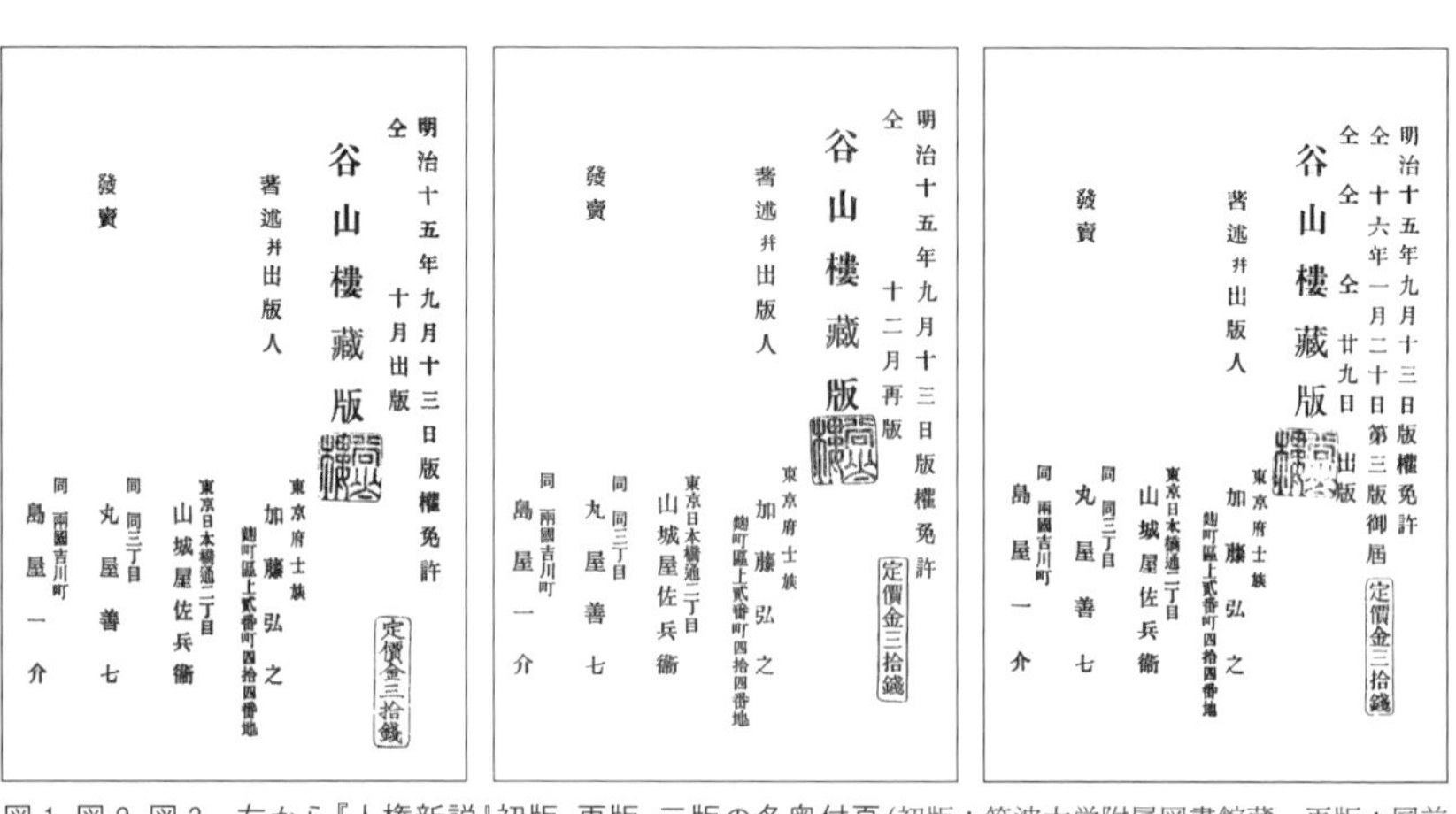

明治十五年九月十三日版權免許
全　十月出版
定價金三拾錢
谷山樓藏版
著述幷出版人　東京府士族　加藤弘之
麹町區上貳番町四拾四番地
發賣　東京日本橋通二丁目　山城屋佐兵衛
同　同三丁目　丸屋善七
同　兩國吉川町　島屋一介

明治十五年九月十三日版權免許
全　十二月再版
定價金三拾錢
谷山樓藏版
著述幷出版人　東京府士族　加藤弘之
麹町區上貳番町四拾四番地
發賣　東京日本橋通二丁目　山城屋佐兵衛
同　同三丁目　丸屋善七
同　兩國吉川町　島屋一介

明治十五年九月十三日版權免許
全　十六年一月二十日第三版御届
全　全　廿九日　出版
定價金三拾錢
谷山樓藏版
著述幷出版人　東京府士族　加藤弘之
麹町區上貳番町四拾四番地
發賣　東京日本橋通二丁目　山城屋佐兵衛
同　同三丁目　丸屋善七
同　兩國吉川町　島屋一介

図1・図2・図3　左から『人権新説』初版・再版・三版の各奥付頁（初版：筑波大学附属図書館蔵，再版：同前，三版：国立国会図書館蔵）

各版テクストの異同

次に、構成は、初版が三章三四条構成、扉絵六頁・目録二頁・本文一〇五頁・付録一一頁、再版も三章三四条構成、扉絵四頁・目録二頁・本文一一七頁・付録一一頁、三版は三章三八条、扉絵六頁・前書き二頁[38]・目録二頁・本文一三四頁・附録一一頁となっている。頁数を見るだけでも三版で大幅な増訂が加えられたことは明らかだろう。表2に校合結果を掲げる。校合作業は一字ずつ行なったが、本文内容の分析には条ごとの比較を行なうことが有効であると判断したため、校合表は条ごとのものを作成した。

一見して初版、再版と三版の間に大きな増訂があったことがわかる。たとえば三版では、初版の八条と九条の間に新たな条が増え、以後一条ずつずれている。このような条単位の追加が五カ所もある。逆に、初版の三三条が三版では削除されている。こうした追加、削除だけでなく、各条内の修訂もそれが顕著な条とそうでない条（あるいはまったく修訂されていない条）が存在する。

一方、初版から再版にかけては、内容、形式ともに変化したところはなく、組版、活字の入れ替えについても基本的には同

表２　『人権新説』各条ごとの校合結果

	一章																						二章				
初版	1	2	3	4	5	6	7	8		9	10	11	12	13	14	15	16		17	18	19	20	21	22	23	24	25
二版	1	2	3	4	5	6	7	8		9	10	11	12	13	14	15	16		17	18	19	20	21	22	23	24	25
三版	1 修	2 修	3	4	5	6	7 修	8 修	9 追	10	11 修	12 修	13	14 修	15	16 修	17	18 追	19 修	20 修	21 修	22	23	24 修	25	26	27 修

						三章					
26	27		28	29	30	31	32	33	34		
26	27		28	29	30	31	32	33	34		
28 修	29	30 追	31 修	32	33 修	34 修	35 修	削	36 修	37 追	38 追

＊初版＝一章20条・二章10条・三章４条，三版＝一章22条・二章11条・三章５条。「追」＝章ごと追加，「削」＝章ごと削除，「修」＝章内修正。網掛けは大幅な追加・削除・修正。

様である。[39] そこで本節では、初版と三版の比較を行ないたいと思う。三版における増訂の傾向としては、第一に語尾などの言葉遣い、第二に引用文献の追加、第三に内容変更（修止・追加・削除）の大きく三つに分けられる。このうち、本書では最も重要であると考えられる第三点に着目する。[40] 次項以降では、大きく五点にわたって加藤の増訂作業の実態から、加藤の思索の過程を明らかにしていきたい。

〈万物法〉の徹底

第一に、第一章の「万物法（ロウ・オフ・ナチュール）」に論及している箇所では、その基本的性格に関する記述が増訂されている（引用の前者が初版、後者が三版）。

> 動植物カ遺伝変化ノ二作用ニ由テ個々優劣ノ等差ヲ生シ、随テ各生存ヲ保チ長育ヲ遂ケンカ為ニ、互ニ競争ヲ起シ優者常ニ捷ヲ獲テ劣者ヲ倒シ、以テ己レ独リ生存ヲ遂クルヲ得ルハ無心トハイヘトモ、是レ永世不易ノ自然規律ニシテ即万物法（ロウ・オフ・ナチュール）宇宙万物ヲ制馭スル所ノ自然法ナリノ一大定規ト云フヘキナリ、而テ余ハ此一大定規ヲ称シテ優勝劣敗ノ定規ト言ハント欲ス[41]（傍線は引用者。三版で増訂された箇所に付す。以下同）

動植物カ遺伝変化ノ二作用ニ由テ個々優劣ノ等差ヲ生シ、随テ各生存ヲ保チ長育ヲ遂ケンカ為ニ、互ニ競争ヲ起シ優者常ニ捷ヲ獲テ劣者ヲ倒シ（無心トハイヘトモ）、以テ己レ独リ生存ヲ遂ケ併セテ独リ子孫ヲ挙クルヲ得ルハ、是レ永世不易ノ自然規律ニシテ万物法（ロウ・オフ・ナチュール）（宇宙万物ヲ制馭スル所ノ永世不変不易ノ自然大法ニシテ蓋シ万物ノ生滅消長聚散分合隠顕出没等一切ノ現象一モ此大法ニ出テサルモノアラス加之吾人心性ノ作用及ヒ社会ノ活存ニ至リテモ均シク此大法ノ制馭ヲ受ケサルモノアラサルナリ）中ノ一個ノ大定規ト言フヘキナリ(42)

初版では〈万物法〉とは「宇宙万物」を「制馭」する法規とだけ記されていたのに対し、三版では万物の「生滅消長聚散分合隠顕出没」だけでなく、「吾人心性ノ作用」と「社会ノ活存」、つまり人間の内面と社会に関しても、〈万物法〉による支配を受けているというのである。この点を三版でことさら強調したのは、民権派の矢野文雄から以下のような批判を受けたからだと思われる。

今日人類ノ道理ナル者、人類ヲ以テ一範囲トナシ、其最多数ノ最大幸福ヲ図リテ論定セシ者ナリ〔中略〕、今我々人類ノ道理ト信スル者ハ単ニ我々人類ノ一範囲ニ生セシ者ニテ、唯タ人類ノ最多数ノ幸福ノ外ハ禽獣草木ノ幸福如何ヲ慮ハカルニ及ハサルナリ、故ニ物類態勢ニ於テ仮令ヒ万一有機無機万物ノ中ニ人類ヲ征服スルノ優者強者アリトモ、吾人々類ノ道理ハ決テ我々ノ之ニ服従スルヲ許サス、之ト抗争シテ我々ノ幸福ヲ保有セシムヘシ、此ニ知ル、人類ノ道理ナル者ハ人類ノ範囲内ニ生シタルモノニテ、天地間物類ノ態勢ト或ハ相ヒ反スルノ場合アルコトヲ、斯ク論究セハ物類自然ノ態勢ハ人類ノ道理ト大ニ相ヒ反スルノ場合アルコトハ分明ナルヘシト信スルナリ(43)〔傍点原文〕

同様の意見は、植木枝盛、馬場辰猪、外山正一らからも呈された。矢野は「物類自然ノ態勢」における「優勝劣敗」の存在を認めながらも、それに抗して「幸福」を求める「人類ノ道理」の存在を強調している。そして右の引用のあと、この「人類ノ道理」から「道理上ノ権利（「モーラル、ライト」）」が生じると結論した。このような人間と自然の捉え方は、自然法思想に基づくものだと考えられる。

加藤は、右のような考え方を「進化主義」の立場から否定しているが、明治七年に刊行した『国体新論』においては、万人に通じる「天性」として「不羈自立ノ情」を認め、それがあるからこそ人間は「幸福」を獲得できるとしていた。つまり、加藤は以前自分自身が主張していた天賦人権説に逆襲される形で批判を受けているのだ。

これに対して、加藤は、権利における「天」の概念を、自然科学によって導かれた〈万物法〉に読み替え、人間を自然の一部と見なし、〈優勝劣敗〉に従属する存在であるとしたのである。さらに、三版では人間が〈万物法〉の制馭を受けるという論理を補強するために、〈優勝劣敗〉が生じる原因に関して、「吾人々類ノ体質ニ於テ互ニ大小強弱健不健等ノ異同アリ心性ニ於テ互ニ知愚敏鈍正不止等ノ殊別アル所以」としての「遺伝」と「万物万事ノ感応影響」[44]があるとして、これが〈優勝劣敗〉の原因となっており何人も〈優勝劣敗〉から逃れられないという点をより強調した。

「良正ナル優勝劣敗」と「邪悪ナル優勝劣敗」

第二に、「良正ナル優勝劣敗」と「邪悪ナル優勝劣敗」という概念を導入したことに着目しよう。そもそも「優勝劣敗」とは、“Überleben der Anpassungsfähigsten”（survival of the fittest）の訳である。現在、適者生存と訳されることの多いこの語を、加藤は優れた者が劣った者を打ち負かすというニュアンスを込めて〈優勝劣敗〉と訳した。環境に適した者が生存するという自然科学における法則に優劣という価値観を入れ込んだのである。よって十九世紀の進歩史観と開化史の影響を強く受けた加藤にとって、人間と社会の進化には理想の形がある。よって無制限に行なわれる〈優勝劣敗〉が望ましいわけではない。先に述べたように『人権新説』第二章では、国家が成立することで、「最大優者」による〈優勝劣敗〉の制限が行なわれ、人民の権利が保障されるとしている。このとき〈優勝劣敗〉は、「長者男子強力者等カ縦ニ幼者女子弱力者等ヲ圧倒スル」暴力的な「天然ノ優勝劣敗」から、「知識或ハ才能或ハ胆略」を競う「精神上ノ優勝劣敗」になるのだ。加藤によれば、前者は後者よりも「邪悪」である場合が多く、逆に後者は前者よりも「公正善良」な場合が多い。「精神力上ノ優勝劣敗」が「公正善良」になるとは、社会内の〈優勝劣敗〉が「吾人社会一般ノ幸福ヲ進ムルモノ」[45]になることを指す。

これに対しては、『六合雑誌』の社説（無署名）が以下のような批判を加えている。[46]

思フニ、邪悪ナル優勝劣敗トハ狡猾不良ノ徒等カ善人君子ヲ虐ケ、不正不義ヲ以テ正義ヲ圧抑スル等ヲ謂ヒ、又良正ナル優勝劣敗トハ才能ヲ有スル善人君子等カ社会ノ実権ヲ握ル等ノ事ヲ指セシナラン、果シテ然ランニハ、氏ハ氏カ得意ノ説即優勝劣敗ノ真理ヲ以テ天賦人権主義ヲ破ラントスルコトヲ差々廃棄シテ、幾分カ知ラス識ラス自ラ天賦人権主義ヲ承認シタリト謂フ可シ、何トナレハ優勝劣敗ニ邪悪良正ノ性質アルコトヲ認メナハ、是レ優勝劣敗ノ外ニ善悪正邪ノ大法アルコトヲ認ムルモノナリ、而シテ良正ナル優勝劣敗独リ社会ノ開明ヲ増進セルモノトナセハ、亦善悪正邪ノ大法ハ優勝劣敗ヲ統馭セサル可ラサルモノナリ、左レハ社会ヲ統馭セサル可ラサルモノハ先ツ第一ハ善悪正邪ノ大法（即権利ノ由リテ来ルモノ）ニシテ優勝劣敗之ニ次クモノナレハナリ[47]

加藤の論理を徹底させれば、〈優勝劣敗〉という基準よりも「善悪正邪ノ大法」という基準が上位になるという点を突いている。この批判を受けた加藤は、三版において二点の増訂を行なった。

ひとつは、「良正ナル優勝劣敗」の概念を明確化するとともに、望ましい社会の進化とは何であるのかをより具体的に論じた。

政府貴族等カ其権力ヲ擅ニシテ人民ノ権利ヲ圧抑スルヲ得ルモ、又人民カ政府貴族等ノ圧抑ヲ防遏シテ着実ニ自己ノ権利ノ進歩ヲ謀ルヲ得ルモ、倶ニ是レ優勝劣敗ニ外ナラスト雖、甲ハ即社会ノ不利不幸ヲ生スルカ故ニ其性質邪悪ナリト言フヘク、乙ハ社会ノ利益幸福ヲ来スカ故ニ其性質良正ナリト言フベシ、然レトモ人民亦若シ妄ニ政府貴族等ノ権力権利ヲ凌辱シテ敢テ之ヲ顧ルノ心ナク只管自己ノ権利ノ進歩ヲノミ、是レ謀ルニ至リテハ、是レ実ニ社会ヲ害スル所ノ邪悪ナル優勝劣敗ナリト云ハサルヘカラス、但シ此ノ如キ暴挙ニ至リテハ、真ニ権利ノ進歩ヲ謀ルノ良術ニ非スシテ、決テ永ク其進歩ヲ保ツ能ハサルコト必然ナレハ、此ノ如キハ真ニ優勝劣敗ノ称ヲ与フヘキモノニハアラサルナリ(48)

〈優勝劣敗〉における優者が「政府貴族」であれ「人民」であれ、「着実ニ自己ノ権利ノ進歩ヲ謀」り「社会ノ利益幸福ヲ来ス」ものであれば、それが加藤にとっての「良正ナル優勝劣敗」、つまり「真ニ優勝劣敗ノ称ヲ与」えるべきものなのである。いいかえれば、権利をめぐる〈優勝劣敗〉は、「社会ノ利益幸福」という最大の目的のために漸進的に進められるべきものということになる。

もうひとつは、権利をめぐる〈優勝劣敗〉が「邪悪」なものから「良正」なものへと進化していくことを法則化するために、三版において「時勢ノ変遷」という新たな概念を組み入れた。

吾人々類社会ニ於ケル優劣ノ等差モ亦同ク必スシモ一定不動ナラス、更ニ各種ノ状況ニ由テ相変換スルナリ、然レトモ其相変換スルヤ動植物世界ニ於ケルカ如ク、専ラ気候地勢土質等ニ由ルニ非スシテ、其社会ノ人情風俗習慣開否文野等ノ変遷之ヲ約説スレハ、時勢ノ変遷ニ由テ相変換スルモノ多シトス、蓋シ時勢ノ変遷ニ由テ其時勢ニ最モ適応スル者カ即其社会ノ優者トナリテ大権力ヲ有スルナリ、故ニ縦令社会中元来精神力ノ優大ナルモノト雖、其時勢ニ適応セサレハ、決シテ権力ヲ得ルコト能ハスシテ劣者トナリ、以テ最モ時勢ニ適応セル優者ノ為メニ制セラル丶ナリ(49)

また、次のように言う。

時勢未タ進歩セサルニ方リテハ、其優者トナレル者必スシモ直ニ社会ノ開明ヲ促ス所ノ率先者タルニ足ラサルヨリ、為メニ当時ノ優勝劣敗ハ啻ニ社会ノ利益幸福ヲ増サ丶ルノミナラス、或ハ却テ之ヲ妨碍スルコト少カラサルヘキハ敢テ疑フヘカラス(50)

「社会ノ人情風俗習慣開否文野等」の「時勢」に「適応」した者が優者になると述べられている。「時勢」が「進歩」していない社会、具体的には中世ヨーロッパや日本の「武家社会」や僧侶(バラモン)が実権を把握したインド等では、武力や迷信を背景とした統治が行なわれたという。つまり、「時勢ノ変遷」が早い段階では、武力や迷信といったものが優者の条件となり、必ずしも「精神力」が優れているとは限らない人物が優者となり、「大権力」を把握するが、「時勢」が進歩するとそれに応じて「精神力」の優れた人物が「大権力」を把握できるのである。

「名分上ノ大権」と「社会共存上ノ大権力」

第三に「時勢」の進歩した社会で、「精神力」に優れた優者が「大権力」を把握するとは、いかなることか。ここに、加藤における理想的な統治の在り方を見出すことができるだろう。

但シ人類大小ノ社会ニ於テ優者タル者、必スシモ其高等ノ地位ヲ占ムルニ非ス、又名分上ノ大権ヲ掌握スルニ非サルハ固ヨリ論ヲ俟タサルナリ〔中略〕、一国内ニ於テ論スレハ、今日欧洲各国上等平民ノ如キ、既ニ殆ト天下ノ大勢ヲ左右スルノ実権ヲ有スルモ、其地位ヲ論スレハ多クハ貴族僧徒ノ下ニ在テ敢テ之ト対等ノ地位ヲ有スル能ハス、又名分上ニ於テ敢テ社会ヲ制スルノ権利ヲ有スル能ハサルモノナリ(51)

社会における優者は、「時勢」に適合し「精神力」を得て「天下ノ大勢フ左右スルノ実権」(別の箇所では「社会ノ大勢ヲ左右スルノ大権力」「社会共存上ノ大権力」)を把握するが、必ずしも「高等ノ地位」を得るわけではないという。三版では、「名分上ノ大権」(「名分上ニ於テ社会ヲ制スルノ権利」)という新たな概念を投入し、「天下ノ大勢ヲ左右スルノ実権」を把握した優者が必ずしも「名分上ニ於テ社会ヲ制スルノ権利」を有するわけではないことを明言した。右に挙げた史料では、欧州で「天下ノ大勢ヲ左右スルノ実権」を掌握した「上等平民」が、「貴族僧徒」の「名分上ニ於テ社会ヲ制スルノ権利」を侵犯することはないと述べられているが、別の箇所では、統治をめぐる「王公政府」と「上等平民」の関係も同様であるということが増訂されている。

欧州開明上進ノ今日ニアリテハ、決テ斯ノ如キ憂〔「上等平民」による「王公政府」の「冠履顚倒」〕アラサルノミナラス、上等平民カ社会ノ大権力ヲ掌握スルカ為ニ、却テ社会邦国ノ安寧幸福ヲ増進スルノ大利益アルナリ、何トナレハ今日欧州ノ上等平民ハ敢テ直ニ政権ヲ掌握シテ妄ニ王公政府ノ威権ヲ凌辱セント欲スルノ念顧アルモノニ非サレハ、況テ王公政府ヲ倒シテ政権ヲ奪ハント欲スル如キハ決テ其志ニアラス、全ク人民社会ノ共存上ノ大権力ヲ掌握シテ、此権力ヲ以テ政事上ニ参与シテ或ハ王公政府ノ専恣ヲ防遏シ、或ハ其権威ヲ保護スルモノニシテ〔中略〕、亦王公政府ハ専ラ此上等平民ノ保護ヲ得テ其政権ヲ鞏固牢確ニナスヲ得ルモノナレハナリ〔中略〕、是ニ由テ此ヲ視レハ、欧州上等平民ノ社会共存上ノ大権力ト王公政府ノ政権トハ全ク二種ノ異物ニシテ相戻ラサルノミナラス、却テ相須テ社会邦国ノ安寧幸福ヲ増進スヘキモノナレハ、固ヨリ決シテ冠履顚倒トスヘキモノニアラス[52]

右の史料によれば、「上等平民」が「社会共存上ノ大権力」を有し、「王公政府」の「専恣」を防ぎながらも、「王公政府」の「名分上ノ大権」を「保護」することで、「社会邦国ノ安寧幸福」が達成されるという。

それでは、「名分上ノ大権」と「社会共存上ノ大権力」の両立とは具体的にどういうものか、「上等平民」が具体的にどのような層を指すか指摘するなかで解明しよう。本文中において、「上等平民」とは、「英国ニテゼントリー独乙ニテディリッテル・スタンドト称スル者ノ類ニシテ即大地主大財主及ヒ富商豪農若クハ学者技芸者」を指すとしている。さらに彼等は、社会の「知識才能徳義品行学芸財産農工商業等ノ淵叢」となり、「国家ノ元気ハ専ラ此種族ニ存シ〔中略〕貴族僧侶ノ擅恣抑圧ヲ制シ人民ノ自由自治ヲ創始シ邦国ノ秩序ヲ保護シ進歩ヲ誘導シ社会ノ徳義品行ヲ矯正シ学芸農工商業ヲ振興セシモノナレハ、欧州今日ノ開明ハ蓋シ多クハ此種族ノ賜ナリト云フヘク、加之将来ノ進歩モ亦専ラ此種族ニ依ラスンハアラサル」存在であるという[53]。

ジェントリーといえば、中世後期に中小規模の地主となり、その後の商品経済の発展に乗じ富を蓄積し、地方名望家として地方行政を担った存在で、次第に法律家や僧侶、医者等の専門職業、商人の一部も指すようになった[54]。さらに、オックスフォード、ケンブリッジ両大学やパブリックスクールの教員らをも包摂することになった[55]。また、『人権新説』において「中古ノ擅恣」を制して「人民の自由自治」を創始したとあるのは、一六四二～一六四九年のピューリタン革命や一六八八年の名誉革命におけるジェントリーの役割を指しているのだろう。また、同時代のイギリスを考慮すれば、一八三二年の選挙法改正によって都市の産業資本家に選挙権を拡大したホイッグ党とその支持者（産業資本家）、いわゆる中流階級まで視野に入れていたのかもしれない。

イギリスに対して、産業資本家層が未発達であったドイツおけるディリッテル・スタンド（der Drittel Stand＝第三階級・市民）とは、おそらく、ウィーン体制下で興ったドイツ連邦における教養市民層のことを指すと考えられる。教養市民層は、大学で専門知識を学び、国家試験に合格した官僚、司法官、法律家、医師、大学教授、ギムナジウムの教師らで構成されていた[56]。彼らは、教養と財産をもって貴族に対抗した市民層の一部であり、新たな政治、文化の担い手であった[57]。『人権新説』において「学者技芸者」とあるのは、彼らのような存在を指していたと考えられる。政治的には一八四八、四九年の革命のなかで武装蜂起した都市下層民や農民ではなく、政府と協調した市民層のことであろう。

ジェントリーにしろ、ディリッテル・スタンドにしろ、君主や貴族による専制を廃し、立憲主義に基づき議会制度を導入し、その運用の主体となる一方で、君主制を否定せず、イギリスにおいては上院の設置、ドイツにおいては制限選挙の実施を通して、貴族を国家の統治機構に組み込むことに成功した人々である。

つまり、『人権新説』における「社会共存上ノ大権力」とは、国家の統治機構の改編に際して「上等平民」が掌握するものであり、「名分上ノ大権」とは、前時代の統治主体である「王公政府」が把握していた権力が権威へと発展的に変容したものである。そもそも、統治の正統性を獲得するには、紛争の勝者となった後、多大な努力をもって支配―服従関係を維持し続ける必要があるが、『人権新説』で示された「王公政府」と「上等平民」の協力は、すでに築かれた権威と、新たな時代に適応した権力が緊密に結びつき統治権を構成することを意味し、国家の統治をより盤石にする体制であった。

「大優勝劣敗」と「小優勝劣敗」

第四に、「王公政府」と「上等平民」の協力によって統治権を行使するために、「大優勝劣敗」と「小優勝劣敗」という概念を導入したことである。

吾人人類ノ権利ナルモノハ、素ト只管優勝劣敗ノミノ行ハルルヲ制シテ、社会及ヒ各個人ノ安全ヲ求ムルカ為メニ、専制治者カ始メテ之ヲ設ケタルモノナルコトハ、既ニ明瞭ナリ、果テ然ラハ優勝劣敗ヨリ生スル所ノ患毒ヲ除去スル術モ亦決シテ他術ニアラス、均ク優勝劣敗ノ作用ニ出ルモノナリ、何トナレハ専制治者ナル最大優者カ其ノ専制ノ権力ヲ以テ人衆ヲ統一シテ之レカ権利ヲ設ケ、以テ各人ノ互ニ凌辱妨碍スルヲ制スルヲ得タルハ、即大優勝劣敗ノ作用ヲ用テ以テ小優勝劣敗ノ作用ヲ制スルヲ得タルモノニ外ナラサレハナリ、特ニ権利始生ノ時ニ於テ然ルノミナラス、今日文明ノ世ニアリテモ国家ノ大権ヲ以テ各個人ノ権利ヲ保護シ、以テ互ニ凌辱妨碍スルヲ得サラシムル所以ノモノハ蓋シ全ク大優勝劣敗ノ作用ヲ用テ、以テ小優勝劣敗ノ作用ヲ防遏スルニ外ナラサルナリ[58]

「大優勝劣敗」とは、「専制治者ナル最大優者」が「人衆」の「権利」を設けることを指し、「小優勝劣敗」とは「人衆」が権利をめぐって争い互いに「凌辱妨碍」する様態を意味する。前者が後者を制することで、「社会及ヒ個人ノ安全ヲ求ムル」ことができるという。右の引用部分によれば、三版では、「大優勝劣敗」は、「最大優者」による「権利始生」だけでなく、「文明ノ世」における「国家ノ大権」による個人の「権利」の保護をも指すとしている。必ずしも国家の創始者である「最大優者」に連なる血統の王がそのまま国家の統治権を把握しているわけではない近代国家においては、「最大優者」のかわりに「国家ノ大権」が権利をめぐる争いを抑制、穏健化するのである。つまり、『人権新説』において、ブルンチュリに学んだ国家法人説が維持され[59]、そこに社会進化論に基づいた統治論が接合されたのである。

右のような修訂を加えたのは、植木枝盛から以下のような批判が浴びせられたからだと考えられる。

加藤氏カ称シテ「最大優者カ専制ノ権力ヲ用ヒテ諸優者ノ自由放恣ヲ禁スルノ術ヲ施シ、全人民ニ稍権利ト義務トヲ授与シタリ」ト云フハ、決シテ権利ヲ授与シタルノ実ヲ謂ヒシニハアラス、而シテ全ク権利ヲ保護スルコトヲ為シタルヲ謂ヒシノミ、故ニ其文中ニ称シテ、権利ノ始生トスルモノハ未タ権利保護ノ始生ニアラサルハナキナリ〔中略〕、畢竟スルニ彼ノ邦国ノ成立スルニ及ヒ、政治法律ノ設ケアリテ然後ニ生スル所ノ政権ノ如キモノハ、固ヨリ邦国ナクシテ自カラ其人ニ存スルト云フノ理ハコレ無ク、必スヤ邦国ノ已ニ成立シテ、然後ニ生スルニハ相違ナカルヘシ、然レトモ今若シ之カ本ニ遡リテ考ヲ下ストキニハ、人民ニシテ其国ヲ成スト云フコトハ、是レ其国ヲ成スコトヲ得ルト云フノ元権アリテ之ヲ成スモノ也、若ノ如キ人権アルニアラズンバ、其レ寧ソ政権ノ始生スヘキ邦国ヲ成スコトヲ得ンヤ[60]

植木は、国家の成立以前から存在する「元権」と「政治法律」によって設けられた権利を峻別することで、加藤の権利論を批判している[61]。

しかし、加藤は自身の主張を譲らず、権利は「最大優者」によって与えられたことで生じたという一元論を貫いた。植木のような権利論に立てば、万民が政権に対して等質で同等な権利を持つことになり、その延長線上で抵抗権や革命権も可能になりかねない。加藤は『人権新説』第一章第四条において、フランス革命における「軽操」な人民が「君主ヲ弑シ貴族僧徒ヲ屠リ」「前古無比ノ暴政」を敷いた原因として、ルソーの「天賦人権主義」を挙げている[62]。天賦人権説が革命へとつながり、旧秩序が破壊され「暴政」が布かれることに強い危機感を覚えていたのである。

加藤における〈優勝劣敗〉によって説明される権利論に立てば、「知識或ハ才能或ハ胆略」に優れた者が保持する権利は劣者が保持する権利よりも強く、より優れた者が政権に対してより強い権利を持つことになる。このような権利論は、「社会ノ安寧幸福」を実現するために、「知識或ハ才能或ハ胆略」に優れた「精神上ノ優勝劣敗」の勝者が統治の主体となる国家統治の在り方を支えるものといえよう。

漸進主義の強調

第五に「優勝劣敗」の思想に基づくことで、すべての人民に権利を認めるような急進論を排し、「漸進主義」の立場を強調したことである。それはかつての民撰議院設立論争における立場を保持するものであった。したがって、初版における急進論につながりかねない叙述は削除されることになった。次の一節は、三版において削除された部分である。

第三十条ニ於テ説ケルカ如ク、吾人知識ノ開明ニ由テ幾分カ優勝劣敗ヲ制シテ以テ吾人一般ノ安全幸福ヲ進ムルコトヲ得ヘキモ、全ク此作用ヲ廃絶セント欲スルカ如キハ人力ノ敢テ及フ所ニアラサルコトハ実ニ明カナレハ、参政権利ノ許否ニ至リテモ宜ク此理ニ拠ラサルヘカラス、才能ノ有無ヲシテ全ク混一シテ絶テ優劣ナカラシメントスルハ是レ優勝劣敗ノ作用ヲ全ク廃絶セントスルノ術ナレハ、決シテ其効ヲ奏スル能ハサルノミナラス、却テ弊害ヲ来ス甚タ少カラサルニ至ルナリ、是故ニ吾人ノ知識ニ由テ只管優勝劣敗ノミ行ハルルヲ制シ、以テ独リ僅々ノ優者カ政権ヲ掌握スルヲ止メ、漸次ニ参政権利ノ範囲ヲ拡張センコトハ人力ノ為シ得ヘキコトニシテ、必ス奏効アリト雖、急激ニ此権利ノ制限ヲ全廃セント欲スルカ如キハ実ニ無利有害タルヲ知ラサル可ラス[63]

右の引用箇所を削除した理由は、すべての人民に参政権を認めることは「優勝劣敗ノ作用ヲ全ク廃絶セントスルノ術」としながらも、参政権の範囲を徐々に拡張することが「人力」によっても達成可能だとしている点にあると思われる。この点については、馬場辰猪によって以下のような批判を受けていた。[64]

進化主義ノ上ヨリ論スレハ、決シテ此普通選挙論者ヲ排斥スヘカラス、何トナレハ人類カ生存競争シテ以自己ノ幸福ヲ求ムルコトハ正ニ天理上ニ於テ公認スル所ナリ、則チ国民多数ノ人々ヲシテ自由ニ生存競争シ平和ノ手段ニ拠テ優勝劣敗ヲナサシムルハ即チ普通選挙ニシテ彼ノ多額ノ財産ヲ以テ制限ヲ立テ国民ノ多数ヲシテ政事上ノ競争ヲナサシメザルカ如キハ決シテ生存競争ナル進化主義ニ適合シタルモノト云フヘカラサルナリ(65)

右の引用箇所では、普通選挙によってこそ「生存競争」が正しく行なわれるということが主張されている。加藤は第三版でもこの批判を乗り越えることができなかったので、〈優勝劣敗〉と参政権の関係を説明する箇所を削除したのではないか。

加藤は、参政権の拡張に消極的な理由を、「貧人」は概して「無才能者」であり『姦点者ニ煽動セラレテ」しまうので、「邪悪ナル優勝劣敗」が行なわれる可能性が高いということに求め、日本では財産による制限選挙が必要だとしている。

加藤の想定する「姦点者」とは誰なのか。

我邦今日ノ民権者流ノ如キ其論スル所其説ク所ヲ視ルニ、概シテ急進ヲノミ是レ競ヒ、或ハ頻ニ普通選挙ヲ主張スル者アリ、或ハ妄ニ国会ノ一院ヲ是トスル者アリ、或ハ政党内閣ヲ必要トシ府県官民選ヲ必緊トシ、又ハ府県会ノ再決議ハ政府ヲシテ不認可スル能ハサラシムルヲ可トスル等、其他凡ソ急進ノ事ニ至リテハ敢テ顧慮スル所ナク妄ニ之ヲ主張シ、遂ニ我邦ヲシテ未曾テ欧米ニモ見ル能ハサル所ノ理論社会タラシメト欲ス、余輩豈此輩ニ社会遺伝変化ノ実理ヲ知ラサル妄想論者ノ称ヲ与ヘサルヲ得ンヤ(66)

右の引用部分から「普通選挙」や「政党内閣」を主張する「民権者流」が「姦点者」として想定されていたことがわかる。「民権者流」が主張するような「普通選挙」を日本に導入するのは、「急進ノ事」であり、〈万物法〉に反するというのである。ここで、加藤は社会進化論に拠ることで「吾人社会万般」のことは「急劇」に進めるのではなく、「今日社会活動ノ両主義タル保守ト漸進[67]」の主義に則るべきだとする漸進主義の立場を鮮明にしたのである。

このような参政権拡大や普通選挙導入における漸進主義の立場は、田口卯吉から以下のような批判を受けた[68]。

> 加藤氏は進化主義を以て特に民権論者の攻撃を適用して而して君権論者の攻撃に適用せざるなり〔中略〕、夫れ優勝劣敗の真理たるや喋々を要せざるなり〔中略〕、又た天賦人権の名称其当を得ざること余輩亦た氏と意見を同くするものなり〔中略〕、加藤氏既に進化主義を奉し又た天賦人権の迷を知る、然らば、則ち何故に其事実〔社会に「民権論者の勢力」があらわれたこと〕の社会に顕はるるを喜はさるや[69]

田口が批判したとおり、加藤が主張した進化論は一方で権利の拡大を認めながらも、他方ではそれが急激に進むことを抑制するという矛盾をはらむものであった。言い換えれば、急進的な「民権論者」をも守旧的な「君権論者」をも批判の対象としうるはずのものであった。しかし、『人権新説』の三版は以下のように締めくくられる。

> 吾邦ニ在リテモ、今日ノ君権決テ無限専制ノ実アルニアラス、尚且立憲代議ノ制起ルハ実ニ数年ヲ出テサルコトナレハ、漸次欧米ノ上等平民ニ均シキ者起リテ社会ノ優者トナリ以テ社会共存上ノ大権力ヲ占有シ、

更ニ此権力ヲ以テ政権ニ参与スルヲ得ルニ至ラハ、是即良正ナル優勝劣敗ノ作用生スルモノト云フヘキナリ、因テ余ハ今日ノ民権者流カ務メテ急操過激ヲ避ケ、専ラ着実敦厚風ヲ養ヒ、真ノ社会ノ優者トナリテ永ク皇室ノ羽翼タランコトヲ希望セサルヲ得サルナリ(70)

「真ノ社会ノ優者」として「皇室ノ羽翼」になるという「民権論者」が選ぶべき道を示したのである。

増補改訂の力点

本節では『人権新説』の初版、再版と三版の内容を比較検討することによって、加藤の「転向」前後の時期における思索のプロセスを内在的に把握することに努めてきた。その際、同書の刊行を期に主として民権派の論客たちとの間で繰り広げられた天賦人権論争における言説の分析も適宜行なった。

検討の結果、三版で大幅に増訂・削除が施されていることを指摘し、その意味を五点にわたって明らかにした。それによれば、加藤は人間が〈万物法〉の法則に支配され、それは〈優勝劣敗〉として現出することを強調した。さらに、〈優勝劣敗〉には「良正ナル優勝劣敗」と「邪悪ナル優勝劣敗」があり、権力競争における「良正ナル優勝劣敗」は、「精神力」を競うもので、それによって「社会ノ利益幸福」を実現させるものであるということを明確にした。

そして、〈優勝劣敗〉の優者の条件に「時勢ノ変遷」という概念を新たに加え、それが進んでいない社会では、「精神力」のある優者が「大権力」を保持するとは限らないので「良正ナル優勝劣敗」が行なわれないという。「時勢」が進むと知識と財力を兼ね備えた優者が登場するが、「王公政府」は「名分上ノ大権」を、「上等平民」が「社会共存上ノ大権力」を把握することになり、両者が相互補完することで、安定した統治が行なわれることとなる。三版ではとくに、「社会共存上ノ大権力」を有し、「王公政府」を補佐する「上等平民」について詳解している。さらに、国家成立後は、優者と劣者の間の「小優勝劣敗」を「国家ノ大権」によって制限、抑制する「大優勝劣敗」が行なわれることになるとした。

右のような社会進化論に基づいた国家思想を構築したことで、加藤は国家や社会は「急操過劇」な変化を避け「漸進」するべきであるという基本的な価値観を獲得した。それによって同時代の民権派が主張する参政権の設定を性急なものとして退け、天賦人権論争を経てもなおその意見を枉げることはなかった。

以上のような『人権新説』の改訂箇所からわかるのは、同書の改訂が主に、統治と権利をめぐる〈優勝劣敗〉を時に抑止し時に調整するために行なわれ、それによって国家という存在がクローズアップされたということである。

国家思想の原型

ここで、『人権新説』で展開された社会進化論に基づいた国家思想、とくに権利論と統治論の特質について検討することで従来の「転向」論の再考を試みたい。

『人権新説』は、当時最新の学問であった社会学や人類学、考古学、さらにドイツの歴史学派に属する法学、経済学といった学問的背景をもつ。その特質は、自然科学的手法と歴史学的観点によって国家と社会に通底する法則を見出し、かつそれを適用して国家と社会を論じようとするものであった点にある。これは読書録「疑堂備忘」以来の研究の成果といえる。『人権新説』は、単に国内の薩長藩閥対民権派という枠組みのなかで藩閥政府の意見を代弁したものとしてのみ読み解かれるべき書物ではなく、十九世紀後半の西欧における自然科学の発展と市民社会の誕生を背景とした新たな学問の潮流のなかでこそ論じられるべき書物である。

それを明らかにするために、前章第三節で検討した有賀長雄の社会進化論と比較すると、『人権新説』は一元論的で社会構造の変化を伴わない歴史理解に基づくものであった。有賀において、社会は進化するにしたがって複雑化するものであり、統治、流通、経済各システムが連関して進化するなかで国家は「教権一統」→「法律一統」→「道理一統」といった構造をもつものに進化するとされていた。しかし、加藤の場合、権利をめぐる競争は国家成立後も存続し、権力競争の結果によって国家統治の主体が選出されるというものであった。このような進化における競争の強調、一元論的な進化論は、スペンサー以上にヘッケルら生物学的社会進化論を受容していたことの証左でもあり、結果でもあった。ヘッケルの生物学的社会進化論を受容したことで、加藤は、学問の手法としてだけでなく価値観として自然科学を自身の思想に導入した。実験と実証によってこそ学問的真理に到達できると考えられ、また自然科学によって証明されない事象はすべて排除されることになった。これ以降、加藤の思想は進化論、およびそれを含む自然科学を基底として展開されることになった。

しかし彼の社会進化論の最大の特徴は、国家思想を支えるものであった点、そしていかに統治するのかという問題関心に基づくものであった点にある。加藤は、国家とは人民が権利を委託することで成り立ったものではなく、「最大優者」が実力によって創始したものだと考えた。国家は「大権」をもって社会における権利をめぐる競争を抑制する、あるいは方向づける存在であった。権利をめぐる競争を抑止する機能に関して、前章で触れたように、井上円了は個人間の権利競争の上位に社会の団結を置き、有賀の場合は国家の構造変化とそれに伴う「道理」の形成を挙げたことと比較すると、加藤の国家の機能に対する全般的な信頼が際立っている。『人権新説』三版における増訂作業は、国家成立後の権利をめぐる競争をいかに抑制し国家規範に沿わせるかという点を補強するために行なわれていたといっても過言ではない。そこにおいて権利は競争によって獲得されるべきものであると同時に、「国家ノ大権」によって許可される規範的な側面を持つ二重の性質を帯びたものであった。

したがって統治論に即していえば、一方で、〈優勝劣敗〉の勝者、すなわち真に「知識或ハ才能或ハ胆略」に優れた者が統治の主体となり、一方では、君主や貴族といった旧来の統治者の権力を制限しつつも温存する統治形態が導かれるわけである。加藤において、近代国家における統治とは、社会構造の変化に適応した強者の「社会共存上ノ大権力」と前時代の強者の「名分上ノ大権」が相俟って行なわれるべきものであるとされ、それによってこそ統治の正統性の担保と統治の安定が図られるとされた。これはまさに、民主制と君主制の折衷形態である立憲君主制を支える統治論である（以下これを「王公政府」―「上等平民」論という）。

以上のような統治を実現するための法則こそ〈優勝劣敗〉を本質とする〈万物法〉であった。『人権新説』における〈優勝劣敗〉は、権利をめぐる競争という現象そのものを指すと同時に、国家思想を支える法則であった。〈優勝劣敗〉は、国家統治の安定化と権利の進歩というともすると相反するエネルギーを国家進化の動力に変換する内燃機関のようなものであり、立憲君主制が成立するまではその成立を促し、立憲政体成立後は統治の正統性を担保する作用をもったのである。つまり、彼における社会進化論は国家という上位概念のもと抑制的に導入された法則であったといえる。これがこの後に展開する社会進化論に基づいた国家思想の原型である。

そう考えると、『人権新説』以前の彼の国家主義的立場と立憲君主制への志向は変化していないのではないか。むしろ、それを補強するためにこそ、〈優勝劣敗〉の論理を取り入れたといっていい。『人権新説』において示された国家存立の準則を「社会ノ安寧幸福」に求める立場は、明治七年（一八七四）に公刊された『国体新論』にあるような「人民ノ安寧幸福」を「国体」とする姿勢と通底しており、さらに、『国体新論』において、「国家君民ノ真理」を明かにすることを課題とし、国体論者を批判しながら、「天皇モ人ナリ」とし、明確な君主機関説をとった姿勢も変わっていない。先行研究においても、加藤は明治初年代から「国家制度の中での機能性を重視する「立憲君主」像」を描いており、「当初より国家主義的な立場が卓越していた」[71]ということはすでに指摘されている。確かに「隣艸」以来の加藤の国家思想を支えた「天」の概念は『人権新説』において〈万物法〉という西欧の自然科学によって導き出された概念へまさに進化を遂げたが、右に挙げたような国家思想のプロトタイプは補強されこそすれ否定されることはなかったといえよう。

それでは、以上のような加藤の統治論と権利論は、同時代においていかに位置づけられるのか。次節では、明治十年代なかばを立憲政体構想が競合していた時代と捉え、そこにおける加藤の統治論、とくに「王公政府」――「上等平民」論について、同時代の主権と君主をめぐる議論におけるその位相を探りたい。

第三節 明治十四年前後の君主論と主権論

井上毅と元田永孚における君主論

加藤が『人権新説』を執筆した明治十四年十二月から翌年七月までは、明治政府のなかで立憲政治導入の具体的方針と導入プロセスが確立した時期である。明治十四年政変で大隈重信を排除することで、伊藤博文を中心とした薩長出身参議によって寡占化された政府は、立憲制度の具体的な設計を進めた[72]。そのような諸施策の推進を「内閣の天皇」を目指す動きと捉える先行研究では、同時期の伊藤が「宮中」の制度化」を目指して華族制度改革と憲法制定準備に着手したとしている[73]。こうした明治政府の動向と比較したとき、加藤の国家思想はいかなる位置を占めていたのか。

実は、立憲政治の導入といっても、政府内部で具体的なイメージが固まっていたわけではなく、明治十四年までに提出された各参議の憲法案のなかでも、主権者を天皇とし、そこに強大な大権を集約させると構想していたのは、右大臣岩倉具視が提出した「大綱領」(太政官大書記官井上毅の起草)のみであった。以上のような脈絡のなかで見れば『人権新説』出版の意味も変わってくる。これまで民権派の天賦人権説への対抗で語られてきた『人権新説』であるが、むしろ来るべき憲法制定・国会開設を支える統治論と権利論を構築する試みであったと考えられないか。

そこで、加藤の「王公政府」―「上等平民」論を検討する前提として、明治天皇の側近であり、佐佐木高行や土方久元らとともに天皇親政の実現を目指した元田永孚と、岩倉や伊藤のブレーンとして政権中枢にあった井上の二人を対比的にとりあげてみたい。

明治十一年（一八七八）五月、大久保利通が暗殺された後、宮中の政治活動が活発化し、侍補たちの政治介入が伊藤らを悩ませた。侍補というのは、明治十年八月に設置されたもので、徳大寺実則、吉井友実、土方、元田、高崎正風、米田虎雄、鍋島直彬、山口正定が任命された（後、建野郷三と佐佐木も任命）。彼らは、天皇に政治的決定権を集中させる「天皇親政」を目指し伊藤らと対立した。この「天皇親政」論と従来の「君徳補導」論の違いは、後者においては、臣下が天皇を師輔としての立場から補導することを主張するものであったが、前者においては、有司専制を批判し「天皇―侍補というルートを通じての天皇の意思（叡慮）の政治化を主張する論理、すなわち侍補の権限拡張論と結びつ[74]」くものであった。具体的には、天皇の内閣臨御の際に侍補も連座すること、大臣・参議伺候の際に侍補が陪席することなどを要求した。

「天皇親政」論者のなかでも、最も明治天皇の信頼が厚かったといえるのが、元田である。熊本藩出身で、明治四年六月に宮内省三等出仕、以後侍読として明治天皇に『書経』『論語』『大学』などを進講し、前述のように同十年には侍補に任じられた。元田は「君徳補導」を旨とする指導方針によって、明治天皇を理想的な君主とすることを目指し[75]、舜の「開四門、開四目、達四聡ノ三ヵ条」を「天下ヲ治メマスルノ三綱領」を模範に定めた。

舜ノ致シ方ハ西洋ノ如ク民権論ヲ起シマシテ、人民ニ迫ラレテ国会ヲ起シマスルヤウノコトハ決テゴザリマセズ、其天下ヲ公ニスル誠心ガ人民ヲ旺握致シマシテ、民権論ニ先立マシテ十分ニ議論ヲモ尽サセマシ十分ニ賢才ヲモ挙ケ用ヒマスルコトデゴザリマスル[76]

右の引用は、明治十二年（一八七九）一月の進講の一部である。ここで、元田は、議会の設置が君主の「天下ヲ公ニスル誠心」によってなされる必要を説いている。また、それと併せて「十分ナ賢才」を用いることも重要だとしている。元田にとって民権論とは、「我祖宗ノ制度」を顧みず「外国ノ美事ヲ執」るばかりで、「国体モ詰リナク」させ、国を「乱亡」させるものであった。[77] 彼は同時代の民権派だけでなく、加藤を含めた立憲制導入の立場を採る者たちの大半を批判していたのである。

また、「賢才」とは、明治十二年一月という時期を考えると、太政官内閣に連なる参議省卿だけではなく、それに加えて宮中において天皇を「補導」する侍補たちも指していたと思われる。元田にとって、君主とは「誠心」によって「仁政」を行なう万能の政治的君主であり、「国会」とはそのもとで親裁を補佐する機能を持つものであった。人民はあくまで「仁政」によって「旺握」される存在であり、政治的主体としては認められていない。

このような君主論に対して、加藤の「王公政府」―「上等平民」論はいかなる意味を持つだろうか。前節で指摘したとおり、加藤において国家の創始者である「最大優者」は、人民に権利の譲与を行なう絶対的な存在ではあるが、上述したとおり、社会の進化が進み「上等平民」が登場すれば、「王公政府」は「名分上ノ大権」を有するだけとなり、実質的な権力を手放すとされていた。つまり、イギリスを理想とする立憲君主像を描いていたのである。加藤の「王公政府」―「上等平民」論は、民権派に十分な反駁を加えることはできなかったが、意外にも元田らの天皇と「宮中」を中心として「仁政」を実現しようとした「天皇親政」を批判するものであったといえよう。

次に、井上毅を見ていこう。「大綱領」は、ロエスレル、ボアソナードといった御雇外国人との質疑応答のなかで練られたものである。その際の眼目は、君主大権の確立と政党政治の回避にあった。[78] 井上は、「主権」

の分割の可否について質問をし、ロエスレルから以下のような回答を得ていた。「主権」とは「不羈独立ノ権」であり国家の「最上権」である。それに対して「国権」は「一国政府ノ諸権」「政府ノ権」である。[79]「国権」は立法、行政、司法権のように分割できるが、「主権」は分割できず、主権者は「百般ノ政権及民権ノ源泉」としてあり、「一身ノ犯スヘカラサル事及責任ナキ」存在であるという。[80]これに対して、ボアソナードは、ヨーロッパの国々が「国民代議ノ制ニ依テ、調和」し、「主権ヲ国王ト国民トニ分ツ」ことになったとしている。[81]果たして井上はロエスレル案を採用し、「大綱領」を提出したのであった。[82]

この「大綱領」は、天皇主権と欽定憲法主義をとり、陸海軍の統帥権、大臣任命権など広範な天皇大権とともに、内閣連帯責任制の否定、前年度予算執行など議会に対する内閣の優越性を掲げたものであった。議院内閣制は、「民言ノ多数ヲ以テ政府ヲ更替スルノ途轍ヲ踏ムトキハ、今日国会ヲ起シテ明日内閣ヲ一変セントスルハ鏡ヲ懸ケテ視ルニ均シ」という理由から排除されたのである。よって、彼はプロイセンをモデルとして、君主の権限によって内閣を議会から保護し、「内閣執政ヲシテ天子ノ選任ニ属セシメ、国会ノ為ニ左右」されないことを良しとし、「執政ノ進退ヲ専ラ天子ニ帰シ及連帯責任ヲ免レシメントス」とした。天皇に「大臣以下文武重官任免権[83]」を帰属させたのである。

以上のように井上は、伊藤の「内閣の天皇」構想に沿いながらも、「シラス」統治論といわれる天皇統治の正統性理論を創案した。後にそれが反映された『憲法義解』では、次のように説明されている。

> 文武天皇即位の詔に〔中略〕「天下を調へたまひ平けたまひ公民を恵みたまひ撫でたまはむ」とのたまへり。世々の天皇皆此義を以て伝国の大訓としたまはざるはなく、其後「御（シロシメス）大八洲天皇」と謂ふを以て詔書の例式とはなされたり。所謂『しらす』とは即ち統治の義に外ならず。蓋祖宗其の天職を重んじ、君主の徳は八洲臣民を統治するに在て一人一家に享奉するの私事に非ざることを示されたり。此れ乃憲法の依て

以て基礎を為す所なり。(84)

右の引用における「しらす」「シロシメス」という語はたとえば『古事記』の天孫降臨の場面に見出すことができる。天照大御神が邇邇芸命に葦原中国を「知らしめせ」という「命」を与えたという。井上の「シラス」統治論は、天皇統治の正統性を「神勅」に求めたものであった（もっとも、小中村義象によれば、井上が「シラス」という概念に着目したのは明治十九年十二月末から翌年一月にかけてであるという(85)）。

加藤が『人権新説』で主張した「王公政府」―「上等平民」論と「大綱領」における「内閣の天皇」構想を比較しようにも、「王公政府」が有する「名分上ノ大権」の法的意味、「大優勝劣敗」の内実が加藤によって明らかにされないかぎり、それは難しいだろう。残念ながら、加藤が同時期に明瞭な制度論として立憲君主制論を展開した史料は現在のところ見当たらない。

しかし、井上における天皇統治の正統性理論は加藤のそれと大きく異なることになった。後に国体論へと発展する井上の理論が「神勅」に基づくものであったのに対して、加藤の場合〈優勝劣敗〉という法則が根底に据えられたのである。

主権論争

さて、明治十四年は、各新聞紙上において主権のあり方をめぐる論争が盛んになされた年でもあった。翌十五年一月から始まった主権論争では、主権の所在、議会と君主の関係、議会の権限が論点となった(86)。論争は以下のように推移した。

『東京横浜毎日新聞』においては、イギリスの政体を「君民共治」とし、それが理想とされたが、そこでは君主の「宣戦講和権、議院解散権、不認可権、放赦権等」は、「特権」「プリヴィレッジ」に止まり、主権すなわち「ソヴェレエンチー」とは異なるものであるとされた。なぜなら、立憲君主国の「本色」は議会によって制定され、君主によって認可された法律をもって「社会ヲ検束スルノ効力」を発揮するものであり、「ソヴェレエンチー」すなわち主権とは「一国ノ政事ヲ左右スル者」、「法律制定権」であるからだ。立法は議会が、法律の認可は君主が行なうということから、主権は君民の間にあるとした。[87]

また、『郵便報知新聞』は、ヨーロッパ諸国のなかでも「人民ノ自由」と「帝室ノ尊栄」を保つイギリスの立憲政体が最も優れた「君民共治」の政体であるとしたうえで、主権とは立法権と行政権の「湊合」した「最上権」、すなわち「一国政治ヲ主宰スルノ実権（即チ「スウプレーム・ポリチカール・パウル・オフ・ステート」）」であるとした。無論、この行政権、立法権を統合する「実権」は君主にあるのではない。「所謂主権ハ皇権ニ異ナリ、皇権（即「ローヤル・プレガチーブ」或ハ「ソベレエンテー」）ハ立憲政体ニ於テ帝室特有ノ盛権ナリト雖、猶独立シテ為政ノ実権ヲ専有スルコト能ハズ、則皇権ハ主権ノ分体ナリト雖、尚主権ノ全体ヲ形クルコトヲ得サレバナリ」[88]と断じ、「皇権」は法律のもとに定められ、法律に沿って行使されなければならず、その法律を制定、施行する所に主権があるとしている。そして、「法律制定ノ一権ハ之ヲ国会即君主、貴族、平民ヨリ組成スルノ集会ニ掌有セシメ、法律施行ノ一権ハ之ヲ君主一人ニ掌有セシム」として、議会すなわち君民の共同体を主権者とした。

右のように、民権派の新聞では、主権は君権を超え、国家を主宰する最上権であり、それは立法権（時に行政権を含む）を本質とするとされていた。そのような主権を実質的に把握するのは、議会であった。君主は「君臨すれども統治せず」といった存在であり、実質的な権力をもつ統治主体となることは想定されていない。

民権派が議会を主権の主体としたのは、議会が人民から選出された代議士によって構成されるからだ。嚶鳴社の『東京輿論新誌』によれば、「人民」は「天然」の「本能」によって社会を構成し、政府は「一国ノ平和ヲ処置」[89]する権利を「人民」から委任されたものであるという。つまり、同誌をはじめとする民権派の主張は、自然法思想に基づく社会契約説を基礎としていたのである。

これに対し、主権在君を訴えたのは、福地源一郎が主宰する『東京日日新聞』であった。福地は、井上毅の指示を仰ぎながら主権論争に参戦していたので、同紙の主張には井上の思想が反映されていたとみてよい[90]。その福地の下に集められたのは、渡辺安積ら東京大学の学生たちであった。同紙は、明治十五年一月十四日から十七日まで「主権論」を、同月二十四日から二十八日まで「主権弁妄」を掲載した。このうち福地の筆によるものは「主権弁妄」であり、ここでは主権は「国家ノ大権」、「三大権」を含む政治的決定力であるとされた。そして、主権は日本では天皇に属するものとされ、その根拠は日本の歴史に求められた。すなわち「我日本ノ主権ハ人代ノ初ヨリシテ常ニ帝室ノ有シ給フ[91]」という。しかし彼にとって天皇主権は理論に過ぎず、主権の「実力」を天皇以外が把握することを想定し、実際は立憲帝政党による政党政治を目指していたようで、これは井上の構想とは相反するものであった[92]。

以上のように主権論争では、民権派は自然法思想に基づき立法権の存するところを主権の存するところとし、君民共治の政体にその理想を求めた。一方、『東京日日新聞』は主権在君とし、主権を君主の政治的決定力としたが、その実力は立憲政体が確立した後は議会が把握するとした。主権を何に求め、いかに解釈するかという点では、民権派と『東京日日新聞』は対立しているが、議会が主権の「実力」を把握するという点では共通していたと考えられる。

加藤弘之の主権論

これらに対して加藤は、『人権新説』において、反天賦人権説の立場を採ることで契約によって国家が成立するという考えを否定しており、その点では民権派と相容れない。しかし、「王公政府」は、社会が開化すると「名分上ノ大権」のみを有することになり、実権を把握することはない。これは、たとえば『郵便報知新聞』が社説で「主権」と「皇権」を区別した議論に近いのではないか。加藤は一年後の草稿「自由之進化」においで、「主権」を以下のように定義している。

各国皆国家大政ノ出ル所ハ是レ即主権ノ存ス所ト知ルヘシ、国家大政ノ権ハ即主権ナリ、而シテ余ハ従来諸碩学者ノ論スルカ如ク唯名義上ニ就テ言フニ非ス、全ク実権ニ就テ言フカ故ニ余ハ君主国ニテハ主権必スシモ君主ニアリト云ハス、民主国ニ於テモ必スシモ人民代理者若クハ全人民ニアリ等云フニ非ス、全ク実際ニ就テ其大政ノ淵源タル処ヲ指シテ言フヲ可トス(93)

加藤によれば、「主権」とはあくまで「各国皆国家大政ノ出ル処」であり、君主国においても君主に主権があるわけではないという。引用箇所の後続部分では、「主権」とは「社会ヲ合一」する「精神」であるとし、議会制度が布かれたイギリスでは、「主権」は君民の間にあるとして高く評価している。また、「主権」を制限するものとして「全国民ノ輿論」等を挙げている。

全国民ノ輿論ナリ性情ナリ風習ナリ知愚ナリ開化ノ浅深ナリ、凡ソ是等ノモノハ皆能ク主権ヲ制シテ或ハ強大ナラシメ或ハ弱小ナラシメ或ハ正善ナラシメ或ハ暴悪ナラシメ或ハ静或ハ動或ハ緩ナラシムル等、多クハ全国民ノ輿論性情風習知愚及ヒ開化ノ浅深等ノ致ス所ナリ(94)

ここでは、「主権」を制限するのも、あるいは「暴悪」にするのも「全国民ノ輿論性情風習知愚及ヒ開化ノ浅深等」であるとしている。加藤の主権論が社会進化論によって構成されており、国家そのものに主権があるとするブルンチュリのそれとは異なっていることがわかる。加藤は「輿論」に一定の力を認め、それが主権のあり方を左右することまで想定していたのである。主権論争において、加藤の社会進化論に基づいた主権論は井上毅の天皇主権説と相容れず、意想外にもイギリスの立憲君主制を理想とする民権派との距離が近いものであったといえるだろう。

以上、本節では、明治十四年政変後における加藤弘之の「王公政府」―「上等平民」論け、天皇とそれを輔導する臣下による「仁政」を実現しようとした元田らの「天皇親政」論に対しては、社会進化論に基づく統治論を唱えるものであったこと、さらに従来論敵とされた民権派とは、君民共治の政体を想定していた点においてむしろ近いものであったことを明らかにした。また、加藤は社会進化論によって統治の正統性を説明することとなったが、一方、伊藤は、井上毅というブレーンを得て、欽定憲法によって天皇主権の確立を図りその正統性を神話に求めるという構想を展開することになった。

明治十四年に井上の肝煎りで独逸学協会が設立されると加藤も入会したが、政府内でドイツ語の翻訳が奨励されたとき、平田東助、山脇玄らが重用されたのに対し、加藤は当初そのメンバーとして名前を挙げられたものの、結局のところ井上の下で翻訳に従事することはなかった。これも、加藤が伊藤―井上というラインを中心に最終的にプランニングされた明治国家と、徐々に乖離していくことを示しているように思われる。このあたりの事情を三宅雪嶺は以下のように述べている。

> 参事院は伊藤が議長として国憲の制定に任じ、思想上にも慶應義塾の浅薄なる議論を一掃すべきを期せり。既に屢々意を福地に伝へたるが、一学生なる渡辺安積さへ反対論を薙き倒せる程なれば、加藤総理が自ら蘊蓄を傾くるに於ては、民間の論客をして悉く後に瞠若たらしむべきを察せるに、実際の経過の頗る期待に背くに失望す。当初加藤を以て有力な御用学者とし、学界の事を一任するの安全なるを覚え、後に御用学者の御用を勤むるを得ざるを知る。加藤は御用学者を以て居らず、学者の宜しく独立して研究すべきを

思ひ、而して政府に在りて政府の意を体すべきを信じ、其の為めに意見を立て、自ら矛盾に陥るを意識せず。世間に御用学者と視られ、又た其の形跡ありながら、井上毅の如きより観れば、徒らに学者の遊戯に耽り、何等政府に利益を与へず、其の歯痒さを憾み、文部省より大学に干渉するに及ぶ。[95]

加藤の『人権新説』における「王公政府」―「上等平民」論は、「君臨すれども統治せず」というイギリス立憲君主制を理想とするものであり、その点は『国体新論』における主張とも大きく乖離したものではなかった。伊藤や井上らが期待したように「浅薄なる議論を一掃」するにはあまりに「学者」の議論に過ぎたのであった。このように考えると、『人権新説』は、「転向」を釈明するために書かれたのではなく、「隣艸」から『国体新論』にいたるまでに形成した立憲君主制を是とする国家思想をさらに補強するために〈優勝劣敗〉の進化思想を導入したものであると考えることができる。つまり、『人権新説』は幕末以来の思索の延長線上にありながらも、この後の思想展開の出発点に位置づけられるものであった。

註

（1）「明治十五年七月廿三日ヨリ明治十六年（加藤弘之日記）」明治十五年八月十日条（東京大学文書館所蔵「加藤弘之関係資料」I―一一）。

（2）同前、明治十五年八月十七日条。

（3）同前日記には、八月十七日「人権新説先ヅ落成ニ付近日出版之心得ナレトモ一応文部卿輔ニ見セ置ク」、九月一日「今日新著人権新説出版ノ願ヲ東京府ヘ出ス」、九月十五日「人権新説出版々権免許状渡ル」、十月二十一日「人権新説出版落成納本弁ニソレ〳〵ヘ配送ス書林ヘモ先ツ山城屋島屋ヘ五拾冊丸屋ヘ四十冊遣ス代三拾銭但三割引ナリ○献本ス献本弁夫レ〳〵江配送之分ハ本表紙発売出之分ハ仮綴ナリ随分製本美ナリ」とあり、出版日は十月二十一日とあるが、『人権新説』奥付には日付の記載がない。

(4)「加藤弘之ノ著述セシ国体新論ノ如キ苟モ生ヲ我神州ニ辱フスルモノハ切歯之ヲ通読スル能ハザルモノナリ」(「海江田信義建白書」、国立国会図書館憲政資料室所蔵「三条家文書」書類の部四一―44)として、明治十四年十月、加藤の『国体新論』排斥の建言書を太政大臣・左右大臣に提出している。
(5) 東京大学史料編纂所編『保古飛呂比　佐佐木高行日記』第一〇巻(東京大学出版会、一九七八年)五四〇頁。
(6) 渡辺昌道「明治一〇年代前半における政局とイデオロギー状況――加藤弘之『人権新説』発刊経緯を通して」(『千葉史学』第四四号、二〇〇四年)五二頁。
(7) 文部省『学制百年史』記述編(帝国地方行政学会、一九七二年)一六〇～一六五頁。
(8) 前掲「加藤弘之日記」明治十五年八月十七日条。また、このとき文部卿は福岡孝弟、文部少輔は九鬼隆一。
(9) 前掲渡辺「明治一〇年代前半における政局とイデオロギー状況」において、福岡と加藤が明治十四年十二月頃、「密議」を重ねていたことが指摘されている。ただし「密議」の具体的な内容は明らかになっていない。
(10) 三宅雪嶺『同時代史』第二巻(岩波書店、一九五〇年)一七二頁。
(11) 加藤弘之『人権新説』初版(谷山楼、一八八二年)第一章一条～一〇条(一～二五頁)。
(12) 同前、第一章第一一～二〇条(二五～五八頁)。
(13) 同前、第二章第二一～二五条(五九～七五頁)。
(14) 同前、第二章第二六条(七五～七七頁)。
(15) 同前、第二章第二七～三〇条(七七～八九頁)。
(16) 同前、第三章第三一～三四条(九〇～一〇五頁)。
(17) ドイツ、イギリスの著書だけでなく、ルソーの『社会契約論』も見えるが、これは加藤が批判した天賦人権説について概説した際に引用しただけである。ただ、『人権新説』執筆に先立つ時期の読書録「疑堂備忘」には『孟得士咎』の「法論」(大久保利謙監修『加藤弘之文書』第一巻、同朋社出版、一九九〇年、一七〇頁)を読んだという記録もあり、フランスで書かれた著作を読んでいないわけではない。ただ、『人権新説』を見るかぎり、加藤の思想形成に影響を与えることはなかったようだ。
(18) 村上陽一郎「生物進化論の前夜」(柴谷篤弘他編『講座進化2　進化思想と社会』東京大学出版会、一九九一年)、鵜浦裕「近代日本における社会ダーウィニズム受容と展開」(同前)、伊藤邦武『社会の哲学　十八―十九世紀』(中央公論新社、二〇〇七年)、船山信一「日本の社会ダーウィニズムについて」(『季刊社会思想』第二巻第四号、一九七二年)、八杉龍一編訳『ダーウィニズム論集』（岩波文庫、一九九四年）参照。
(19) 同前、村上「生物進化論の前夜」九～二四頁。
(20) 同前、二二頁。
(21) 前掲「加藤弘之日記」明治十六年一月二十四日条。
(22) 三中信宏『進化論思考の世界』（NHK出版、二〇一〇年）参照。
(23) ピーター・J・ボウラー『進化思想の歴史』下（鈴木善次訳、朝日選書、一九八七年）に詳細に論じられている。
(24) 佐藤恵子『ヘッケルと進化の夢――一元論、エコロジー、系統樹』（工作舎、二〇一五年）二八七～二八八頁。
(25) 福元圭太「一元論の射程――エルンスト・ヘッケルの思想(一)」（『言語文化論究』第一三号、二〇〇一年）七九頁。
(26) 柴山英樹「ドイツにおけるダーウィニズムと教育思想」（『教育学雑誌』第三九号、二〇〇四年）一一〇～一一三頁。
(27) 加藤弘之「疑堂備忘」（前掲『加藤弘之文書』第一巻）一九八頁。
(28) 同前、二〇〇頁。
(29) 加藤弘之「日本之開化一」（同前）二七五頁。
(30) E・ヘッケル「総合科学との関係における原題進化論について」（前掲『ダーウィニズム論集』）一二七頁。
(31) 服部健二「加藤弘之とE・ヘッケル」（『立命館大学人文科学研究所紀要』第五九号、一九九三年）によれば、加藤はヘッケルの一元論的進化論を受容しながらも、ヘッケルにおける「社会的道徳的野蛮」の克服という文明批評」の側面を見落としていたために、進化論をひたすら強者の論理として理解し、現実の国家権力を批判する視角を得ることができなかったという（二八二頁）。
(32) 加藤のイエーリング受容に関しては、加藤の著書『強者の権利の競争』における『権利のための闘争』の影響について分析した堅田剛『独逸学協会と明治法制』（木鐸社、一九九九年）第六章参照。
(33) Albelt E. F. Shäffle, *Bau und Leben des Socialen Körpers*, *Bda*, 1881, pp. 61-63. 加藤弘之『人権新説』三版（谷山楼、一八八三年）八六頁。なお、シュフレの思想については、トマス・リハ『ドイツ政治経済学――もうひとつの経済学の歴史』（原田哲史他訳、ミネルヴァ書房、一九九二年）一四六頁。
(34) 山下重一「明治初期におけるスペンサーの受容」（『年報政治学』岩波書店、一九七六年）一五八頁。
(35) 田中成明ほか『法思想史』第二版（有斐閣、一九九七年）一一一頁。
(36) 川原次吉郎は東京帝国大学在学中に学生基督青年会に入会し、吉野作造に師事、初期新人会の会員として活躍した政治学者。一九四九年、日本で最初の選挙実施調査を行なう。一九五一年、中央大学経済学部長。

(37) 初版・再版は、筑波大学附属中央図書館所蔵「穂積文庫」に入っているものを使用した。三版は国立国会図書館所蔵のものを使用した。

(38) 前書きには「書中文意頗ル簡単ニ過キテ明瞭ヲ欠ク所往々少カラサレハ今回改刊ニ際シ多少ノ修伸改訂ヲ加へ」たとあり、また、石川正美編『人権新説駁撃新論』(共同社、一八八一年)、梶木甚三郎編『人権新説駁論集』(私家版、一八八一年)、中村尚樹編『人権新説駁論集』(私家版、一八八三年)、矢野文雄著『人権新説駁論』(私家版、一八八一年)、植木枝盛著『天賦人権弁』(私家版、一八八三年)を挙げてこれらに復駁を試みると述べている。

(39) ただし、組版、文字の入れ替えともに、多少の違いもあるが、印刷作業時に生じたずれに過ぎないと思われる。

(40) 増訂箇所の傾向第二点の引用文献の追加について触れれば、『人権新説』の第一章第一二条から第一四条にかけてと、三条三七節に集中している。前者は、「世道ノ開明」に「良正ナル優勝劣敗」が必要だということを述べている箇所である。ここで、社会有機体説を唱えた社会学者・経済学者であるシェフレを多く引用しているのは、興味深い点である。また、後者は、人類が開化、「知識ノ上進」によって、「万物法」つまり「優勝劣敗」が制馭可能になるという箇所である。

(41) 前掲加藤『人権新説』初版、第一章第九条(二二頁)。

(42) 前掲加藤『人権新説』三版、第二章第一〇条(二六頁)。

(43) 矢野文雄「人権新説ヲ読ム　三」(『郵便報知新聞』一八八二年十一月六日付)。

(44) 前掲加藤『人権新説』三版、第一章第一一条(二八頁)。

(45) 前掲加藤『人権新説』初版、第一章第一二条(二九〜三二頁)。

(46) 鈴木範久解説『六合雑誌解説　執筆者・作品名検索』(不二出版、一九八八年)でも、執筆者の特定はされていないが、明治十三年(一八八〇)から明治二十三年(一八九〇)までを「小崎弘道の編輯時代」としており、「読加藤氏人権新説第二」は『六合雑誌』の巻頭の社説に掲載されていることから、小崎弘道が執筆者である可能性は捨てきれないだろう。

(47) 「読加藤氏人権新説　第二」(『六合雑誌』第三〇号、一八八一年十二月)。

(48) 前掲加藤『人権新説』三版、第二章二八条(九五頁)。

(49) 同前、第一章第一八条(五六〜五七頁)。

(50) 同前、第一章第一九条(六〇頁)。

(51) 同前、第一章第一六条(四六〜四七頁)。

(52) 同前、第一章第一六条（四九～五〇頁）。
(53) 同前、第一章第一四条・一七条（四四頁、五五頁）。
(54) トーニー『ジェントリの勃興』（浜林正夫訳、未来社、一九五七年）一三頁。
(55) 谷川稔他編『近代ヨーロッパの情熱と苦悩』（中央公論社、一九九九年）四一六頁。
(56) 木村靖二編『ドイツ史』（山川出版社、二〇〇一年）二〇三頁。
(57) マックス・フォン・ベーン『ビーダーマイヤー時代――ドイツ十九世紀前半の文化と社会』（飯塚信雄他訳、三修社、一九九三年）二八六～二八七頁。
(58) 前掲加藤『人権新説』三版、第二章第二七条（九〇～九一頁）。
(59) 本書第一章参照。
(60) 前掲植木『天賦人権弁』四四～四六頁。
(61) 家永三郎『植木枝盛研究』（岩波書店、一九六〇年）によると、植木は、加藤によって「本来進歩主義の哲学たるべき」進化論が保守主義のために逆用されたことを批判し、「無限前進」の「進化論による社会構造の変革過程」を説いた。その点にこそ『天賦人権弁』の思想史的意義があり、何故なら、それは「進化論が反動陣営から革新陣営へ奪回された結果」であるからだとしている（三九六頁）。
(62) 前掲加藤『人権新説』初版、第一章第四条（九～一一頁）。
(63) 同前、第三章第三三条（九七～九九頁）。
(64) 萩原延壽『馬場辰猪』（中央公論社、一九六七年）では、加藤の「転向」についても触れながら馬場の『人権新説』への批判点を詳細に検討している（一七九～二〇〇頁）。
(65) 馬場辰猪「加藤弘之君ノ人権新説ヲ読ム」（『朝野新聞』一八八二年十一月二十五日付）は、一八八二年十一月十一日に浅草の井生村楼での国友会の演説会にて発表。
(66) 前掲加藤『人権新説』三版、第三章第三六条（一二四～一二五頁）。
(67) 前掲加藤『人権新説』初版、第三章第三四条（一〇二頁）。
(68) 田口親『田口卯吉』（吉川弘文館、二〇〇〇年）では、このときの田口は、加藤と同じく天賦人権説に懐疑的であったが、「平穏に人民の権利を拡張する方便として、天賦人権論や民権論に好意的立場」をとったとしてある（一一六頁）。同年『自由新聞』に客員として参加しながらも、翌年には東京株式取引所の肝煎に就任するなど、経済界において着実に地位を占めつつあった田口の功利主義的な側面をみることができよう。このような加藤と田口の見解の違いが、学界と経済界という違いによるものなのか、政府との距離によるものなのか、興味深い問題である。

(69) 田口卯吉「加藤弘之氏著人権新説を読む」(『東京経済雑誌』第一三九号、一八八二年十一月) 一五五九〜一五六〇頁。
(70) 前掲加藤『人権新説』三版、第三章第三八条 (一三四頁)。
(71) 中野目徹「洋学者と明治天皇」(沼田哲編『明治天皇と政治家群像——近代国家形成の推進者たち』吉川弘文館、二〇〇二年) 一一五頁。
(72) 明治十年代前半における明治政府と宮中の対立を重視し、宮中派の分析を行なった研究として、渡辺昭夫「侍補制度と「天皇親政」運動」(『歴史学研究』第二五二号、一九六一年)、笠原英彦『明治国家と官僚制』(芦書房、一九九一年)、西川誠「明治一〇年代前半の佐々木高行グループ」(『日本歴史』第四八四号、一九八八年) が挙げられる。また、同時期の皇室制度の形成については鈴木正幸編『近代の天皇』(吉川弘文館、一九九三年)、鈴木正幸『皇室制度——明治から戦後まで』(岩波新書、一九九三年) 参照。また、同時期の天皇行幸については、遠山茂樹「天皇制と天皇」(遠山茂樹編『近代天皇制の成立』第一巻、岩波書店、一九八七年) 参照。また国民国家形成の観点からT・フジタニ『天皇のページェント——近代日本の歴史民族誌から』(日本放送出版協会、一九九四年)、多木浩二『天皇の肖像』(岩波新書、一九八八年) 参照。また、民衆の天皇観の形成として安丸良夫『近代天皇像の形成』(岩波書店、一九九二年) 参照。
(73) 坂本一登『伊藤博文と明治国家形成——「宮中」の制度化と立憲制の導入』(吉川弘文館、一九九一年) と同「伊藤博文と「行政国家」の発見」(前掲『明治天皇と政治家群像』) 参照。また、伊藤博文による国制知の導入という観点から明治国家形成を論じた研究として瀧井一博『ドイツ国家学と明治国制——シュタイン国家学の軌跡』(ミネルヴァ書房、一九九九年)、同『伊藤博文——知の政治家』(中公新書、二〇一〇年) 参照。
(74) 前掲渡辺「侍補制度と「天皇親政」運動」一〇頁。
(75) 沼田哲「元田永孚と天皇」(前掲『明治天皇と政治家群像』) では、元田の進講や夜話を通して明治天皇が明治十一年頃から、「独自の識見」で「政治的発言を行う君主」として成長したということが示唆されている (二一二頁)。
(76) 〔明治十二年進講〕(『元田永孚文書』第二巻、元田文書研究会、一九六九年) 三八頁。
(77) 同前、三五頁。
(78) 井上毅はドイツを準拠国に定め「大綱領」を構想した (山室信一『法制官僚の時代——国家の設計と知の歴程』木鐸社、一九八八年、第一部第四章)。

(79)「ロエスレル氏答議 第一号 一九五（一）国王政務ノ支配」一八八一年六月十六日（國學院大學日本文化研究所『近代日本法制史料集』第四巻、一九八一年）四頁。井上毅におけるロエスレルとボアソナードの法思想受容に関しては、坂井雄吉『井上毅と明治国家』（東京大学出版会、一九六九年）参照。
(80)「ロエスレル氏答議 第四号 二四五（十五）」（前掲『近代日本法制史料集』第四巻）一三三～一四一頁。
(81)「撲亜蘇那士氏答議 二 四四五（二）主権ハ国王ニ属スルモノ乎、将タ国民ニ属スルモノ乎」一八八一年十一月十五日（『近代日本法制史料集』第八巻、一九八六年）四七～四九頁。
(82)「大綱領」は明治十四年七月に右大臣岩倉具視の名で太政大臣三条実美と左大臣有栖川宮熾仁親王に提出された。岩倉と井上は、憲法構想において概ね合意していたと考えられる。
(83)「大綱領」（多田好問編『岩倉公実記』下、宮内省皇后職、一九〇六年）七一五～七三六頁。
(84)伊藤博文『憲法義解』（岩波文庫、一九四〇年）二二頁。
(85)稲田正次『明治憲法成立史』下巻（有斐閣、一九六〇年）四九頁。
(86)『東京日日新聞』『郵便報知新聞』『朝野新聞』『東京横浜毎日新聞』『国友会雑誌』『東京輿論新誌』のほかには、植木枝盛、中江兆民らが参加している。また後に長東宗太郎編『民権家必読主権論纂』（後楽館、一八八二年）が出版された。
(87)「読日報記者主権論」（『東京横浜毎日新聞』一八八二年一月十八日～二十四日付）。
(88)「主権論」（『郵便報知新聞』一八八二年二月二十七日～三月四日付）。
(89)「主権概論」（『東京輿論新誌』一八八二年十二月三日付）。
(90)主権論争における井上と福地の関係は、前掲山室『法制官僚の時代』参照。
(91)「主権弁妄」（『東京日日新聞』一八八二年一月二十四日～二十八日付）。
(92)福地桜痴の主権論理解に関しては、田畑忍「福地桜痴と主権論争」（『同志社法学』第一号、一九四九年）、坂本多加雄「福地源一郎の政治思想——「漸進主義」の方法と課題」（『思想』第六五七号、一九七九年。後に『坂本多加雄選集Ⅰ 近代日本精神史』藤原書店、二〇〇五年）を参考にした。
(93)加藤弘之「自由之進化 草稿第二」（前掲『加藤弘之文書』第一巻）四九四頁。
(94)同前、四九五頁。
(95)前掲三宅『同時代史』第二巻、一七二頁。

第三章　明治二十年前後における〈優勝劣敗〉思想の深化

第一節　「政治の季節」と社会進化論

「当時の思想界は無政府なり」

明治二十年（一八八七）八月十八日、北村透谷は恋人の石坂ミナ宛の書簡において以下のように述べている。

翌十七年は生をして一度び怯懦なる畏懼心を脱却して、再びアンビションの少年火を燃え盛らしむるの歳にてありし〔中略〕憐む可き東洋の衰運を恢復す可き一個の大政治家となりて、己れ一身を苦しめ、万民の為めに大に計る所あらんと熱心に企て起しけり、己れの身を宗教上のキリストの如くに政治上に尽力せんと望めり、此目的を成し遂げんには一個の大哲学家となりて、欧州に流行する優勝劣敗の新哲派を破砕す可しと考へたり(1)

透谷は明治十七年当時十六歳、「大哲学家」から「大政治家」になるという少年らしい夢を語っている。しかし、「優勝劣敗の新哲派」を「破砕」するとはどういうことか。なぜ透谷は進化論を敵対視することになったのか。それを考える際にヒントとなるのが、明治十年代後半の坪内逍遥の小説である。『当世書生気質』（一八八五〜八六年）において、桐山という書生が友人を相手に、「此活社会に運動して大に政治の改良」を行なう「志」のために撃剣を訓練していると打ち明ける場面がある。なぜなら、現在は「駝アウヰンがいつとる通り、優勝劣敗の世の中」であり、「一個人の場合じゃからって矢張腕力が勝を得るぞ。〔中略〕試みにおぬしがある政党の領袖になつたと仮定して見イ。反対党の論者に如何なる粗暴な奴が居らうかもしれん。議論でハ負ても腕力で以て勝うと思ふておぬしに切かゝて来るかもしれん[2]」からだという。この場面では、桐山の「政治の改良」という壮大な「志」とそのための努力の方向性が少々ずれており、ユーモラスな印象を受けるが、重要なのは、「優勝劣敗」が「腕力」による喧嘩として解釈され、プリミティブな次元に押しとどめられていることである。また、同じく逍遥の『京わらんべ』（一八八六年）では、「現今の世は虚喝（ほら）の世の中。虚喝の吹方の巧な奴輩が優勝劣敗で用ひられるて[3]」との一文が見られる。ここでは、「虚喝」を吹く口先三寸の人間が勝者となる状態を正当化するものとして「優勝劣敗」の思想を風刺している。逍遥は、明治十年代後半の「優勝劣敗」とは、「腕力」が強い者、「虚喝」が巧みな者が勝者となることを正当化するもの、さらにいうとそのような野蛮で狡猾な強者が勝者となる政治社会のイデオロギーであるとして、そのような風潮を批判的にみていたのである。

明治十年代における国憲制定をめぐる政府と民権派の先鋭な対立に象徴される「政治の季節」にあって、社会進化論の思想はいかなる役割を果たしたのであろうか。それを解明するのが本章の課題である。前引の透谷の書簡に話を戻すと、おそらく明治十七年の透谷は「優勝劣敗」という新時代の思想とそれが正当化する弱肉強食の荒んだ政治社会の在り方を否定したうえで理想的な「大政治家」を目指したのであろう。

このような同時代の人々における「優勝劣敗」に対するネガティブなイメージとその思想界への反響は、透谷より四歳年長である山路愛山の回顧に見出すことができる。彼は『基督教評論』（一九〇六年）において次のように回想している。

斯の如く東京大学はモールスに依つて人祖論を唱へ加藤弘之に依つて天賦人権説を排したると共に外山正一の徒に依つてスペンサーの哲学を唱導し、人間の知り得べきものは現象（フェノメナ）のみ。人間は直ちに宇宙の本体に面対すること能はず。万物其れ自身は不可知的なり。万物の本源も亦不可知的なりと主張したり。〔中略〕余は当時を回想して大学の此活動が日本の思想界に与へたる影響の甚だ大なりしものありしことを想像せざるを得ず。何となれば此の如き思想の波動は当時静岡に住したる余が小さき友人の一群にも及び青年会の討論会に於てすら時として不可思議論の起りたることあるを記憶すればなり。〔中略〕余も亦当時に於ては人権新説の愛読者にして、且つ其信者なりき。〔中略〕余は大学一派の説教に依つて我が心の旧き信仰より解脱したることを感じたり。されど解脱は直ちに安心に非ず。余は大学派の説教は余を暗黒の谷に陥れて之を救ふの方法を講ぜざるものなることをも感じたり。〔中略〕之を要するに当時の思想界は無政府なり、無統一なり、乱雑なり、帰趣なきなり、群雄割拠の状態なり。[4]

山路は『人権新説』が刊行された明治十五年、まだ十八歳で、静岡県庁警務課の雇であった。翌年静岡英学校入学、十八年から日本メソジスト静岡教会に出入りしキリスト教に入信した。山路を「旧き信仰より解脱」させると同時に「暗黒の谷」に陥れたのは「大学派の説教」すなわち進化論であった。進化論は、東京大学のモース、外山正一、そして加藤弘之らによって広く思想界に広がり、ここに新旧の思想が「群雄割拠」する「思想界」の「無政府」状態が現れたとしている。そして「このときにあたって、余は耶蘇教徒のもっともよく戦いたるを見る」[5]と述べている。とくに「大学派」の進化論と「精神的戦争」を行なったという。その代表的雑誌が『六合雑誌』であり、明治十三年に同誌を発刊した中心人物は、植村正久と小崎弘道であった。

それでは、両者の進化論に対する「精神的戦争」の様子を見てみよう。欧米ではキリスト教の創造説と進化論が両立せず、キリスト者と進化論者の間で激しい論争が繰り広げられたが、近代日本のキリスト者のなかで、進化論を否定した者は少数であった。植村は、進化論を厳然たる科学的事実として認めたうえでキリスト教との両立を訴えた。科学の発達はキリスト教国において順調に進むとして、一神教国において唯一神のみを神とすることでその他のものを対象化する見方を獲得できるという。こうして、キリスト教を科学誕生の前提としながらも、神の世界と科学の世界を峻別することで、進化論に対して信仰の領域を確保しようとしたのである[6]。そのような姿勢は、内村鑑三にも見ることができる。内村は進化論を肯定しながらも進化=「優勝劣敗」という考えを否定したうえで、進化は神の意思に沿ったものであるという目的論的・有神論的進化論を唱えていた。

さらに、小崎は『政教新論』（一八八六年）において、宗教の必要性を「人事の競争」の激化という状況に求めている。「人性に自然気質の異ある以上は其智識才能に智愚賢不肖の差なかる可らず、而して人に智愚賢不肖の差ある以上は社会に貴賤貧富の別あるも亦自然なり、さらば国に充分の自由あり其法律に一点の不公平なる所なきも社会は決して貧富貴賤の差異を滅し、平等なること能はず」という現状において「吾人を保護祐導[7]」する宗教が必要であると説いた。このような宗教のなかで最も理想的なのがキリスト教であった。小崎はギゾーの『ヨーロッパ文明史』を参照しながら、文明とキリスト教の関係を不可分のものとして、キリスト教は「国家の永久進歩」をはかるものであり、「富国と強兵と併行し文と武と一途になり、智と徳と共に進み進取の精神更に弛むことなく永久少壮の気象を備へ完全なる理想の世界を未来に置き、進で退くことを知らざるは是れ即ち今日基督教国文明の精神なり[8]」とした。つまりキリスト教は、進化論的世界観を克服し「理想の世界」への「進歩」を導くものとして位置づけられているのである。

以上のように、明治十年代のキリスト者は進化を神の意思とする有神論的進化論を唱えるか、あるいは社会内の優劣を是正し、日本を文明国に導く宗教としてキリスト教を位置づけていたのである。このように宗教と国家の発展を結びつける思考は、明治憲法制定後に顕著となるキリスト者による天皇制と信仰の積極的折衷に通じるものであろう。ともあれ、これがキリスト者が進化論的世界観に対して挑んだ「精神的戦争」のひとつの局面であった。

さて、明治十年代において植村や小崎らキリスト者は、神の意思を進化論的世界観に通底させたことで、「人世問題」について「暗黒の谷」に陥った青年の一部を救済した。しかし一方で、「人世問題」を個人の内面の問題ではなく、政治社会における自身の在り方の問題として思考した青年もいた。東京大学をはじめとする近代的な高等教育機関において自己形成を図っていた青年の一部は、自由民権運動が全国的に展開していくなかで政治の潮目が変化しつつあるのを目撃し、そこにおける自身の在り方を模索した。その代表例が、後に「平民主義」を掲げた徳富蘇峰と「国粋保存主義」を掲げた三宅雪嶺らである。彼らは藩閥政府を批判しながらも、自由民権運動にはなかった独自の政治思想を構築し、政治社会における位置を確立しようとした。その際、彼らが依拠した思想のひとつが社会進化論であった。

先に透谷と逍遥の例を挙げ、彼らにおいて「優勝劣敗」が政治社会における勝者を正当化するイデオロギーとみなされていた様子を見たが、徳富や三宅においても「優勝劣敗」は新たな解釈を与えられた。次に項を改めて、その様子を見ていこう。

「平民主義」と「国粋保存主義」

「思想界」の「無政府」状態とは異なり、政治の世界は薩長藩閥に寡占された政府によって強力な政策主導が開始されようとしていた。明治十二年（一八七九）九月に井上馨が外務卿に就任して以来、条約改正交渉を主眼とするいわゆる欧化主義政策が始まった。外務省は同十五年七月までに、治外法権の撤廃と関税自主権の回復の対価として外国人に対する内地の限定的開放を認める政府案をまとめ、いわゆる鹿鳴館外交が展開されることとなった。鹿鳴館では西洋人を西洋式に歓待するとともに、洋装や洋食が積極的に取り入れられ、演劇や文字の改良も議論された。

これらの欧化主義政策に対して「明治の青年」の一部は官職を辞し、また一部は政党に参与し、藩閥政府に批判的な態度を示すようになり、ここに「政治の季節」が到来した。[9] 三宅の回想によれば、明治十五年に東京大学では卒業生の高田早苗や天野為之らが立憲改進党に入党したのに対し、政府を支持する法学部の渡辺安積は『東京日日新聞』、三宅本人は『明治日報』に関係したという。『東京日日新聞』や『明治日報』といった新聞社には、三宅をはじめとする後の政教社グループ（政教社は明治二十一年三月二十一日設立）の一部も集っており、新しい政治・思想集団が形成され始めていた。[10] また、「明治の青年」のいわば名付け親である徳富はこの年、郷里熊本に大江義塾を開き民権運動にも参画し、同十九年には上京し『将来之日本』を刊行し、藩閥政府とも従来の民権運動とも距離をとる「平民主義」論を展開した。

彼ら「明治の青年」が独自の政治思想を表明するうえで論拠としたのも社会進化論であった。たとえば、徳富は『将来之日本』において、スペンサーの社会進化論に則り、社会は「武備社会」から「生産社会」へと変貌を遂げるとしている。[11] 「武備社会」では権力が一人に集中し、社会組織は主人と奴隷という関係性によって保たれる。しかし、交通網と通信機関の発達によって、「生産社会」が成立するという。ここでは、政権は複数人によって担われ、国家は人民のために存在することになり社会組織は「同胞兄弟」による「自由の結合」となる。徳富の社会進化論は、交通・通信インフラの発達を重視していることからもわかるとおり、経済の自由化が政治社会の自由化をもたらすとするものであった。よって日本においても富国強兵に偏することを避け、地租軽減を実現し「平民主義」と「商国主義」をとるべきだと結論した。[12] これらは、明治二十年に民友社を結成し『国民之友』を発行してからの徳富の基本的な論調となり、「田舎紳士」を政治社会の中心的存在とする理想像が描かれた。

民友社グループの唱導した「平民主義」に対して「国粋保存主義」を唱えた政教社グループの中心人物である三宅も、明治十六年東京大学編輯所、同十九年文部省編輯局を経て、同二十年に退官している。官職に就いている間も「学生的官吏」をもって自認していた彼もまた、政教社設立までに社会進化論を受容した。ちなみに、『当世書生気質』の桐山は、この三宅がモデルだといわれている。三宅の社会進化論が展開された著作としては後年の『宇宙』（一九〇九年）が代表的であるが、ここでは同二十一年にアメリカのウォード（Lester F. Ward）著『動態社会学』（*Dynamic Sociology*, 1883）を翻訳し『社会学』を刊行したことに着目しよう。同書刊行の経緯については詳らかでないが、三宅が大学編輯所に就職した際、外山正一が文学部長として周旋した点や有賀長雄と同僚であった点から推測できるかもしれない[13]。

ウォードはアメリカの代表的な社会進化論者であるが、ニューディール政策が実施された一九三〇年代のアメリカで再評価されたことからもわかるとおり、自由放任主義の批判者であった。彼によると、人間は進化の法則のもとにあるが、精神の力によって自然を克服し進化の方向性をコントロールできるという[14]。同書では、社会進化の要因が「各人幸福を得んと欲する」情に求められ、「社会に進歩を促すは民間の学芸教育に過ぎたるはなし」として、「民間」の「智力と知識」によって社会進化が達成できるとされた[15]。また、「天賦の権利は素より存在せざるもの」とする反天賦人権説の立場をとるものであった[16]。つまり、天賦人権説を否定し、「民間」あるいは「公衆」の「智力と知識」を原動力とする社会進化論であり、三宅の明治二十年代における反藩閥の思想に結び付くものであった。このように、『人権新説』刊行から明治二十年代前半にかけての社会進化論は、「平民主義」と「国粋保存主義」を唱えた「明治の青年」たちが、藩閥政府と自由民権運動から距離をとり、政治の主体として「国民」を位置づける思想を支えるものとなっていたのである。

以上のように、『人権新説』刊行後の明治十年代後半から明治二十年代初頭にかけて、加藤が提起した〈優勝劣敗〉の思想は一方ではむき出しの権力競争のみを指すと曲解され、一部の青年たちを「暗黒の谷」に陥れ、それを克服するべくキリスト教が受容されるに至ったが、また一方では自由民権運動が退潮期に入り、三大事件建白運動、大同団結運動が展開され、近代的な高等教育を受けた者たちが政治社会に参入するなか、政府批判の根拠思想になった。『人権新説』以後の加藤は、「明治の青年」たちによる〈優勝劣敗〉の思想の批判的受容に対していかに対処し、自身の思想を紡いでいたのか。

加藤弘之の東京大学綜理辞任

それでは次に、『人権新説』出版後に構想された「自由論」と元老院議官時代の「自治」論から加藤の国家思想の構造を明らかにし、それを明治国家体制確立過程に位置づけることで、〈優勝劣敗〉の思想がいかに深化したのかを究明したい。具体的には、「自由論」に至る一連の草稿の執筆が開始される明治十五年(一八八二)から同十九年の元老院議官就任を経て、同二十二年の雑誌『天則』発行までを中心として検討する。同時期は、「政治の季節」であるとともに憲法制定及び地方自治制度再編期であり、まさに、統治と権利をめぐる近代国家の枠組みの構築が完成期に入る時代であったといえよう。前章から引き続き加藤の統治論と権利論を分析することで、その国家思想が同時代においていかなる思想的境位を占めたのかを明らかにしたい。

まず確認しておきたいのは、『人権新説』前後の加藤の明治国家体制内部における位置とそれをめぐる問題状況である。加藤は明治十年(一八七七)に東京大学法理文三学部の綜理に就任し、同十四年に四学部が統合された後も引き続き東京大学綜理職にあり、古典講習科の設置(一八八二年)、ドイツ学の導入など学内教育制度の整備だけでなく、多くの専門学会の結成を推進した。加藤は、東京大学の綜理として『人権新説』で示した「保守ト漸進」[17]の思想の実践を企図していたといえよう。同じ時期、明治十四年の政変によって、民権派と宮中派の国家構想を退けた伊藤博文は、洋行を経て「立憲カリスマ」[18]としての道を歩みつつあった。明治憲法制定への階梯が築かれつつあったまさにこのとき、加藤は東京大学という「知」の頂点で、「自由」と「自治」に関して思索を深めていたのである。

しかし、明治十九年（一八八六）三月一日の帝国大学令の公布をはじめとする一連の教育改革によって、明治国家における加藤の立場は大きく変化する。同令第一条に「帝国大学ハ国家ノ須要ニ応スル学術技芸ヲ教授シ及其蘊奥ヲ攷究スルヲ以テ目的トス」とあるように、帝国大学は国家の大学として新たに出発したが[19]、その特色は、官僚制との密接な関係に見出すことができる。翌年七月、勅令第三七号として文官試験試補及見習規則が制定されたことによって、帝国大学法科と文科の卒業生に無試験で試補になる特権が付与され、とくに伊藤は「政治エリート供給のための国家機関」[20]として帝国大学を位置づけた。これを主導したのは、伊藤内閣の文相森有礼であった[21]。森は、加藤と同じく『明六雑誌』の主要メンバーの一人であり、「妻妾論」を唱えるなど、文明開化を担った代表的人物だったが、明治十五年、滞欧中に伊藤博文と教育問題に関して対談したことで、「学制の目的」を「国家の為」[22]と定め国家主義教育の実現を試みることとなる。森が文部大臣に就任した後、同十九年一月十日、加藤は東京大学綜理を辞任することになったのである。

加藤自身は後に、綜理を辞した理由について「文部大臣森有礼と学政上の意見が合はなんだからである」[23]と述べている。また、森については、「極めて粗大なる性質」であり「決して教育の如き重要の任務を負担せしむべき人物にはあらざるなり」[24]と口を極めて批判している。初代文部大臣と初代東京大学総理が決裂したというのは、明治国家の高等教育を考えるうえで無視できないように思われるが、ここでは、その具体例として博士号授与の権限についての二人の論争を紹介するにとどめよう。明治十八年十月十五日のことであった。当時まだ文部省御用掛であった森は「今我大学ハ大蔵卿ニ仰ク所ノ金額ニ依リテ以テ維持スル者ナレハ、半ハ衙門ニ類似シ半ハ大学ニ類似シタリ」として、文部卿が学位を授与することを主張したのに対し、加藤は「現今大学ニハ学士号アリ、故ニ其上ニ博士号ヲ置キテ大学ヨリ之ヲ授クルハ如何、又欧州ニテモ是等ノ称号ハ多ク大学ヨリ出ル者ナリ」として、大学から博士号を授与することを主張した[25]。文部大臣の大学に対する権限を強めようとした森と、博士号の授与主体をあくまで大学に求め、文部省に対する大学の自立性を維持しようとした加藤の溝は埋まらなかったのである。

加藤辞任後、新生帝国大学の総長には、東京府知事の渡辺洪基が任命されたが、この人選について、後に三宅雪嶺は、「正に官制大改革で三条太政大臣が罷め、伊藤伯が総理大臣となり、鋭意政治の刷新に従事する際とて、渡辺を新たな帝国大学に必要とした[26]」と述べている。周知のとおり明治十八年、太政官制の廃止と内閣制度の成立によって、伊藤博文が明治国家形成の主導権を握り「政治の刷新」を図ったが、帝国大学改編もその一環だったのである。つまり、加藤の綜理辞任は、森との学術・大学制度をめぐる対立にとどまらず、伊藤が実現しつつあった国家構想と一定の距離を持っていたことを意味するのではないか。

それを示すのが「自由論」と元老院会談筆記である。本章ではそれらを用いて〈優勝劣敗〉の思想がいかに深化したのかを検討するが、次項では、元老院に転じた加藤の行動を明らかにしておこう。

元老院議官としての加藤弘之

東京大学綜理辞任後の明治十九年一月十一日、加藤は二度目の元老院議官に就任した。第一章でも述べたとおり、元老院とは明治八年（一八七五）四月十四日の漸次立憲政体樹立の詔に基づいて設置された法律審議機関である。加藤が一度目は明治天皇自身、あるいは島津久光ら保守的な人物から福沢諭吉と並ぶ「進歩的な存在」として疎まれた結果[27]、宮中出仕から元老院議官に転じるも、任官からわずか八カ月後の十一月二十八日には議官を辞したことは前述したとおりである。

その後の元老院は、立法権付与を求め政府に働きかけるも成功することはなかった。明治十四年の政変に際して、反薩長・反大隈を掲げた四将軍（鳥尾小弥太、谷干城、三浦梧楼、曾我祐準）によって元老院の権限強化に関する意見書が出されたが、実を結ぶことはなった。さらに同年十月二十一日、太政官内に参事院が設立され、同院が法律規則の草定審査に従事することになり、元老院の「議法」活動は制限されることとなった。明治十九年前後の元老院は、改革の機運も去り「一個の養老院」[28]と称される場所と化し、「中堅官僚を主体とした地方官への転出の母体」[29]に過ぎない存在となっていた。

ここに、加藤も議官として出仕することになったわけであるが、彼自身は、この転出をいかに受けとめていたのか。まずは、加藤が会議中に演説、質問等の発言をした議案にいかなるものがあり、その議案の数が全議案の何%程度になるか、以下に掲げる表3をもって明らかにしたい。

発言した議案の割合についていうと、議案全件のうちおよそ二〇%あり、少ない印象を受けるかもしれないが、各議案での発言の中身を見ると、議案の論点を提供したり、論争を繰り広げるなどしており、会議での発言と行動からは、加藤が元老院を「一個の養老院」ではなく、内閣を批判する立脚地として積極的に捉えて

表3　加藤弘之が発言した元老院会議一覧

年号	番号	議案名
明治19 (1886)	506	日本薬局方ノ件
	513	商社法
	518	商社法施行規則
	519	公証人規則
	521	登記法
	529	徴兵令中改正追加ノ件
	530	戒厳令中追加ノ件
明治20 (1887)	541	取引所条例
	546	登記法中改正ノ件
	554	府県立医学校費用ノ件
	560	市制
明治21 (1888)	559	町村制
	567	東京市区改正条例
	569	郵便法
	571	醤油税則改正ノ件
	573	市制町村制
	574	測量標規則
	579	航路標識条例
	582	鳥獣猟規則改正ノ件
	587	清国並朝鮮国駐在領事裁判規則
	590	郡制
	591	府県制
	592	米商会所税率改正ノ件
	601	徴兵令改正ノ件
	604	東京市区改正土地建物処分法
明治22 (1889)	614	民法　人事編獲得編第二部ヲ除ク
	615	商法
	616	帝国裁判所構成法
	617	東京市区改正土地建物処分規則
	620	東京市京都市大阪市ノ市長其他吏員及区ニ関スル件
	638	特別輸出港規則
	653	決闘罪ニ関スル件
明治23 (1890)	658	北海道及町村制ヲ施行セサル島嶼ノ国税徴収ノ件
	659	海軍刑法中改正ノ件
	666	通用ヲ禁止シタル貨幣紙幣ノ引換ニ関スル件
	669	中央備荒儲蓄金預金局預金貯金預所金郵便為替金特別会計ノ件

*『元老院会議筆記』から作成。

いたことがうかがえる。発言内容については本章第三節で分析するとして、さしあたりその行動の一事例を紹介しよう。

明治二十年（一八八七）九月二十七日、加藤は、鳥尾小弥太らとともに「元老院章程ニ関スル意見書」を提出した。議長大木喬任に提出されたこの意見書は、発議者として鳥尾、賛成者として加藤のほかに岡内重俊、原田一道、槇村正直、林友幸、津田真道が名を連ねている。先行研究において同意見書は元老院の権限の拡張を目指す一連の議官運動の一部として位置づけられているが[30]、そこで展開されているのは、伊藤首相とその政策に対する批判である。「天則祖法」と「民意人心ノ帰向」を察することなく、「独リ西洋諸国ノ法令成規ヲ取捨シ万機ヲ摂ス」伊藤の「制法」の独断性に批判を浴びせただけでなく、元老院議官を「行政官ノ威権外」に立たせ「国家細大ノ法律」を「元老院ノ議事」とすることを求めた[31]。

この意見書に対して、大同団結運動のリーダーの一人である末広鉄腸は十月に『朝野新聞』において、土佐派の植木枝盛も十一月に『土陽新聞』において、支持を表明した。意見書をめぐって元老院議官の一部と民権派は、憲法制定を前に反伊藤の旗下に合流したように見える[32]。しかしその政治的行動を支えた思想についていえば、民権派と加藤では大きな相違点があった。その点については本章最後で述べたい。

以上、本節の内容から元老院議官転任は、大学総理であった加藤にとって政治的排斥を受けることとほぼ同義であったのではないかと考えられる。とくに、明治十九年から二十三年の元老院議官時代の発言と行動からは、伊藤博文を中心として形成されつつあった明治国家へ批判のまなざしを投げかけていたことがうかがえるのではないか。この点は、第三節で、地方自治をめぐる議論を取り上げて検討を加えたい。次節ではそれらを支えた思想について論じる。

第二節　「自由」をめぐる思索——草稿「自由論」の検討

「強者ノ権利」と「自由」の起源

加藤弘之は明治十六年（一八八三）一月、「終永ノ業ヲ人権ノ研究ニ尽ス」ことを心に決め、「人権進化史[33]」の構想を練ることになり、同年七月から着手したのが「自由権進化史」の執筆であった。以降、大きく分けて三度の改稿を行ない、元老院議官就任期に中断される[34]。最終稿である「自由論」は、三一一条からなる大部の草稿であり、同時期の加藤の思想の全体像を示す唯一の作品であるといえよう。

では、三年弱もの歳月を費やして「自由」に関する思索を続けた目的はいったいどこにあったのだろうか。最初の稿である「自由権進化史 草稿」は、「有機無機ノ万物」を支配する「万物法〈ナツールゲセッツ〉」の説明から始まる。明治十六年七月三十日起稿の「自由史 草稿 第一 自由之進化」は「一 自然力及ヒ万物法」「二 眼目、因果」「三 意思ノ自由、必然之理」「四 進化法」の四章構成、第四章は「第一 進化総論」と「第二 社会進化」の二節に分かれている[35]。さらに、同稿の課題は、「余考フルニ社会進化ニ就テハ人々ノ Individualismus 漸ク進ムナリ即漸ク各個人ノ資格進ムナリ[36]」として、「社会進化」過程における「自由権ノ進化」を明らかにする点に定められた。この際、参考に供されていたのは、「リ、インフェルド氏」（Paul Lilienfeld）、「ヘケル氏」、「ヘルワルド氏」といった社会進化論、生物進化論を採った社会学者、生物学者の著作であった[37]。最終稿である「自由論」の目次は、「第一 自然権利ノ二主義」「第二 右両主義ノ当否真偽ノ論判」「第三 自由、権力及ヒ強者ノ権利ハ皆同一物タルコト」となっている[38]。最初の稿に比べて、「社会進化」という現象そのものよりも「権利」と「自由」に関する部分に多くの頁を割いている。その内容を見ると、治者と被治者の関係、貴族と平民の関係、奴隷の存在、さらには男女間の不平等の改善を示す歴史的事例を相当数挙げながら「自由」と「権利」の進化の法則を導き出そうとしているのである。

前章で明らかにしたように、加藤は〈優勝劣敗〉の法則に基づき個人間の権利をめぐる競争を説明するとともに、「大優勝劣敗」という概念を導入し、国家による競争の抑制という双方向の現象を論じた。それゆえ、治者と被治者の間における「権利」の進化を具体的に描き出し、それを国家統治の枠組みのなかに位置づけることこそ「自由論」における大きな課題だったのである。

右の課題に対して、加藤は「自由」を「強者ノ権利」と規定し、「権利」と区別することで解決しようとした。「自由論」では「権力ト云ヘハ何時テモ上ニ立ツモノヨリ下ニ居ルモノニ施スカ」、「自由トハ多クハ人民カ政府君主若クハ貴族等ノ権力ニ対シテ其圧制ヲ防ク力[39]」とする従来の学説はいずれも否定される。それに対して加藤は、「自由」と「権力」は、いずれも「強者ノ権利」であるとして、その例証を専制君主と被支配者、男子と女子、開明人種と野蛮人種の関係の歴史的展開に求めた。それぞれ前者は後者を意のままに扱う「自由」を持っていたが、次第に後者がその支配に反抗する「自由」を獲得するようになったという。つまり、加藤における「自由」とは、〈優勝劣敗〉の世界において「力」でもって獲得するものであった。

それでは、「強者ノ権利」とされた「自由」と「権利」の本質的な違いはどこにあるのか。この点に関しては以下のように述べている。

自由ノ進化ヲ論究スルニ付テハ、法律上実際上共ニ行ハルヽ自由 tatsächlich und rechtliche Freiheit ノ外ニ、更ニ単ニ法律上ノ自由 bloss rechtliche Freiheit ト単ニ実際上ノ自由 bloss tatsächlich Freiheit ノ二種類カアルト云フコトニ能ク注意セネハナラヌ、ソコテ法律上実際上共ニ行ハレテ居ル自由ト単ニ法律ノミノ自由ハ之ヲ権利ト名ヲ付ケルコトカ出来ルナレトモ、単ニ実際上ノミノ自由ハ未タ権利ノ名ハ付ケラレヌコトテコサル、権利ノ名ハ都テ法律上ニ定メタモノテナケレハ申セヌコトチャ〔中略〕、尤モ強者ノ権利ト云フ字モ間違フテ居ル、是レハ天賦権利ノ様ニ全ク空ナルモノテハナケレトモ、併シ法律上ニ立テタモノテナキ故実ハ権力 Gewalt トカ自由 Freiheit トカ申サネハナラヌコトテ、其事ハ粗第一条テ申シタコトテコトサル[40]

「法律上ノ自由」と「実際上ノ自由」を分けて考え、「法律上ノ自由」もしくは双方兼ね備えた「自由」が「権利」であり、「実際上ノ自由」だけでは「権利」とは言えないという。「強者ノ権利」すなわち「自由」、「権力」とは、“Gewalt”の訳語であることからもわかるとおり、暴力的な実力のことであり、「権利」とは、“Gewalt”とは異なり国家法制のなかで治者によって認可されるものである。

次に、そのような「権利」を授与できる治者の「権力」はいつ生じるのか。「自由論」においては、「人衆中ニ一人ノ最強者カ出来テ此最強者カ頗ル鄙野強暴ナル権力ヲ施行スルコトチヤ[41]」と述べ、『人権新説』と同じく国家征服説の立場を採っている。「最強者」は「強暴ナル権利」をもって「社会ノ協同一致」を図るが、「強暴ナル権利」の内実は「兵馬ノ権」と「政治ノ権」の二つであり、これによって「最強者」は「治者」と「元帥」を兼任し、君主へと成長するという[42]。君主の「権力」をさらに強化するものとして、加藤は世襲制と神権政治を挙げている。とくに、後者に関しては、君主が「神裔」、「神ノ代理」を称して「実権」と「神権」を兼ねることでその権力を増したとしている。また「治者社会ノ父母トナルヿトニヨリテ権利強シ」として、「父権政治」の例も挙げている[43]。君主の「権力」とは、「神裔」や「民ノ父母」を称して成り立つというのである。その「権力」は、非常に「強暴」なもので、「生殺与奪ノ権」と「国土ヲ私有スルノ権」をも含んでおり、対する被治者の「権利」は微弱なままで、彼らは生存権と所有権を認められず、君主に隷属しているという。

前述のような君主の「強者ノ権利」の存在は古代に限定され、日本と中国、ヨーロッパの大半の国々ではすでに滅んでいるという[44]。なぜなら、君主の「強者ノ権利」の「強暴」さに対して、「被治者ノ感情カ激発セシメテ之ニ由テ遂ニ大ニ自由ノ進化ヲ促スニ至[45]」ったからである。相対的に「強者ノ権利」を強化しはじめた被治者は単純に君主に隷属するのではなく、相応の「権利」を君主に要求することになる。具体的には、「智力」と「富裕力」と「強者ノ自保心」を「強者ノ権利」として持つ「上等平民[46]」が台頭すると、政権の一部が譲与されることになり、君主の「強者ノ権利」は弱体化し、彼らは「政府即治者」となる。ここに立憲君主制が開始されるのである。当時の加藤は、岩倉具視の「王土論」や後に明治憲法に反映される井上毅の国体論に比して、天皇を西欧的な立憲君主として位置づけ、議会にも多分な期待をかけるとともに、治者にふさわしい実力を身につけた人々を統治する側に積極的に取りこみ、議会制度を運用させようとしていたことがわかる。

そのような立憲君主国において、治者と被治者の「権利」の関係は、どのようなものになるのか。

第一治者ト被治者トノ権利ノ平均チャカ、是レハ今日ト雖大ニ等差ノアルコトテ、実ニ斯クナケレハナラヌコトト思ハレルコトチャ〔中略〕、今日立憲君主国ニテハ、治者ト云フハ実ハ君一人トハ申サレヌコトチャ、君主ヲ主権者 Souverän ト称スルコトナレトモ、決シテ実ノ主権者トハ申サレヌコトチャ、殊ニ英国ノ如キニ至リテハ猶更ノコトチャ、其外大陸ノ立憲君国テハ其君主カ英国王ヨリモ権力カ多イナレトモ、国会ノアル以上ハ決シテ君主カ真ノ主権者トハ申サレヌコトチャ、夫レ故実際ノ理を申セハ君主ト責任ヲ有セル大臣ト并ニ上下二院カ一ツニナリテ政府即治者ヲナシテ居ルコトテ、ソコテ此政府即治者カ被治者ニ対スル公事上ノ権力ハ随分盛ナルモノチャ、公事上ノコトニ至リテハ此政府即治者カ定ムルコトテ、被治者ハ唯々諾々ト恭順セネハナラス、唯私事上ノ権力ニ至リテハ大ニ人民ニ任セテアルコトチャ[47]

加藤は英国を例にとって、立憲君主国においても治者と被治者の別の消滅、つまり治者と被治者の「権利」がまったく同等のものとなる状況はありえないという。立憲君主国における治者すなわち君主と政府の「公事上ノ権力」はますます強固なものになり、対する被治者の「強者ノ権利」も進化し、所有や生存に関わる「私事上ノ権力」が十分に発揮されるという。「公事上ノ権力」と「私事上ノ権力」は、十九世紀以降の法学における国家―市民間の公法によって規定された公権と、市民―市民間の私法によって規定された私権を指すものであるが、加藤はこれらの概念をブルンチュリから学んだと思われる。ブルンチュリによれば、中世ヨーロッパで発明された天賦人権の観念はゲルマン人においてさらに発展させられ、国家権力に先行する私権として確立したという。さらに、このような私権と公権が確立し国家の領域と私の領域が峻別されることが近代国家成立の要件であるという[48]。しかし、ブルンチュリにおける私権が天賦人権説に基づいているのに対して、加藤の「私事上ノ権力」は、実力でもって自身の生存と所有を維持し続ける実力を指していると思われる。

そして、この「私事上ノ権力」と「公事上ノ権力」とが均衡を保っている状態、つまり被治者は私権を維持するにふさわしい実力を有し、治者は一国を統治できる公権を確立させている状態が理想的であり、同時代の英国がその状態にあるという。英国は「一邦国ヲ立テ、且ツ各個人ノ自由ヲ十分ニ得」て「大ナル自由ノ進化」を遂げた国であり、ここで言う「自由ノ進化」とは「唯邦国ナル牢固ノ社会ニ於テ云フ[10]」ものとされた。加藤における「自由ノ進化」とは、あくまで「邦国ナル牢固ノ社会」においてなされるべきものである。なぜなら、「一国ノ独立ト幸福ヲ勧メントスル以上ハ到底一個人私社会等ニノミ任セテ置テハ出来ヌコトチャ、一国ヲ惣括スル所ノ政府ノ力テナケレハ出来ヌコト[50]」であるからだ。

このような考え方は『人権新説』以前の加藤とも異なるところがないが、「自由論」では、「公事上ノ権力」と「私事上ノ権力」がともに「邦国」の「独立ト幸福」という目的のもとに確立するという理想像を明瞭に描き、それを実現する法則を〈万物法〉によって導かれる〈優勝劣敗〉に求めた。本節で指摘したとおり加藤は権利が実力に基づくべきものであり、国家において個人は権利をめぐる競争に勝つことで「実際上ノ自由」を獲得し、その「実際上ノ自由」を「法律上ノ権利」に転換させていくものとした。加藤は〈優勝劣敗〉に基づく権利論を国家の基礎に据えることで、政府による専制、それに対する革命を起こすことなく、「邦国」を維持発展させることができると考えたのである。

このような加藤の「自由」論は、たとえば同時代の大井憲太郎と比較すると、その独自性が明らかになる。大井は、「夫レ社会各人ノ行為ニ自由ヲ与ヘ、其自由ヲ保護スル政体ノ下ニ在テハ、各人ヲ保護スル平等ニシテ之ヲ待遇スル又平等ナリ、故ニ其義務ヲ付加スルノ点ニ於テモ、固ヨリ偏重偏軽ノ差アルコト無シ[51]」と述べ、「自由」と「平等」を「大理」として、これを実現するために「人為ノ拘束」を加えない「自由政体」の設立を理想とした。大井が、「自由」を人間の本性に属する「大理」として政府から侵犯されないとしたのに対して、加藤は、「自由」を「強者ノ権利」として力で獲得し、政府に認めさせるものとしているのである。国権に対して民権を重んじる民権論者の大井に対して、加藤は国権と民権の衝突という事態を見据え、両方を同時に確立させる論理を準備していたことがわかるだろう。

それでは、同時代の日本における「自由」はいかなる進化の段階にあると加藤の目に映っていたのだろうか。明治維新以前は「武門貴族」が幕府を開き政権と軍事権の双方を把握していたが、「王政一新」によって、「貴族ノ政事ト武事トニ関スル権利ヲ止メテ唯華族士族ト云フ門地ノミノコトトナシ殆ト平民ト同様ノ法律ニ遵ハシムルコトトナリタ[52]」として、この改革により「平民ニ殆ト貴族同様ノ権利自由ヲ許ス[53]」ことになったという。加藤は「王政一新」に関して、従前の身分制度の解体と法の下の平等を実現したことにその意義を見出していたようだ。しかし問題は、「平民」に与えられた「自由」が「他ヨリ与ヘラレタル自由テ自ラ取リタ自由トハ申サレヌ」ので、「法律上ノ自由アレトモ実際ニハ未タ自由ハナイ[54]」というところにあるという。同時代のわが国について加藤は、「自由」の進化に必要な要素のうち、とくに「平民」の「自ラ取リタ自由」が欠落していると現状分析していたのである。

その点に関して、たとえば中江兆民は、天皇を戴く政府より下賜された「恩賜的民権」でも「道徳の元気と学術の滋液」によって、「回復的民権」[55]と実質上変わらないものにまで成長させうるとした。この『三酔人経綸問答』が書かれた明治二十年において、もはや民権運動は行き詰まりを迎えており、中江の主張は、政府と在野で政体構想を争う時代が終焉したことをふまえた政略的な意図によるものだと思われる。獲得した「民権」と与えられる「民権」という分け方をしている点では、加藤の「自由」論と近いと思われるが、中江は「恩賜的民権」を「回復的民権」に成長させるために、来る帝国議会に期待をかけた。現に、中江は明治二十三年（一八九〇）衆議院議員選挙に立候補・当選したが、後に土佐派の裏切りに失望し議会を去った。議会では健全な「民権」の育成を望めないと考えたのだろう。加藤も立憲政体の要である議会開設に強い関心を抱いていたが、彼の場合それだけではなかった。『人権新説』以前の加藤は、抵抗権の存在を認めることで、国家権力による個人の権利の抑圧、剝奪を防ぐ可能性を指摘していたが、ともすると革命を惹起しかねない抵抗権は「邦国」の「独立ト幸福」を達成するためには不都合なものであった。したがって、次節で明らかにするように、加藤は「実際上ノ権力」と「邦国」を維持する「公事上ノ権力」の確立の双方を達成させる仕組みとして「自治」に着目した。

加藤が「自由論」を構想していた頃は、ちょうど福島事件や加波山事件、秩父事件といった自由民権運動の激化事件が多発した時期であった。政府に不満をもった人々が制度に則った手順を用いず、暴力をもって抵抗する事件に対して、彼はまずは「平民」全体の「私事上ノ権力」を充実させ、自治制度と議会制度をとおして「上等平民」層を治者の側へと引き込み、「公事上ノ権力」を強化するべきだと考えたのであろう。議会制度開始前、加藤は、立憲君主国において統治を担う国民の育成を志していたのである。

第三節　元老院における地方自治制度審議

本節では、加藤弘之の「自治」論について検討する。彼の「自治」論を最も明快に示すのが、次に掲げる図である。この図は、次章で検討する雑誌『天則』に収録された論説「立憲政体と自治制度[56]」に掲載されたものである。

「自治」の確立と「自由」

図4の円の外周の「国」の領域では、「憲法を設立して人民に参政の権利を許し代議の制度を立て以て政府の専権を制限せる政体」である「立憲政体」を立て、そこにおいて「人民が自己に間接に属せる事件を処分するの権」としての参政権が行使できるとした。「民」の領域は個人の「自由」に関する領域で、ここでは「一個人か他人の妨害を受けすして一身の行為を自由に為す」ことができる。「国」と「民」の間に設定された市町村という領域で行使されるのが自治権であり、自治権は「人民が自己に直接属せる事件を処分する権」として定義された。自治権は自治制度が確立することで行使できる。自治制度とは「市町村郡府県等の団体を一個の法人として自己の事を自ら処理せしむるの権を許せる制[57]」である。同論説の続く部分では、円の径を権力の大きさと考えると、「国」―「市町村」―「民」が同心円状に等距離にあって均衡を保つ状態こそ望ましい状態であり、逆に「民」の権利が国家権力によって著しく制限される、または「民」の権力が増大し過ぎて国家制度が破壊される事態は避けるべきことだとされた。これを仮に図示すれば図5のようになる。このような「国」―「民」間の双方向の権力の異常な発露を避けるために自治制度が必要なのである。

前節で指摘したように、加藤は日本における国家権力に対する個人の「自ラ取リタ自由」の未成熟という点を問題視していた。自治権は「自由論」でいうところの「公事上ノ権力」と個人の「私事上ノ権力」の間に存在して、双方が干渉せずに発達することを促す存在であった。

右のように帰結する加藤の「自治」論は、元老院議官であった時代にいかなるものとして構想されていたのか。元老院会議で加藤は、市制・町村制をはじめとする自治制度関連法案審議において積極的に発言しており、ここから彼の「自治」論を抽出することが可能である。

明治憲法制定前夜、内務大臣山県有朋が中心となって、市制・町村制をはじめとする地方自治制度に関する一連の法令を整備した[58]。その時期が憲法制定以前であった理由は、地方自治制度確立の目的が、第一に中央集権的な官僚行政を地方へも浸透させること、第二に中央の行政事務を府県や町村に分担させること、第三に条約改正を前に国内の行政機構を整備することの三点にあったからだとされている[59]。

明治二十年（一八八七）一月、委員長を山県有朋、委員をモッセ、青木周蔵らが務める地方制度編纂委員会が内閣に設置され、翌月には、モッセの意見書を基礎として「地方制度編纂綱領」が出来上がった。この方針に基づいて制定されたのが市制・町村制であり、その後山県洋行中に井上毅を中心として修正されたのが郡

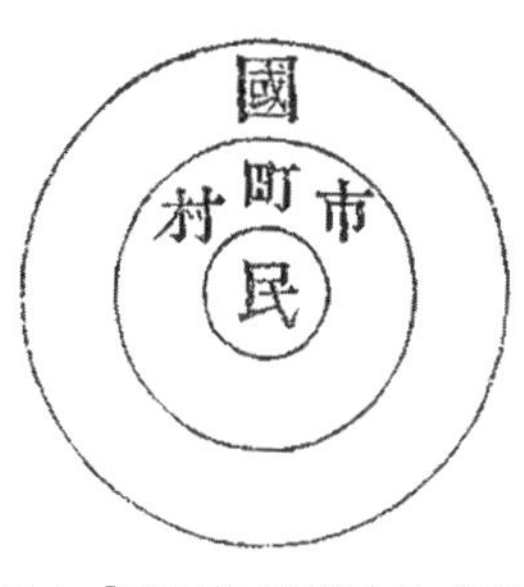

図４　『天則』第２編第３号（65頁。筑波大学附属図書館蔵）

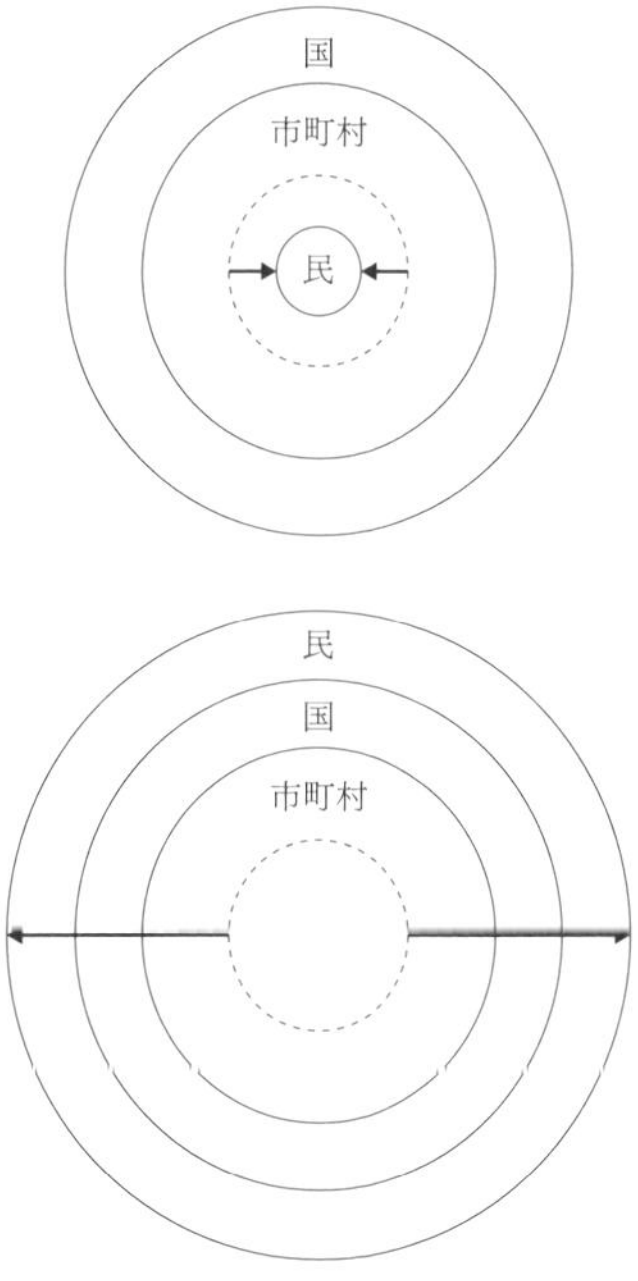

国
市町村
民

民
国
市町村

図５　「国」―「市町村」―「民」の権力の均衡が崩れたモデル

制・府県制である。地方自治をめぐっては、山県自身が、地方政治の担い手を養成し将来の帝国議会に結集させるとともに、帝国議会と地方の政党運動が結びつくことを阻止するという目的のもと、市町村、郡府県ともに自治体にしようとしたのに対して、井上毅は政党勢力に危機感を抱き郡府県を自治体とすることに反対していた。伊藤博文は、憲法制定前に地方自治制度を確立させることに難色を示していた。明治政府のなかでも地方自治に関する意見は割れていたのである。それを踏まえて、以下では、市制・町村制における市町村の長の位置づけに焦点を絞り、加藤の意見と山県や井上のそれとの相違点を見たいと思う。

「自治ノ精神」の担い手

市制・町村制が元老院会議に付されたのは、それぞれ明治二十年十一月十八日、十一月十六日であった。以後翌年二月八日、一月三十一日までの約二カ月間活発な議論がなされた。加藤はまず、市制・町村制を「人民ノ自治ニ関シ権利自由ヲ伸張スルノ法」と明確に位置づけ、この制度は「人民ノ便利ヲ計リテ政府ノ便利ヲ謀ルニアラス[60]」と断言した。そして、市長の選任方法に加藤は強いこだわりを見せた。審議において、市長の選任方法をめぐって意見が割れたが、加藤はあくまで「自治ノ精神」を貫くべきだとして、以下のような提案を繰り返している。

現問題ハ市長ヲ官選トシ即チ自治ノ精神ニ背戻セル是レナリ〔中略〕、一個ノ修正説ヲ提示セントス、今予メ之ヲ陳レハ、即チ第五十条「市長云々之ヲ選任ス」ノ下ニ但候補者三名共ニ内務大臣ニ於テ選任ス可カラスト認ムルトキハ、更ニ候補者三名ヲ推薦セシメ同上ノ手続ヲ為ス可シトノ但書ヲ附加シ、且之ニ再選挙ニシテ猶選任ス可ラスト認ムルトキハ、追テ選挙ヲ行フニ至ルノ間内務大臣ハ臨時ニ市長代理ヲ選任シ、又ハ市費ヲ以テ官吏ヲ派遣シ市長ノ職務ヲ管掌セシム可シトノ一項ヲ新加スル是レナリ、此ノ如クハ、人民ノ自治ヲ傷ケス又三名ノ候補者共ニ内務大臣ニ於テ選任ス可カラスト認ルトキハ、再選挙ヲ命シ又再選挙ニシテ猶ホ同様ナルトキノ処分法モ備ハリ、始メテ全キヲ得ヘシト思考ス[61]

元老院に提出された市制案では、「市長ノ任期ハ十二年トシ内務大臣上奏シテ之ヲ選任ス但内務大臣ハ市会ヲシテ候補者三名ヲ推薦セシメ其中ニ就テ之ヲ選任スルコトヲ得」とされていたのを、元老院調査委員による修正案では「市長ノ任期ハ六年トシ内務大臣ハ市会ヲシテ候補者三名ヲ推薦セシメ其中ニ就キ上奏シテ之ヲ選任ス」として[62]、市会から市長候補者三名を推薦させるようにした。加藤は、この修正案を支持しながらも、内務大臣によって候補者が拒否された後も市会が再度候補者を出せることを追記すべきだとしたのである。結局、元老院において加藤の意見は容れられなかったが、市制成案には反映された。その経緯を『公爵山県有朋伝』は以下のように伝えている。「然るに、地方自治制の編纂綱領案は、元老院に於て、多少修正された後、大体原案の内容で決定されたのであったが、其の決議が今回は閣議に於て、異議が起こったといふ奇観を呈した。〔中略〕原案に、市町村長は、勿論公選であるが、市長の選任法は、官選にせねばならぬと云ふので、元老院に於ても、之に決定したるに、是も亦た閣議に於て、更に市長をも公選にすべしと云ふ議が出た。公は已むを得ず、閣議に譲歩して、〔中略〕市長は候補者三名を選挙して、其中に就て上奏裁可を仰ぐことに決した[63]」という。市長の選任方法について従来官選論者であった山県が、内務大臣が市会に候補者を出させて上奏裁可を仰ぐという方式に「譲歩」したという点からも察せられるとおり、加藤は市の自治権をより徹底させる方向を採っていたといえるだろう。このような加藤の意見、態度は、明治二十二年（一八八九）二月から三月にかけて元老院で検討された市制の特例に関する審議においても見られる。同法案は、東京、京都、大阪の三都市において市制施行を延期し府知事によって市長の職務を代行させるというものであったが、加藤はこの特例が市制の条文と矛盾することを根拠に法案に反対している（たとえば、市制第一二四条で府県知事が市長に対して懲戒処分を行なうと規定していること）。その反対理由もやはり「自治ノ精神ヲ破ルハ人心ヲ失フノ大ナルモノナリ[64]」ということにあった。

次に、町村長の待遇についての加藤の発言を見たい。町村制草案作成段階において、町村長は名誉職自治の担い手として位置づけられていた。名誉職自治制とは、グナイストとモッセが日本に紹介したもので、井上毅が「グナイスト氏、自治ノ解釈ヲ与ヘテ曰、自治トハ国法ニ従ヒ郡村ニ於テ栄誉官（俸給ナキノ栄誉官）ヲ以テ治務ヲ処弁シ郡村自ラ其費用ヲ弁給スルノ謂ナリ[65]」と説明しているものである。井上は「俸給ナキノ栄誉官」の存在と「郡村自ラ其費用ヲ弁給」することを「自治」の前提としている。

それに対して、加藤は、「一概ニ論断シテ自治体タル町村カ其吏員ニ給料ヲ与フルハ自治ノ精神ニ背クト云フニ至リテハ是レ風習ノ変移ヲ知ラサル速了ノ管見ニシテ道理ノ取ラサル所ナリ[66]」と述べ、一律に町村長を名誉職とすることに反対した。明治維新後の地方制度において、その担い手たちが有給官吏であることを指摘し、一転して無給化することは「風習ノ変移」に反すると批判しており、ひとまずは無給制を例外的に行なうべきだとしている。それは、「画一ナラサル制度習慣ハ其儘ニ保続シ故ラニ変動セサルコソ自治制度ヲ実施スル上ノ妙所[67]」として、各自治体の状況に即した法令を施行すべきであるという、加藤の基本的な姿勢によるものである。

また加藤は、町村長が就任辞退を申し出た場合の「裁制」を設けることにも反対した。行政組織の末端として地方自治体を円滑に組織することをねらった名誉職自治制というよりは、各自治体の状況に柔軟に対応し、自治体の自律性を確保する法令として市制・町村制を志向していたことがわかるであろう。ちなみに、加藤の意見に賛同した議官は、ともに明六社の「同志」であった津田真道や神田孝平らであった。彼らもまた、上から自治制を強制するのではなく、あくまで「自治」の担い手の自主性を尊重しようとしていたのである。

では加藤の言うように、町村が有給で議員や官吏を雇うことは可能だったのだろうか。当時、町村は全国でおよそ一万五千もあり、大半が財政基盤も無きに等しいほど貧弱な団体であった。名誉職自治制導入には、こうした背景があったのである。現に、町村の財源をいかに確保するかということは、明治政府の大きな課題であった。井上毅は町村が経済的に自立するために町村合併を進めようとしていたし、明治二十一年に黒田内閣の農商務大臣として入閣した井上馨もこの問題を取り上げ、同年十月五日に自治制研究会を立ち上げた。彼は、「中等以上財産家を結合」し「保守的団結」を図ることで、「地方自治の基本」を固めようとした。さらに、井上は米国流の「大農論」を展開し、農業の合理化とそれによる富裕な農民の創出をはかる計画を立て、農商工議会（同月八日閣議提出、十三日決定）の設置に尽力した[68]。彼のねらいは、自治党を設立したことからもわかるように、地方の富裕層を「自治」に取り込むことにあった。井上に比して、加藤の自治論が経済的視点を欠いており、現実性を帯びていないことがわかる。一方でそれは、日本では未成熟であった「人民」の「自由」＝「強者ノ権利」を確立するためにこそ「自治」が必要であるとした加藤の熱意と表裏一体の関係にあった。

国家の統治と「自治」の構造

前項で明らかにしたように、加藤は、「人民」の「自由」を保護するものとして「自治」を位置づけ、元老院審議において、市長の選任方法や町村長の待遇について、市町村の「自治」を貫徹させる志向をもって発言していた。そのような自治体は、いかに国家に位置づけられるのか。それは、統治権と自治権の関係という問題にも還元できよう。

まず、府県制・郡制審議における加藤の発言を見てみよう。府県制・郡制は、明治二十一年（一八八八）十月八日から十一月三十日にかけて、元老院で審議されたが、廃案説が相次ぎ十二月八日、総理大臣に返戻された。この審議では、逐条審議は行なわれず、府県を自治体と見るか否かに議論が終始している。加藤は、府県制・郡制の実施を「人民トノ約束」であるとして、施行賛成の立場を採り、その理由を以下のように説明している。

〔府県制・郡制が実施されたら〕財産ヲ有シ知識ヲ備フル所ノ有力ナル人物コソ議員タルノ地位ヲ占メン、此等ノ人民ハ国家ト休戚ヲ共ニスルモノニテ、随テ会社ノ秩序ヲ重ンスルハ当然ナルカ故ニ、其地方共同事務ヲ処理スルニ力ヲ致シ、今日ノ如ク漫ニ架空論ヲ唱ヘテ天下ノ大政ヲ議スルノ弊ヲ一掃セン（中略）、此ノ如キ老政着実ノ人士ガ帝国議会ヲ組織スルニ至ラハ、其議事ハ円滑ニ運ヒ政府ト議会トノ軋轢ヲ見ル無ク、随テ国権ヲ危フスルノ処ナク上下共同シテ国富ヲ増進シ、帝国ノ安寧ヲ永遠ニ保維シ、以テ神武天皇以来未曾有ノ鴻業タル立憲政体興立ノ美果ヲ国会開設ノ上ニ見ンコトハ期シテ待ツ可キナリ(69)

右の引用によれば、府県制・郡制が実施された場合、「財産」と「智識」を有する「老政着実ノ人士」が議員として自治制度の担い手となり、「会社ノ秩序」（社会の秩序）を保持することになるという。そして、このような「老政着実」な人物がいずれ帝国議会を組織することで、「上下共同」しての国家運営が可能になるという見通しを述べている。加藤は、地方議会（自治制度）を基盤とすることで、「立憲政体興立ノ美果」をみることができるとしているのである。

それに対して、府県制・郡制実施に反対したのは井上毅である。彼は、明治二十一年十二月十日「自治制ニ関スル演説」を行ない、元老院から内閣へ府県制・郡制草案が返戻された後、その草案とは別に新たに作成された「法制局調査委員案」（明治二十二年五月作成）に自身の意向を反映させた。同案の特徴は、府県の法人格の否定、府県会の議決権限の制限などが明記されている点である。とくに府県会の権限に対する井上の姿勢は、以下の史料によく表れている。

第一　府県会ハ其府県ヲ代表スルモノタルトキハ、府県会ハ明カニ府県知事ノ諮問ノ府ニ非スシテ、其ノ府県ノ最上権ヲ有スルモノナリ、而シテ府知事ハ降テ単ニ其ノ執行者タルニ過キス〔以下略〕
第七第八第九　府知事ハ府県参事会ノ議長トシテ之ヲ代表スルモ、其議決ノ勢力ニ至リテハ参事会ノ一人タルニ過キス、而シテ参事会組織ノ多数ハ（三分ノ二）府県会ヨリ撰挙サレタル名誉職参事会員ノ占ムル所タリ、是レ行政上ニ於テモ勢力ノ過半ハ既ニ府県会ノ手中ニ落チタルナリ(70)

井上は、府県制・郡制草案の逐条ごとの意見を箇条書きにし、そこで、府県会が府県の『最上権」を持つことに対する不安と、府県会に「行政上」の「勢力」を奪われる危機感とを記している。井上は、府県・郡を自治体としてではなく行政体として位置づけ、府県会・郡会の権限を極力抑えることを訴えたのである。以上のような井上の考えを反映した「法制局調査委員案」を基本的に踏襲するかたちで、最終的に府県制・郡制が成立した。

一方で加藤は、「老成着実ノ人士」を府県自治を通して育成し、将来的に彼らを帝国議会の議員とすることで「立憲政体ノ美果」を実現しようとしており、統治権に与る議会と自治権を行使する地方自治体を、地方議会から帝国議会へと進出する「老成着実ノ人士」で媒介しようとしたのである。この点では、「着実な保守的人材が地方自治制の階梯を登り国会へ集結する可能性(71)」に期待をかけていた山県有朋の自治論に近いといえよう。

それでは、加藤における「自治」とは、単に地方議会と国会を「老政着実ノ人士」に担当させることで個人の「自由」を育成する仕組みとして必要とされたものであったのだろうか。

町村の監督権に関する審議をみてみよう。加藤は、町村の監督権をすべて一律に内務大臣に委任するべきであるとしている。案において「町村ノ行政ノ監督ハ人口五千未満ノ町村ニ於テハ第一次ニ於テ郡長之ヲ行ヒ第二次ニ於テ府県知事之ヲ行フ之ヲ終局トス」とし、人口一万人以上の町村は、郡長—府県知事—内務大臣が監督するとしていたのを、調査委員会案では、町村の大小にかかわらず、一律に郡長—府県知事—内務大臣にすべきであるとした。加藤は、調査委員会の修正案を支持して、以下のように述べている。

町村監督ノ権ハ内務大臣以下ニ委任セラル、等軽重ノ分アルヲ明カニセハ、人民其向フ所ヲ知リ、町村ノ自治ハ立憲政体ノ基礎ニシテ其自治ヲ許シ玉フ条例ナレハ、陛下ノ親ラ裁セラル、ノ忝ナキヲ奉体セン(72)

右の引用によれば、監督権の階層を明らかにすることで「人民其向フ所ヲ知」るという。「其向フ所」とは、自治を「許シ玉フ」た「陛下」である。天皇—内務大臣—府県—町村という「権」の階層を明文化することで、「権」の本源を明らかにすることを主張したのである。ここでいう「権」とは、「自由論」でいうところの「法律上」の「権利」と同義だと思われる。つまり加藤における「自治」論は、個人の「自由」を進化させながらもそれを国家の統治構造に取り込むという目的を有した「自由」論に基づくものであった。

最後に、加藤が以上のような「自治」論を展開した背景に触れておこう。加藤は、自治体の自主性を尊重し、町村のみならず府県・郡にまで「自治」の範囲を広げようとしたが、それは以下のような同時代認識があったからである。

国体ニ関スト云フ論者ニ対シテ陳ヘンニ、先日モ述フル如ク、詰リ論者ハ議院政治ニ陥リ天皇陛下ノ大権ヲ犯スニ至ルトノ心配ナルヘキモ、是レ誤レル考ト謂フヘシ、元来昔通リノ国体ニシテ置クノ主義ナレハ、市町村ニ自治ヲ与フルノ道理ナシ、又憲法ヲ制定シテ国会ヲ開クハ已ニ十年前ニ詔勅アリ、是レコソ大ニ国体ヲ一変スルモノニシテ、郡府県制ノ小ナルモノノニ非ス(73)

ここで加藤は、明治十四年（一八八二）の国会開設の勅諭によって、旧来の「国体」を立憲政体に転じたという認識を抱いていたことがわかる。明治二十年段階における加藤が捉えた明治国家とは、立憲政体樹立の方向性を歩み、それを下支えするために市町村の「自治」を認めようとするものであった。

「強者ノ権利」論の展開

本章では、『人権新説』執筆後の加藤弘之の国家思想の展開について、「自由」論と「自治」論を中心に検討した。具体的には、「思想」の「無政府」、そして「政治の季節」と称された時代に、加藤が東京大学綜理時代に構想した草稿「自由論」を用いて、「強者ノ権利」である「自由」と「国家法制」によって与えられる「権利」の進化がいかに構想されたか、とくに治者と被治者の関係を中心に考察した。

その概要を述べれば、まず、治者と被治者の「自由」の進化は、三つの時代に分けることができ、治者、被治者という概念のない集団の時代、「最強者」が出現し強暴な「強者ノ権利」によって国家を創始し被治者を支配する時代、そして「強者ノ権利」を発揮できる者が被治者のなかから現れ、政権を担う時代である。二番目の時代には「擅制君主制」が成立し、神権・父権によってその権威を高めるが、三番目の時代に至り、新たな「強者ノ権利」を持つ「上等平民」などが現れ君主とともに統治に参与する。ここに立憲君主制が成立する。

英国の立憲君主制を最も理想的な「自由」の進化が実現された時代にふさわしい政体とする加藤にとって、英国のように「公事上ノ権力」と「私事上ノ権力」の双方が進化し、「邦国」の秩序が確立することこそ、理想的な「自由」＝「強者ノ権利」の進化であった。この理想像を支える法則が〈優勝劣敗〉であった。加藤は〈優勝劣敗〉の法則に基づき、個人の「実際上ノ自由」としての「私事上ノ権力」が十分なものに進化したとき、国家はそれを「法律上ノ権利」として認め、治者にとり込むべきだとした。

そのような理想像に比して、同時代の日本は、個人の「私事上ノ権力」の獲得が立ち遅れているものとして捉えられた。そこで、「私事上ノ権力」と「公事上ノ権力」の双方を維持発展させるものとして、「自治」が必要とされた。元老院の地方自治制度の審議において、加藤は自治制を「人民ノ権利自由ヲ伸長スルノ法」として位置づけ、その視点から議論を展開した。市長の選任方法、町村長の待遇について、「自治」の貫徹を図る方向性をもって意見を述べている。また、府県制・郡制施行賛成論の立場を採り、府県会によって「老成着実ノ人士」に政治的鍛錬を積ませ、来る帝国議会の担い手とすることを目指した。彼らによって「立憲政体ノ美果」が実現するというのである。

しかし、加藤における「自治」論は、地方名望家層に政治的経験を積ませて「立憲政体ノ美果」を獲得するという実際的な目的のみを有するものではなかった。市制・町村制の審議において、加藤は町村の監督権を内務大臣をとおして天皇に一律に統合することで、天皇を頂点とする統治権の体系を確立させようとしたのである。これは、『人権新説』以来の進化論に基づいた権利論に沿うものであった。すなわち、「最強者」=「最大優者」によって国家が創始され、そこから「権利」が分け与えられるとした権利論である。

以上のような『人権新説』以来の〈優勝劣敗〉の法則を基礎にもつ「自由」論と「自治」論は、政党政治化を警戒して自治を制限する井上毅とは異なり、また、行政機構の末端として地方を位置づけようとした山県有朋の構想とも異なり、あくまで立憲制下の議会政治と地方自治によって個人の「自由」の伸長と国家統治の盤石化の双方を実現しようとするものであった。

ここには、ブルンチュリから学んだ国家主義と進化論から学んだ漸進主義とが併せて通底しており、立憲君主制を支える国家思想の構築という目的が貫かれている。明治十年代後半から明治憲法制定前まで、加藤は、進化論に基づいて「自由」の進歩とともに国家の秩序の維持を目指す国家思想を深化させたのである。

加藤の議論は、激化した自由民権運動に対して、まずは「民権」を得るにふさわしい実力を蓄えて、漸進的に「民権」を獲得するよう促すねらいをもったものであったといえよう。一方で、明治十八年の内閣制度成立以来、行政国家としての側面を強くし、自治体にも行政機関の末端としての位置づけを与えて厳しく統制しようとした明治政府に対しては、「人民」の「自由」の進化と「自治」に期待を寄せる立場から異を唱えるものであった。こうして、加藤と「政治の季節」の主役である「明治の青年」たちが協働する思想的素地と政治的前提が出来上がったのである

註

（1）一八八七年八月十八日付石坂ミナ宛北村透谷書簡（『北村透谷全集』第三巻、岩波書店、一九六四年）一六七～一六八頁。ただし解題によると、この書簡は一九〇二年版『透谷全集』に収録されているが、原本が見つかっていない。
（2）坪内逍遥『当世書生気質』第八号（晩青堂、一八八五～一八八六年）七一丁表～七二丁裏。
（3）坪内逍遥『京わらんべ』（日野書館、一八八六年）五八頁。
（4）山路愛山『基督教評論・日本人民史』（岩波文庫、一九六六年）七五～七七頁。初出は『独立評論』第一号（一九〇三年一月）から五回にわたって掲載された論説である。
（5）同前、七七頁。
（6）武田清子『植村正久――その思想史的考察』（教文館、二〇〇一年）一二七頁。
（7）小崎弘道『政教新論』（警醒社、一八八六年）九〇～九一頁。
（8）同前、一〇九～一一〇頁。
（9）中野目徹『政教社の研究』（思文閣出版、一九九三年）第二章・第三章参照。
（10）同前、八三頁。
（11）徳富蘇峰の社会進化論思想については、和田守『近代日本と徳富蘇峰』（御茶の水書房、一九九〇年）、有山輝雄『徳富蘇峰と国民新聞』（吉川弘文館、一九九二年）参照。
（12）徳富蘇峰『将来之日本』（『徳富蘇峰集』明治文学全集34、筑摩書房、一九七四年）一一〇～一一二頁（初出は徳富猪一郎『将来之日本』経済雑誌社、一八八六年）。

(13) 三宅雪嶺『大学今昔譚』(我観社、一九四六年)一三二～一三七頁。
(14) 本間長世「社会進化論とアメリカ」(後藤昭次訳・本間長世解説『社会進化論』アメリカ古典文庫20、研究社、一九七五年)一九頁。
(15) レスタル・ワード著・三宅雄二郎講述『社会学』(文海堂、一八八八年)二四～二七頁。
(16) 同前、三二～三三頁。
(17) 加藤弘之『人権新説』(谷山楼、一八八二年)一二三頁。
(18) 坂本一登『伊藤博文と明治国家形成――「宮中」の制度化と立憲制の導入』(吉川弘文館、一九九一年)六頁。
(19) 東京大学百年史編集委員会『東京大学百年史 通史一』(東京大学出版会、一九八四年)七八三頁。
(20) 瀧井一博『ドイツ国家と明治国制』(ミネルヴァ書房、一九九九年)二〇五頁。
(21) 前掲『東京大学百年史 通史一』七九〇頁。
(22) 木村匡編『森先生伝』(金港堂、一八九九年)一四二～一四三頁。
(23) 加藤弘之『加藤弘之自伝』(私家版、一九一三年)四四頁。
(24) 加藤弘之「経歴談」(『太陽』第二巻第七号、一八九六年)一二五頁。
(25) 日本学士院『日本学士院八十年史』本文編(日本学士院、一九六一年)一八五～一八六頁。
(26) 前掲三宅『大学今昔譚』六〇頁。
(27) 明治八年(一八七五)前後の加藤の侍読就任から元老院議官転出の時期の立憲政体論に関しては、中野目徹「洋学者と明治天皇」(沼田哲編『明治天皇と政治家群像――近代国家形成の推進者たち』吉川弘文館、二〇〇二年)に詳しい。
(28) 尾崎三良『尾崎三郎自叙略伝』中巻(中央公論社、一九七七年)一一二頁。
(29) 角田茂「太政官制・内閣制下の元老院」(『史叢』第二一号、一九七七年)一四〇頁。なお、当該期の元老院議官の政治思想に関しては、とくに津田真道の軍事論を中心に、尾原宏之『軍事と公論――元老院の政治思想』(慶應義塾大学出版会、二〇一三年)に詳しい。
(30) 川口暁弘『明治憲法欽定史』(北海道大学出版会、二〇〇七年)三四六頁。
(31) 「元老院章程ニ関スル意見書」(国立公文書館所蔵「元老院会議部書類」単一七三五)。
(32) 前掲川口『明治憲法欽定史』三四七頁。
(33) 「加藤弘之日記」明治十六年一月二十四日条(東京大学文書館所蔵「加藤弘之関係資料」I―一二)。

(34) 大久保利謙監修『加藤弘之文書』第一巻・第二巻（同朋舎出版、一九九〇年）所収の明治十六年以降の「自由」に関する草稿は以下のとおりである。①「自由権之進化 材料一」同十五年起稿か、②「自由進化史 草稿」同十六年七月一日起稿、③「自由権之進化」執筆年月日不明、④「自由史（自由之進化）草稿第一」同十六年七月三十日起稿同年十月六日脱稿、「自由之進化 草稿第二」同年十月六日起稿同年十一月十五日脱稿、「自由権之進化 草稿第三」同年十一月十六日起稿同年十二月九日脱稿か、「自由史 草稿第四」起稿日不明同十七年四月八日脱稿か、「自由史ノ内 各個人ノ欠乏」同年八月十日起稿同年八月二十七日脱稿、「自由史ノ内 貴賤尊卑ノ別（第一）」同年八月三十一日起稿同年十月十五日脱稿、⑤「自由史 一」同年十一月二十六日起稿同年三月七日脱稿、「自由史 二」同年三月八日起稿、「自由史 三」同年四月五日起稿同年四月十七日脱稿、「自由史 四」同年五月十八日起稿同年八月九日脱稿、⑥「自由論一〜七」十八年五月十六日起稿、未完のため脱稿の日付はないが、明治十九年三月二日に「自由論 七」を起稿しており、ほどなくして中断している（吉田曠二・福嶋寛隆ら「解題」）。

(35) 加藤弘之「自由史 草稿第一 自由之進化」（前掲『加藤弘之文書』第一巻）四四二頁。

(36) 加藤弘之「自由権之進化材料第一」（同前）三九八頁。

(37) 同前。

(38) 加藤弘之「自由論」（前掲『加藤弘之文書』第二巻）一九三頁。

(39) 加藤弘之「自由論 二」（同前）二六九頁。

(40) 同前、二七五〜二七六頁。

(41) 加藤弘之「自由論 三—2」（同前）三三二頁。

(42) 同前、三三八頁。

(43) 同前、三四一〜三四七頁。

(44) 同前、三四七頁。

(45) 同前、三四八頁。

(46)「上等平民」については本書前章参照。

(47) 加藤弘之「自由論 六」（前掲『加藤文書』第二巻）四五六頁。

(48) 山田央子「ブルンチュリと近代日本政治思想」下（『東京都立大学法学会雑誌』第三三巻一号、一九九二年）二四四〜二五一頁。

(49) 前掲加藤「自由論 六」四六五頁。
(50) 同前、四五八頁。
(51) 大井憲太郎『自由略論』(松本三之介編『明治思想集I』近代日本思想大系30、筑摩書房、一九七六年)四〇二頁(初出は鍾美堂、一八八九年)。
(52) 加藤弘之「自由論 五」(前掲『加藤文書』第二巻)四一〇頁。
(53) 同前、四一一頁。
(54) 同前。
(55) 中江兆民『三酔人経綸問答』(『三酔人経綸問答』岩波文庫、一九六五年)一九五頁(初出は中江篤介『三酔人経綸問答』集成社、一八八七年)。
(56) 加藤弘之「立憲政体と自治制度」(『東京学士会院雑誌』第一二編第三号、一八九〇年四月。後に『天則』第二編第三号、一八九〇年五月に再掲載)。
(57) 同前、一一七頁。
(58) 地方自治制度に関しては、御厨貴『明治国家形成と地方経営』(東京大学出版会、一九八〇年)、同『首都計画の政治——形成期明治国家の実像』(山川出版社、一九八四年)、長井純市「山県有朋と地方自治制度確立事業——明治二一年の洋行を中心として」(『史学雑誌』第一〇〇編第四号、一九九一年)、同「山県有朋と地方自治制度確立事業——地方債構想を中心に」(『日本歴史』第五三五号、一九九二年)、山中永之佑「大日本帝国憲法の制定と地方自治」(『近代日本地方自治立法資料集成』第二巻、弘文堂、一九九四年)、居石正和『府県制成立過程の研究』(法律文化社、二〇一〇年)参照。
(59) 同前山中「大日本帝国憲法の制定と地方自治」九〜一一頁。
(60) 「町村制」(明治法制経済史研究所編『元老院会議筆記』第二九巻、元老院会議筆記刊行会、一九八四年)三六〇頁。
(61) 「市制」(『元老院会議筆記』第二八巻、一九八三年)二〇〇頁。
(62) 同前、一八〇頁。
(63) 徳富蘇峰『公爵山県有朋伝』上巻(山県有朋公記念事業会、一九三三年)一〇一六頁。
(64) 「東京市京都大阪市長其他吏員及区ニ関スル件」(『元老院会議筆記』第三四巻、一九八九年)三六七頁
(65) 井上毅「地方政治改良意見案」(井上毅伝記編纂委員会編『井上毅伝』第一巻、國學院大學図書館、一九六六年)四八五頁。

(66) 前掲「町村制」四四五頁。
(67) 同前、三六八頁。
(68) 井上馨侯伝記編纂会編『世外井上公伝』第四巻（内外書籍、一九三四年）五二～六一頁。
(69) 「郡制・府県制」（『元老院会議筆記』第三三巻、一九八八年）一九六頁。
(70) 「府県制ニ対スルノ杞憂」明治二十一年十月五日（伊藤博文編『秘書類纂 法制関係資料 下』秘書類纂刊行会、一九三四年）二九三～二九六頁。
(71) 前掲御厨『明治国家形成と地方経営』二三〇頁。
(72) 前掲「町村制」五二〇頁。
(73) 前掲「郡制・府県制」二六一頁。

第四章　明治国家の確立と〈天則〉の主張

第一節　明治憲法制定と進化論

「科学」としての進化論

石川千代松が留学先のドイツから帰国し『進化新論』を出版したのは、明治二十四年（一八九一）のことである。石川は幕府目付役を勤める父のもとで本草学や博物学に親しみ、維新後は外国語学校、開成学校予科（後に大学予備門）に進学した。少年時代から植物や動物に興味を抱いていた石川の父の同僚には加藤弘之がおり、大学予備門時代にはモースを師と仰ぎ、予備門生ながら「先生の教室へ出入する事を許されてい居」[1]たという。東京大学では理学部に進学しホイットマン（Charles O. Whitman）の下で動物学を修めた。明治十五年、同大学を卒業し、翌年助教授に就任し、同十八年、ドイツのフライブルク大学に留学し、ヴァイスマンの下で研究を続けた。ヴァイスマンは獲得形質の遺伝を否定し自然選択説を採ったダーウィン進化論者であった。石川は四年間の滞欧を経て明治二十二年に帰国し、翌年帝国大学農科大学教授に就任した。

翌々年に出版した『進化新論』は、ダーウィン、ヘッケル、ヴァイスマン、ハクスリー、ウォレス（Alfred R. Wallace）らの著書を参考文献として、最先端の生物進化理論を説くものであった。図6のように、自然界における「自然淘汰」や「雌雄淘汰」、「遺伝」について論じるとともに、最後に「自然ニ於ケル人類ノ位置」の

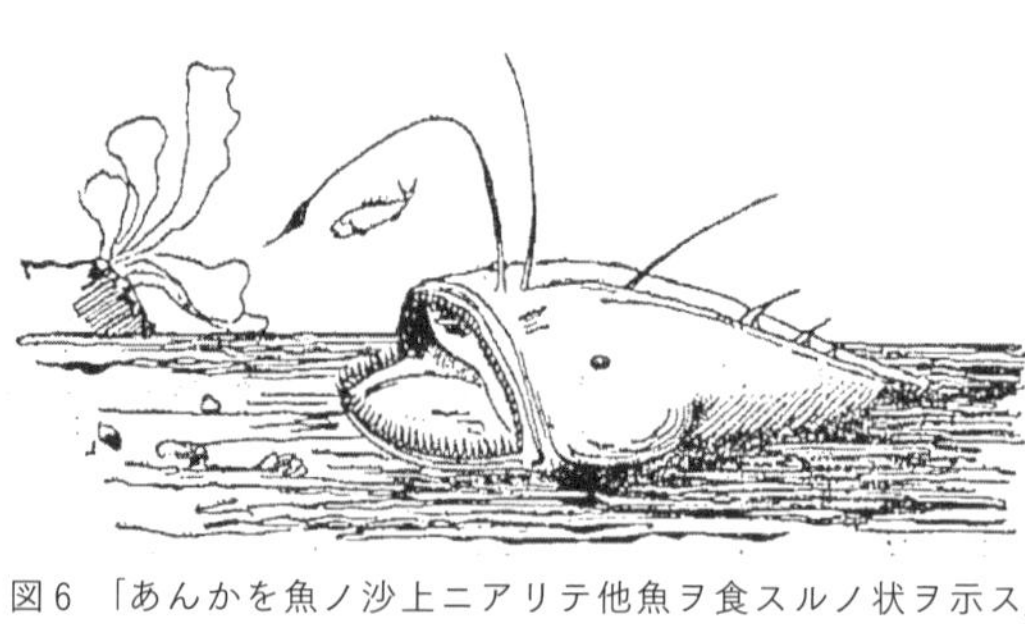

図6「あんかを魚ノ沙上ニアリテ他魚ヲ食スルノ状ヲ示ス」
（『進化新論』107頁）

章を設け、痕跡器官の存在と反復説（図7参照）を基に、人類が哺乳類の一種として「猿猴類ノ祖先[2]」と同一の祖先から進化してきたこと（図8参照）を説明している。同時期、東京帝国大学理科大学ではイエール大学等に留学経験をもつ箕作佳吉が動物学の教授を務め、初代植物学教授の矢田部良吉がモースとともに東京生物学会を創設し、明治二十六年には坪井正五郎が初代人類学教授に就任した。近代日本においてはまず社会理論として受容された進化論であったが、ドイツ留学を経た石川らによって明治憲法制定後は自然科学の分野でも定着することになり、日本においても人間はサルと祖先を同じくする生物の一種として自然科学の分析対象となった。

有賀長雄の『国家学』

開成学校時代の同期生として石川と親交を深めていたのが、有賀長雄であった。ふたりはその他の明治九年開成学校入学者とともに戊寅会という会を結成した。同会には、隈本有尚、関直彦、三崎亀之助、岡山兼吉、渡辺安積、そして石川、有賀らが集い、それぞれの専門分野を生かした討論会を開き、有賀はカントについて、石川は遺伝について論題を提起したことがあったという[3]。本書第一章第三節で述べたように、有賀もモースやフェノロサの影響を受けて、とくにスペンサーの社会進化論を受容していた。石川が『進化新論』を刊行する二年前、すなわち同二十二年一月に有賀もまた『国家学』という新著を上梓していた。明治憲法制定直前に刊行された同書によって、当該期における社会進化論思想の展開の一端を知ることができる。

同書は有賀独自の説を述べたものというよりは欧州の学者の説に沿ったものだという。このとき有賀が参考にしたのは、ブルンチュリとシュタイン（Lorenz Stein）であった。双方ともに国家有機体説論者であり、ブルンチュリは加藤弘之が明治天皇に講義した『国法汎論』の原著者であり、シュタインは「シュタイン詣で」の言葉にあるように伊藤博文や谷干城、藤波言忠らが憲法作成や国家運営に関して教えを乞うた人物である。[4]

『国家学』の最大の特徴は、スペンサー社会進化論の限界をシュタインらの国家学で乗り越えようとしている点である。[5] 具体的には、スペンサーにおいて厳密な意味で国家と社会の区別がなされていないことから、国家と社会を区別し国家の特殊性を明らかにすることが目指された。国家の起源に関しては、民約説と征服説を否定し、社会が進化したものとされた。これは本書第一章第三節において明らかにしたように『社会進化論』でも主張されていた。

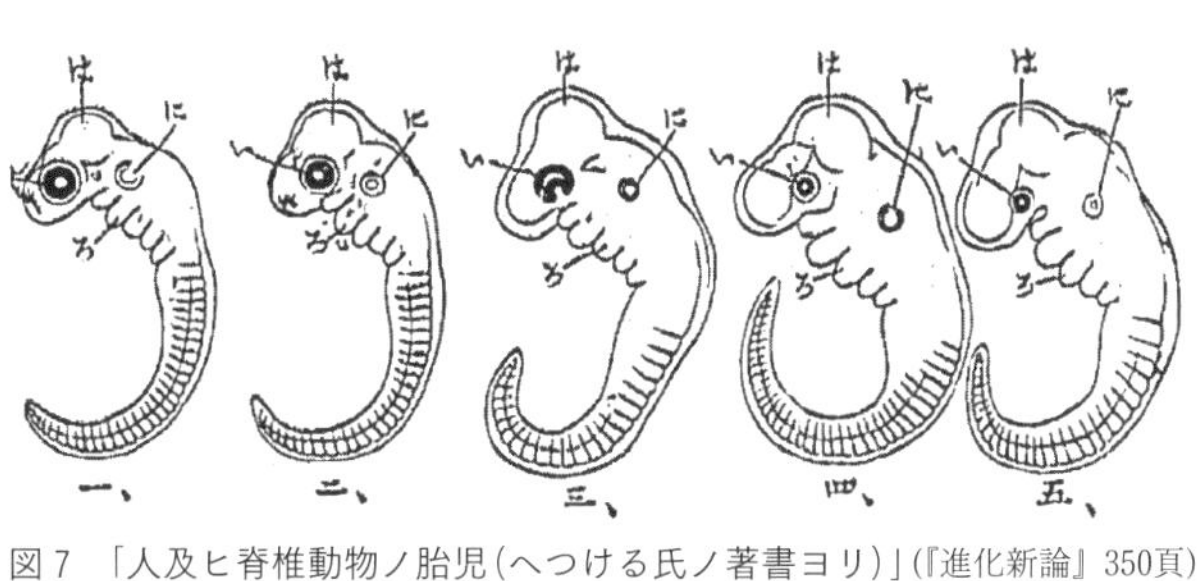

図7　「人及ヒ脊椎動物ノ胎児（へつける氏ノ著書ヨリ）」（『進化新論』350頁）

『国家学』ではさらに、国家と社会の違いについて以下のように述べられている。ブルンチュリの国家有機体説にしたがって「国家ハ人民ノ覚知思念ヲ取テ法律トシテ之ヲ明言スルノ神識アリ、事業トシテ之ヲ実行スルノ勢力アル一ノ偉体ナリ」[6]とされた。また、強い者が弱い者を「使役」することで成り立つ社会を支える原理が「不同等」であるのに対して、国家は「各一個人ヲ同様ニ補助スヘキ者ナリ、各一個人ノ生活ノ発達ヲ一様ニ計ルベキ者」であり、「同等」が「国家ノ原理」だという。さらに、社会が単なる個人の集合であるのに対して、国家は「法人」として「特別ノ意志」を有するものであり、「衆人ニ対シテ一様公平一施政スル特別ノ機関」と「法律」[7]を備えていると述べた。以上のように国家と社会は性質を異にするので、その方向性がときに「齟齬」することがあるという。それは、社会の一部の「等族」が政権を独占するなど「国家ガ社会ノ為ニ籠絡セラレテ其真面目ヲ完ウスルコトヲ得ザル」[8]状態すなわち「圧制」という現象を指す。それはシュタインの著

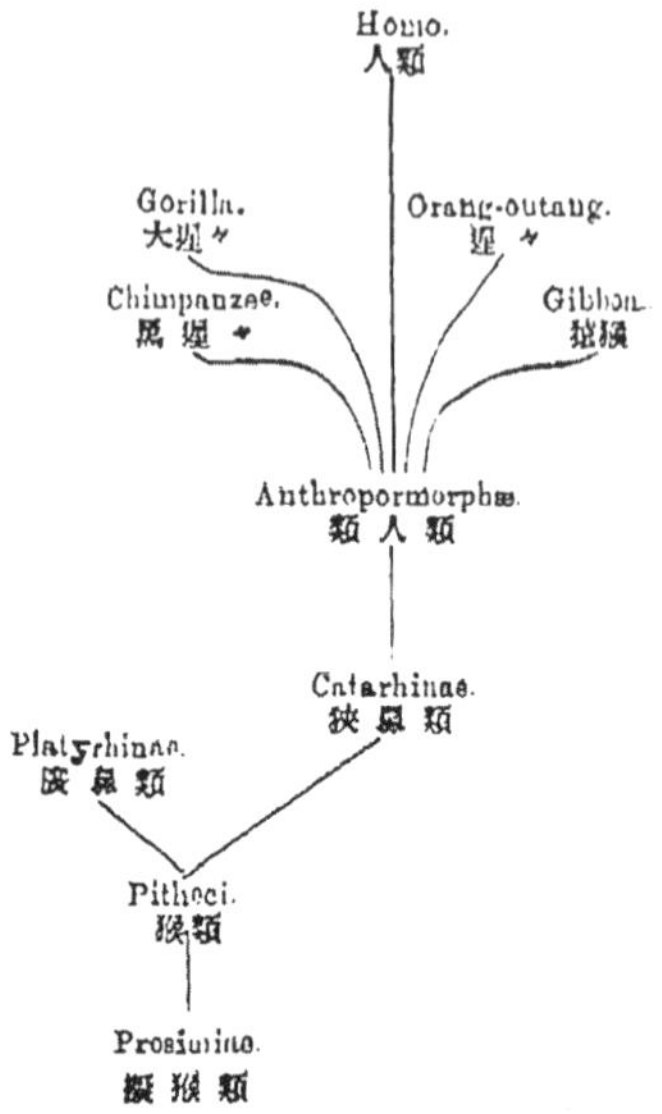

図8　人類進化の樹形図（『進化新論』356頁）

書にある「政治上ノ無自由即チ圧制ナル者ハ社会ノ或ル格段ナル等族ニ於テ国家ノ権力ヲ専有スルヨリ起ルコトナリ」[9]という言葉にも表れている。このような状態を避けるために、「社会ノ原理」を「斟酌」した「国家ノ編成」をなすことで「国家ノ生活ノ発達即チ進歩」[10]を目指すべきだという。有賀は、スペンサーの社会進化論を受容しながらも、ドイツ留学後の明治二十年代前半においては、「不同等」を原理とする社会を国家にいかに取り込むかという点に着眼しはじめていた。社会における「人民ノ意志」を国家統治に反映させる仕組みを有するのが立憲国家であり、その「斟酌」の「原則」を定めるものこそ「憲法」であった。[11]『国家学』が刊行された翌月、大日本帝国憲法が発布された。

スペンサーの「保守的」な忠告

その五カ月後、明治憲法と『憲法義解』（英訳）は太平洋を航行する船上のある人物の手元にあった。金子堅太郎である。[12]

金子も、有賀と同じくスペンサーの社会進化論を受容したひとりである。[13]若き日の金子は、ハーバード大学でスペンサー哲学の研究をしていたフィスク（John Fiske）の下で法学を学んだこともあり、社会進化論を知悉していた。金子は伊藤博文のもとで井上毅や伊東巳代治らとともに憲法制定に携わり、憲法発布後はその内容をアメリカとヨーロッパ諸国の学者や政治家に紹介する命を受け、七月二十一日に横浜港を出立した。アメリカを経てヨーロッパに渡った金子は一八九〇年三月二日、ロンドンにてスペンサーと面会し、社会進化論に則った憲法を制定したと報告すると、スペンサーはそれを歓迎したが、後に改めて書簡を寄越し「自由の大盤振舞い」として批判したという[14]。なぜなら、日本の家族制度を顧みていないからだという。そして日本では家長が唯一の選挙人となることで政治における急躁過激な変化を排することができると付け加えたらしい。要するにスペンサーからすれば、当時の日本の社会は議会制度を運用するほど進化していないように見えたのである。

金子はさらにその二年後の一八九二年、スイスのジュネーブで開催される国際公法会に出席するため、アメリカを経てヨーロッパに渡航した。イギリスに立ち寄った金子はスペンサーとの接触を試みたが、このときスペンサーは避暑に出かけており、会うことはかなわなかった。そこで書簡によって意見を交換することとなったが、同年八月二十六日付のスペンサーの書簡には、日本が欧米諸国との間で進めていた条約改正交渉に対して、外国人には土地所有権を与えないことなどの具体的な忠告が記されていた。同書簡の末尾には「貴下ハ老生ノ勧告カ総ヘテノ方面ニ於テ極メテ保守的ノモノナルコトヲ看取セラルヘシ〔中略〕極力外国人種ヲ其ノ手ノ届カサル距離ニ遠サケ敢テ之ヲ近クルコト勿レ[15]」とあり、スペンサーは意識して「保守的」な忠告を行なっていたことがわかる。

以上のように、明治二十二年に明治憲法が発布された頃、進化論は生物進化論としても社会進化論としても東京大学出身者たちによって本格的な著作が発表され、我が国の思想界、学界に定着していったが、社会進化論に拠ることで、社会はまさに生物のごとく変化し続ける統御しがたいものとして認識されるようになり、それを国家にいかに取り込むかという課題が浮上しつつあった。有賀においては、その「原理」を定めるものとして「憲法」が重視されたが、彼が参考にした当のスペンサー本人は、明治憲法は日本にとっては進みすぎたものだという「保守的」な忠告をしていたのである。

第二節　雑誌『天則』の創刊

加藤弘之による政論雑誌の創刊

明治十五年の『人権新説』出版と天賦人権論争から約十年、明治二十六年(一八九三)、加藤弘之は『強者の権利の競争』を日独両文で刊行した。同書は日本国内にとどまらず、ドイツにおいても、加藤自身が私淑していた社会学者グンプロヴィチ(Ludwig Gumplowicz)らから書評を寄せられるなど話題を呼んだ。[16]

ここで着目すべきは、『人権新説』から『強者の権利の競争』にいたるまでの約十年間における加藤の思想の展開である。この間にあっては、草稿「自由論」(一八八三〜八六年頃)の執筆と雑誌『天則』(一八八九年三月十七日〜一八九六年六月十一日、全八八号)の発行が注目される。興味深いのは、加藤にとって思想の錬成期ともいえる同時期は、大日本帝国憲法制定と議会開設など、明治国家における天皇主権と臣民の権利に関する法制度の整備が格段に進んだ時期だったことである。こうした時期に加藤は元老院議官、帝国大学総長、貴族院議員を歴任し、いわゆる明治国家体制の確立の一端を支える立場にあった。筆者は、前章において、草稿「自由論」と元老院会議における発言の分析をとおして、明治憲法制定直前における加藤の〈優勝劣敗〉の思想に基づいた国家思想のなかでも「自治」論の一端を明らかにした。[17]そこで本章では、雑誌『天則』に着目し、加藤はなぜこの時期に雑誌を発行したのか、誌名に込められた意味は何だったのか、それらの問題を明らかにすることをとおして当該期の加藤の社会進化論思想の展開を把握することを目的としたい。

『天則』発行期の加藤の思想に関して、吉田曠二氏は『人権新説』から『強者の権利の競争』に至る「橋渡し」[18]の時期とするが、いったい何が接続したのか明らかにされていない。また、田頭慎一郎氏の著書でも、「天則」は「社会学」の基礎概念として簡単に触れられるのみで、明治憲法制定前後の進化論思想の展開としては十分に論究されているとはいいがたい[19]。

一方、かつて渡辺和靖氏は「儒教」と「西洋思想」の関わりにおいて日本の近代思想の成立過程を捉えるという視点から、加藤の『天則』発行期を「朱子学的立場に復帰するかの如き感のある倫理[20]」と進化論としての「天則」の結合を模索する時期だとしている。筆者は『天則』における思想的営為は『人権新説』で提示された進化論に依拠する権利論と統治論の修正過程と捉えているが、その場合の対立軸を「儒教」と「西洋思想」ではなく、むしろ〈天則〉(〈万物法〉が展開したもの）と、進化論からは導き出せないはずの「無窮皇統」、「日本人種」、そして「道徳法律」との関係に求めたうえで、彼の社会進化論に依拠する国家思想の変容の意味を同時代の言論空間に還元しながら、追究してみたいと思う。その際に、社会有機体説の導入が後年の家族国家観展開への契機となるか否かに注目していきたい[21]。

そこでまず、『天則』の雑誌としての性格と特質をメディア史的な視点から検討するところから始めよう。次にそこで展開されている議論を整理するなかで、加藤の国家思想の変容とそこにおける社会有機体説導入が有する思想的意義を明らかにしたいと考えている。

発行の実態

雑誌『天則』は、憲法発布から約一カ月後の明治二十二年（一八八九）三月十七日に加藤弘之によって創刊された月刊の政論雑誌である。途中から加藤の手を離れるが、明治二十九年六月十一日にかけて全八八号が刊行された（表4参照）。

創刊当時、新聞紙条例によって諸雑誌は「政論雑誌」と「学術雑誌」に区分され、「政論雑誌」を発行する場合は内務省（東京府の場合は警視庁、その他の府県の場合は府県庁）に保証金を納めなければならなかった。加藤も日記に「尤新聞条例ニ拠リシ故整理公債券五百円ヲ警視庁ニ納ム[22]」と記している。

表4 『天則』各号の発行年月日

巻	号	西暦(年号)	月	日
1	1	1889(22)	3	17
	2		4	17
	3		5	17
	4		6	17
	5		7	17
	6		8	17
	7		9	17
	8		10	17
	9		11	17
	10		12	17
	11	1890(23)	1	25
	12		2	17
2	1		3	17
	2		4	17
	3		5	17
	4		6	17
3	1		7	17
	2		8	17
	3		9	17
	4		10	17
	5		11	17
	6		12	17
	7	1891(24)	1	17
	8		2	17
	9		3	17
	10		4	17
	11		5	17
	12		6	17
4	1		7	17
	2		8	17
	3		9	17
	4		10	17
	5		11	17
	6		12	17
	7	1892(25)	1	17
	8		2	20
	9		3	17
	10		4	17
	11		5	17
	12		6	17
5	1		7	17
	2		8	17
	3		9	17
	4		10	17
	5		11	17
	6		12	17
	7	1893(26)	1	17
	8		2	17
	9		3	17
	10		4	17
	11		5	17
	12		6	17
6	1		7	17
	2		8	17
	3		9	17
	4		10	17
	5		11	17
	6		12	17
7	1	1894(27)	1	17
	2		2	17
	3		3	17
	4		4	17
	5		5	17
	6		6	17
	7		7	17
	8		8	17
	9		9	17
	10		10	17
	11		11	17
	12		12	17
8	1	1895(28)	1	17
	2		2	11
	3		3	11
	4		4	11
	5		5	11
	6		6	11
	7		7	11
	8		8	11
	9		9	11
	10		10	11
	11		11	11
	12		12	11
9	1	1896(29)	1	11
	2		2	11
	3		3	11
	4		4	11
	5		5	11
	6		6	11

判型は菊判、一冊あたりの頁数は二五〜四五頁程度で、値段は第一編第一号から第二編第四号は三銭五厘、第三編第一号から同編第一二号は七銭五厘、第四編第一号から最終号の第九編第六号まではほ基本的には一冊五銭、ときおり七銭五厘となる場合があった。明治二十年創刊の『哲学会雑誌』は九〇頁で八銭、明治二十三年頃の『東洋学芸雑誌』は六〇頁程度で同じく八銭であることからすると、創刊当初はこれらの学術雑誌の半額以下であった。また、『明治会叢誌』創刊号（一八八八年四月三日）が三〇頁で六銭五厘であったことから考えると、創刊当初は頁数を抑えた比較的安価な政論雑誌という位置づけが与えられよう。ただし、第三編第一号から、哲学研究会会員（普通会員会費月五銭）にも送付されることになる。

編集に関しては、後述するように第二編第四号（一八九〇年六月十七日）までは加藤自身が行ない、第三編第一号（同年七月十七日）からは哲学研究会が担当することとなった。[23] 発行所（版元）は一貫して哲学書院だが、創刊号から第八編第三号までの編輯人兼発行人は井上円成、同編第四号から編輯人兼発行人は坂田篤敬、第九編第一号から終刊号までは長沢市蔵となった。[24]

加藤自身が『天則』に心血を注いでいたことは、彼の日記からうかがえる。日記には、『天則』の発行部数が具に記録されており、たとえば創刊号に関しては以下のようになっている。

三月十六日　天則出来百部
十七日　天則出来
十八日　天則　両陛下へ内献其外夫レ〳〵配送サスル
二十四日　天則再版千部今日捺印ス
四月二日　天則始千五百部印刷其内四百余他へ寄附其後千部再版猶今日千部第三版ノ事ニ決ス

十一日　　天則第一号三版千部ノ捺印ヲナス初版二版三版ニテ三千五百部[25]

右のような日記の記述から、加藤は『天則』に関して執筆編集をすべて一人で行なったうえ、発行部数や天皇に「内献」したことまで自身で把握していたことがわかる。

発行部数と購読者

発行部数は、明治二十二年に東京府下へ二万四六七三部、他府県へ二万一〇九五部、外国へ三七部の合計四万五八〇五部。同二十三年には東京府下へ二万八〇七二部、他府県へ六万四四三二部、外国在留邦人へは二四部の計九万二五二八部。同二十六年には東京府下へ一万九九部、他府県へ五六〇三部、外国在留本邦人へ二七部の合計一万五七二九部。同二十七年には東京府下へ一万一三五一部、他府県へ五七四五部、本邦在留外国人へ四九部の合計一万七一四五部、同二十八年には東京府下へ一万五〇五部、他府県へ六三五七部、外国在留本邦人へ六四部の合計一万六九二六部、同二十九年には東京府下へ五一三一部、他府県へ三一九八部、外国在留本邦人へ二四部の合計八三五三部となっている[26]。

他雑誌の発行部数と比較してみよう。明治二十三年の『天則』の発行部数合計九万二五二八冊は、同年の『日本人』（二一万九三五部。ただし月二回刊行）の二分の一強、『国民之友』（四二万一〇四四部。ただし月二回刊行）の五分の一強ではあるが、『東京経済雑誌』（九万八一五一部）とほぼ同数であり、『保守新論』（五万五七〇七部）の二倍弱である。

以上の発行状況から、二つのことがいえるだろう。一つは、明治二十二〜二十三年にかけて売れ行きが好調であるのに対し、その後急激に発行部数が減っていったということである。同二十九年は六月で発行を停止しているので他の年と比較することはできないが、同二十八年は、同二十三年の五分の一強の発行部数となっている。もう一つは、同二十二、二十三年において東京以外での販売部数が多いということである。

第一点目に関して、発行部数が多い同二十二、二十三年は、後述するように加藤と哲学研究会が編集執筆に携わっていた。前東京大学綜理というだけでなくポレミックな学者としても広く名を知られていた加藤が個人雑誌を発行したことは当時話題を呼んだようで、加藤は後々まで「天則博士」という異名で呼ばれるほどであった。そのような加藤自身のネームバリューが、雑誌の売り上げに結び付いたことは想像に難くない。また、哲学研究会の特別会員が、『日本人』の主力執筆者と重なっていたことも売り上げに貢献したと考えられる。

第二点目に関して、明治二十三年の同誌の地方における販売部数が東京府下でのそれをはるかに上回っていた。同年の『日本人』の地方での販売部数より多いほどである。このような現象は、たとえば、『明教新誌』等の仏教系の雑誌や医学・薬事、経済、統計に関する雑誌では、よく見られることであったが、これらとは性格の異なる政論雑誌では珍しいことである。

明治二十三年において急劇に伸びた地方での発行部数は、哲学研究会が哲学館の卒業生や関係者に雑誌を配布していたこととも関係があるだろうが、すでに全国紙誌としての立場を確立していた『日本』『国民新聞』『国民之友』等の紙面広告の活用が、地方における購読者の獲得につながったのではなかろうか。[27] さらに、重要なのは同誌の販売経路である。同誌の売捌所は全国に五五軒もあり、函館から鹿児島まで全国に万遍なく分布していた。また、希望者には直接配送も行なっていたようである。[28] 以上から、『天則』は地方でも手に取ることが比較的容易な雑誌であったといえよう。

このような地方の購読者層の広がりは、加藤自身の意に適うことでもあったと思われる。同誌に掲載された加藤の論説のなかには、地方における政治的、社会的問題を取り上げたものが数多くある。「市町村の自治制」（第一編第五号）、「地方に専門学術演説会を開くの一手段」（第二編第一号）、「地方衰勢の急を救ふ唯一策あるのみ」（第一編第二号）などである。一概に地方といっても、加藤が読者として想定していたのは、市町村の自治を担うような公民層、つまり、前章で取り上げた地方における名望家層であった。これは、加藤が従前から立憲制運用の主体として期待していた「上等平民」[29]にあたると考えられる。『天則』刊行の射程は、「上等平民」になるべき名望家層に対して、政治主体としての自覚と着実な立憲政治への参画を促すことにあった。それは、徳富蘇峰が『国民之友』や『国民新聞』を通して、地方で農工商業を営む「田舎紳士」＝「中等民族」に対して国民としての自覚を促したことと共通している。[30]『天則』刊行の目的は、明治二十年代における政治主体あるいは「国民」の形成という最大の思想課題にまで及んでいたのである。

以上、『天則』の形態と発行部数から、同誌が政論雑誌として発行され、発行直後はとくに地方において販売部数の多い雑誌であるという点を指摘し、その点が、加藤において「上等平民」が購読者層として想定されていたことと関連することを明らかにした。

それでは次に、このような性格をもつ『天則』の特質を時期区分にしたがって挙げたい。

時期区分

七年間全八八号に及ぶ雑誌『天則』は、執筆者と内容等の変化に即して、以下のような三期に区分することが適当だと思われる。

第一期は、明治二十二年三月十七日から翌年六月十七日まで、第一編第一号から第二編第四号までである。この期間、同誌は加藤の論文三、四本で構成されており、完全な加藤の個人雑誌であった。加藤自身も「余一人にて編輯に従事し毎月一回刊行したり」[31]と述べている。項目を立てずに論説を並列させる誌面構成は、かつて加藤もその社員であった『明六雑誌』と同様であり、同時代における『東京学士会院雑誌』とも似ている。しかし、同年頃の『国民之友』とは大きく異なる。同誌は「国民之友」「特別寄書」「藻塩草」「雑録」「批評」「時事」「投書」欄によって構成され、「藻塩草」で山田美妙が小説を連載し、「時事」で詳細な政治、社会、経済の動向を伝えており、さらに「投書」欄を設け読者参加型のメディアとしての性格を確立していた。つまり総合雑誌として多くの読者層を獲得していた『国民之友』と比べると、『天則』は政論雑誌でありながら、その構成を見るかぎり明治初年代の学術雑誌のイメージが投影された雑誌であったといえよう。

明治二十三年五月に加藤が帝国大学総長に就任して「公務頓に繁劇を加え[32]」るようになったため、同年七月十七日の第三編第一号から編集会計実務は哲学研究会（次節で詳述する）が担うことになった。ここからを第二期に区分したい。第二期には、誌面の構成も大幅に変更され、「論説」「雑録」「批評」「時事」「雑報」「日誌」「記事」「広告」という項目が立てられた。それぞれの項目には執筆、校閲の担当者がいたようで、「論説」の執筆は哲学研究会特別会員、「時事」の執筆もしくは校閲を三宅雄二郎、「雑録」中の詩文の執筆もしくは校閲を内田周平と岡本監輔、「批評」の執筆もしくは校閲を清野勉、「雑報」の執筆もしくは校閲を関根正直が担当した[33]。こうして『天則』は一見総合雑誌のような構成を取るようになったが、投書欄や小説等の文芸作品の掲載は見られず、次節第二項でも述べるとおり専門的、学術的な論説が多く掲載された。また、三宅担当の「時事」欄をみても、「内閣は取りて代り得べきか」（第三編第六号）で第一回帝国議会の衆議院議員を批判したり、保守党中正派と鳥尾小弥太について肯定的な論を展開するなどしているが（「保守党中正派」第三編第三号）、抑制の利いた文章で、各号およそ二、三頁と分量も少ない。さらに、政治、社会、経済上の出来事を報じる「雑報」欄についても、一号あたりの項目数はおおよそ十五～二十件程度で、その数自体は同時代の『日本人』一号あたりの「雑報」「雑録」の件数とそう変わらないが、『日本人』が月に二～四号刊行していたことから考えると、『天則』の「雑報」欄は充実していたとは言いがたい。さらに『国民之友』と比べると質量ともに劣っていたことがわかる。とくに同二十三年十一月の第一回帝国議会開会後は、各新聞雑誌ともにその詳細をきそって報道しており、とくに政論雑誌は詳細さ、速報性を求められることになったが、『天則』はそうした要求に必ずしも沿ったものとはいえなかったであろう。

このように雑誌としての性格があいまいなまま第二期の編集を担当した哲学研究会は「万事やり方が冥想的或は理想的であつて、其会の組織からが非常な大仕懸で、内閣の官報局でも出来ない様なことを、此会では無造作にやつて居る[34]」という状況であったため、発会から間もなく財政難に陥り、第三編第一〇号（一八九一年四月十七日）から会計編集事務を哲学館に移行した。[35] さらに、「時事」担当の三宅が同二十四年三月十七日発行の第三編第九号を最後に「時事」の執筆を切り上げると「時事」欄自体が消滅している。[36] 同会は執筆者に対して原稿料を出さなかったため、記事の書き手がなかなか見つからなかったようだ。加藤自身も二、三号に一本寄稿する程度となり、内容も哲学館での演説筆記であることが多くなった。『東洋大学百年史』によると、哲学研究会が『天則』の編集母体としての機能を喪失したのは、同二十四年四月だとされているが、[37]『天則』の表紙から哲学研究会の名が削除されるのは、第四編第一〇号（一八九二年四月）以降である。ここまでを第二期としたい。

第三期は、哲学館、哲学書院に編集会計が委任された時期である。明治二十五年（一八九二）四月以降、哲学館にて編集を行なっていたが、明治二十七年一月、第七編第一号に「天則改良の旨趣[38]」を掲げるとともに、それまで掲載していた哲学館の寄付金報告等を打ち切った。さらに同年三月に哲学館で東洋哲学会が組織され『東洋哲学』が発行されるようになると、『天則』の編集は全面的に出版元の哲学書院に委ねられることになった。よって第七編第一号から終刊までを第三期としたい。この時期、執筆者には、安場保和、荒川五郎といった政官界の人物が散見されるようになる。ここで重要なのは、明治二十九年、加藤自身は「世間にては今日も猶該雑誌を以て余の機関の如く思ひ居る様なれども決して然らず従前の縁故もある故時々論文を寄贈するに過ぎざるなり[39]」として、当時の『天則』との距離感を強調していることである。

以上のように、加藤によって政論雑誌として創刊された『天則』は、第一期においては加藤個人の「天則」の追究とそれをもとにした政論の展開がなされたが、彼の手を離れ哲学館との関係を深めた同誌では帝大総長になった加藤への配慮から積極的な政論が展開されることはなく、かといって『太陽』のような総合雑誌への転換を図る機会も失ったのである。

以下、本書では、加藤と哲学研究会が主体的に携わった第一期から第二期の途中（明治二十二年から二十四年末）、つまり『天則』が加藤の思想に大きな意味を有した時期を主な対象として分析したい。

刊行のねらい

ところで、加藤はなぜそうした時期に政論雑誌を創刊したのだろうか。この問題について、時代背景と彼を取り巻く知的環境から考えてみたい。

明治二十二年（一八八九）二月十一日の大日本帝国憲法発布を、加藤は元老院義官として迎えた。同十九年一月十一日に文相森有礼との疎隔から東京大学の綜理を辞任した後に転任した元老院は、「一個の養老院」[40]と囁かれる場所であった。しかし、加藤はそれに倦むことなく会議において積極的に発言をしていた。元老院では、とくに楠本正隆や細川潤次郎、三浦安、千家尊福、尾崎三良らと「演舌会」を開催したり、蜂須賀茂韶邸に彼らと集うこともあったようである。[41]前章でも述べたように、同十九年九月二十七日には、同じく議官であった鳥尾小弥太らとともに「元老院章程ニ関スル意見書」を大木喬任議長に提出した。同意見書は伊藤博文の独断的な「制法」を批判したうえで、元老院における憲法の審議を求めたものでもあった。しかしこの意見書は、時を同じくして提出された尾崎三良の意見書とともに本会議で不採択となった。[42]

意見書をめぐる一連の騒動を経て、鳥尾は明治二十一年十一月に保守党中正派を結成、反欧化主義の論陣を張った。保守党中正派は、同年夏頃から盛り上がりを見せ始めた大同団結運動の一翼を担った。大同団結運動における反藩閥、反欧化主義の旗印のもとに、上述の保守党中正派、政教社、尊皇奉仏大同団、新聞『日本』を中心としたグループ、さらには、大同倶楽部、大同協和会といった旧自由党系の団体が集結した。その後、翌年三月二十二日に後藤象二郎が逓信大臣として黒田内閣に入閣したことで、運動は一時混迷を極めるも、同年五月三十一日から六月二日にかけて大隈条約改正案が『日本』に掲載されたことを機に、条約改正反対運動へと糾合していく。加藤自身も条約改正反対派の一人と目されていた[43]。

このような時期に、加藤が政論雑誌を発行したのは偶然ではないだろう。そのあたりの事情を、三宅雪嶺は以下のように回顧している。「〔明治十九年に〕加藤は大学綜理から帝大総長に転任する筈であつて、行き悩みがあつてさうならず自ら雑誌天則を発行し、意見を発表したりした[44]」。「行き悩み」というのは、前章で述べたように「官制大改革で三条太政大臣が罷め、伊藤伯が総理大臣となり、鋭意政治の刷新に従事する[45]」ために加藤が排除されたことを指していると思われるが、三宅においてはこのような状況と連動させて『天則』が位置づけられていたのである。三宅の言を参考にすれば伊藤の政治方針に合致せずに大学を追われた加藤の鬱屈が政論として表現され、『天則』に掲載されたと考えられるのではなかろうか。となると、明治二十三年七月の段階で編集から手を引いたのも、同年五月十九日に帝国大学総長に着任し、二カ月後ではあるが九月二十九日には貴族院議員に勅選されたことで、ある程度「行き悩み」が解消されたことと関係しているのではないか。

さて、加藤自身は『天則』発刊の目的を以下のように述べている。「当時多少社会、政治的の雑誌あれども、学識ある者の編輯に従事するは至て稀にして、随て其論ずる所頗る浅薄なるもの多く一向学術に依拠するものあらざるを憂ひ、余の浅学無識なるも今少しは価値ある議論をなし得べからざる筈はなかるべしと考へたるが為めなり[46]」。つまり、「学識ある者」としての立場から、社会と政治を論じようとしたということである。

そのような彼の決断の契機は、彼に対する「学識ある者」としての社会的評価の揺らぎにあったと思われる。『天則』刊行の前年五月七日、加藤は日本初の文学博士号を授与された。現在の視点に立てば、加藤への博士号授与はごく自然なことのように思われるが、当時の帝国大学内では授与に反対する者が複数いたようである。

これに先立つ三月十九日、学位令第三条に基づいて、森文相が選定した博士号授与の候補者を帝国大学評議会が検討した。決定は投票によって行なわれ、評議官三分の二の賛成を得なければ授与は認められなかった。加藤の場合、賛成四票、中立三票、否二票で、授与を認められず、同じく明六社社員であった西周も落選してしまった。その後、森文相が「多年一身ヲ学問ニ寄セタル」功績をもつ者を必ず選ぶよう再審議を強く要求したため、加藤は箕作麟祥（法学博士）、伊藤圭介（理学博士）とともに日本初の博士号を授与されることになった。このとき、同時に文学博士になったのは、加藤のほかに外山正一、重野安繹、島田重礼、小中村清矩である。島田、重野、小中村はそれぞれ漢学者、考証学派の流れをくむ歴史学者、国学者である。外山については評議会において全会一致で文学博士の授与が決まったが、箕作、西、加藤といった明六社社員として明治初年代に学知の形成に尽力した学者はすでに厳しい評価を下されつつあった。確かに、本格的な留学経験をもち「スペンサーの番人」と称された外山に比して、留学経験もなく『人権新説』以降、本格的な著作を刊行していなかった加藤はすでに過ぎ去った時代の学者という烙印を押されつつあったのである[47]。

右のような状況に対する加藤の学者としての危機感は、元老院に転出して以降明確に抱くようになった伊藤を中心とする政府主流派への快々とした思いとあわさって、加藤をして政治や社会を進化論に拠って批評するという道に向かわしめた。こうして後述するように、〈万物法〉は〈天則〉の原則へと自己展開していき、それを発信する器として政論雑誌『天則』が刊行されたのである。

同時代において、「学識ある者」による新たな思想の発信ということは、加藤だけではなかった。同じく明六社社員であった西村茂樹は、明治十九年十二月に帝国大学で演説を行ない、その内容を翌年四月、『日本道徳論』として出版したが同書でも「天則」という概念が登場するのである。同書は、「国ノ独立堅固ナル」ために「国民ノ知仁勇、即チ道徳」[48]による人心の収攬が必要であると説くものであり、そこでいう「道徳」とは、儒教と哲学双方から「粗雑」「形迹」を捨て「精神」を残したものである。この取捨の判断は「真理」（＝「天理」「天則」）によってなされるべきだという。西村にとって「真理」とは、「事実」から「帰納法」的に導きだ

図 9　博士十二氏肖像（明治21年12月16日付『絵入朝野新聞』付録。島田重礼は一列目左，小中村清矩は三列目右，加藤弘之は四列目右）

される「理」のことであった[49]。

つまり、西村にしても加藤にしても、「国ノ独立」や「国ノ安全[50]」のためにいかなる思想が必要かという関心を抱き、そのために「事実」に基づいた「法則」を見出そうとしていたのである。西村は明治二十六年に華族女学校校長を免官となることからも察せられるとおり、『日本道徳論』で第一次伊藤内閣を批判して以来、内地雑居と条約改正尚早の建言、明倫院設立の建議等、一貫して欧化主義政策に否定的な立場を貫いていた。明治二十年代前後、西村と加藤は時の政府の政治方針に違和感を抱き、「学識」をもって「国ノ独立」のための思想的基軸を模索しはじめたといえよう。

西村と加藤が異なるのは、加藤が「天則」の模索に際して「社会学」、「統計学」、「生物学」、「人種学」といった西洋の実証主義的手法をとる学問にかなりの比重を置いていたことである[51]。そのような姿勢は、本書の第一章で述べたように加藤が東京大学総理として形成期のアカデミズムを支えた経験から導き出されたものである。すなわち雑誌『天則』は、明治十〜二十年代初頭における近代的学問体系の日本での成立を背景として、学知によって社会を分析するとともに、社会が進むべき指針を見出そうとする知的営為を展開する雑誌として刊行された。つまり、「学術」に基礎をおき「政談」を論じる雑誌として出発したといえよう。

そのような雑誌に込められた加藤の意図は、「明治の青年」、高等教育を受けた知識層の一部と共鳴するものとなった。次項では、その様子を明らかにするなかで、『天則』の同時代的位置づけをさらに追究したい。

『天則』をめぐる人びと

第三編第一号以降、編集を一任された哲学研究会にはいかなる人びとが集ったのか。そもそも、哲学研究会結成の目的は、まさに『天則』の編集と執筆にあったが、哲学館卒業生の同窓会としての役割も期待されていた[52]。よって、その会員の多くは哲学館の在学生、卒業生であった。彼らは「普通会員」とされ、会費を納めることで『天則』を購読していた。同誌に寄稿できたのは、「普通会員」ではなく「特別会員」とされた人々であった。発会当時の「特別会員」は次に挙げる二八名で、後に井上哲次郎や志賀重昂らも加わった。

石川千代松／井上円了／浜田健二郎／岡本監輔／岡田良平／加藤弘之／棚橋一郎／辰巳小次郎／坪井次郎／南条文雄／内藤耻叟／村上専精／内田周平／上田万年／松本愛重／藤島了穏／国府寺新作／小中村清矩／沢柳政太郎／清野勉／三宅雄二郎／三上参次／島田重礼／下山寛一郎／森山益夫／関根正直／鈴木券太郎／鈴木敏(53)

これら「特別会員」の特徴は五点挙げられる。

第一に、東京大学在籍・出身者、教官が多いということである。たとえば井上円了は、明治十一年（一八七八）に東京大学予備門に入学し、同十八年七月に東京大学文学部哲学科を卒業している。さらに、東京大学の教授であった島田、小中村、学生であった石川、沢柳、関根らの名前も見える。哲学科等の卒業生から国学者・漢学者まで幅広い専門分野をもつ学士・博士（もしくは教官）らが『天則』に集合した。同誌は、形成期のアカデミズムから派生した雑誌なのである。

第二に、東京大学関係者のなかでも哲学館に縁を持つ者が多いということだ。井上が卒業後わずか二年で創設した哲学館には、辰巳や学友であった棚橋、三宅らを講師として招いている。哲学研究会は「学士社会」の縮図といえよう。

第三に、政教社グループとの関係も指摘できる。井上、三宅、辰巳ら『日本人』と『天則』の執筆者層は大きく重なっている。彼らは、杉浦重剛が携わった『東洋学芸雑誌』や『学芸志林』など共通の媒体に論説を寄せるなど、濃密な人間関係を作り上げていた。加藤自身も、哲学館創設へ資金援助を行ない、志賀が主筆を務めていた『国会』の「社友」となるなど、彼らの思想活動を支持していた。政教社は「国粋保存主義」を標榜する集団であったし、井上も、明治二十二年九月十八日に饗宴を催し「日本大学を起すの件」を、加藤や岡本、辰巳、棚橋、関根、小中村といった後の哲学研究会会員らに諮っている[54]。これは、井上がかねて構想していた「日本主義ノ大学」のことである[55]。以上のことから、哲学研究会が井上の「日本主義」、政教社の「国粋保存主義」と共通する反欧化主義や反藩閥の思想、これらを思想的基盤として有していたことは確かである。

第四に、アカデミズムを基盤に持ちながら、井上の関係者である南条、村上ら仏教系、島田、岡本ら儒教系、小中村、内藤ら国学系など、いわゆる伝統思想の革新者らが集っていたことも大きな特徴である。

第五に、第三、四点と関連して明治十九年の帝国大学令制定とその後の官吏任用制度の導入によって「官僚養成所」としての側面を強く持ち始めた大学から、微妙に外れた場所に『天則』があったのではないかという点も指摘できる[56]。東京大学出身といっても、文学部哲学科や古典講習科等、官吏養成のための学科ではない科の関係者が多いからである。そうなると、『天則』は「逸脱あるいは分解に向かった書生社会の志向を把束して批判知へと結晶させていく」という「二十年代の思想主体にとっての課題[57]」の解答を模索する場としての使命も負っていたと考えられる。明治二十年代前半における「批判知」の構築、これが加藤と一世代も若い「明治の青年」たちを結びつけ、新たな思想を織り成すことになったのだろう。この点については、次項で考察する。

主な論説内容

次に、先に行なった時期区分に従って、各時期の主な論説内容を瞥見することで、『天則』の同時代的位置づけとその意義を見出そう。

第一期における主な論点は、やはり立憲政体や議会制度の運用についてであった。たとえば「日本政党論」

（第一編第一号）、「市会の政治思想の不慣熟なるに驚く」（第一編第六号）、「衆議院議員の選挙人に望む」（第二編第二号）、「立憲政体と自治制度」（第二編第三号）が挙げられる。また、社会主義思想流入への危機意識を表明したものも散見される（「地方衰勢の急を救ふ唯一策あるのみ」第一編第二号、「鉄道の新設を停止すへし」第一編第五号等）。また、内地雑居問題や大同団結運動に関しても言及しており（「大同団結党に忠告す」第一編第七号）、そこから、加藤は内地雑居反対の立場を採りながらも、大同団結運動とは若干の距離を置いていたことがわかる。さらに、これらの政治論、社会論を統合する論理である進化理論に関する論説も見られる（「天則」第一編第一号、「強者の権利の定義」第一編第五号等）。

同時期の各メディアにおける『天則』への注目度は非常に高く、各誌で紹介、批判されている。たとえば、『日本人』では、島地黙雷が、加藤の仏教批判（「仏教挽回論」、第一編第四号）に対して反論をしている。また、「日本政党論」（第一編第一号）で展開された尊皇奉仏大同団への批判に対しては、『保守新論』上で辰巳小次郎が論駁を試みている。このように、明治二十年代に成立した雑誌メディアを中心とする言論空間に加藤も参入していたといえるのである。

第二期は、執筆陣に東京大学出身者や哲学館関係者を迎え、まさに多士済済という状況になった。井上円了は「哲学」（第三編第一号）、「哲学と諸学」（第三編第二号）、「哲学の効用」（第四編第一号）等、哲学論を披歴した。また、三宅雪嶺の「愛国と汎愛」（第三編第八号）や辰巳の「文明の定義」（第四編第二号）といった論説が掲載された。しかし彼らの政治的スタンスを表明するような論説はほとんど見られない。たとえば、井上は同時期の『日本人』第四九号（一八九〇年六月）で「日本の寺院僧侶は果たして過多なるか」、『日本人』第五〇号（同年七月）には「我邦宗教社会にありて当事を執る人の参考迄に」など、仏教社会の改良論を盛んに発表している。従来は、条約改正反対運動や後の対外硬運動の主体として論じられてきた彼らであるが、『天則』では学士としての知識を活かした学究的な論考を発表し続けている。ほかにも、東京大学の学生であった三上参次が「徳川時代の教刑一致」(第三編第七号)を、棚橋一郎、沢柳政太郎といった教育界に籍を置く人物も数本の論文を寄稿している。

つまり、第二期の『天則』は、政論雑誌というよりも、むしろ、その政論の基盤にあたる学問研究の成果を発表する場であったようである。これは、政治運動から距離を置いていた井上円了が哲学研究会副会長となっていたことや、帝国大学総長に就任した加藤への配慮もあったのかもしれない。いずれにしても『天則』は政教社と縁の深い哲学研究会を発行主体としながらも、加藤の手を離れた時点で「学術」という立脚点のみを残し、現実の社会と政治を論じることを微妙に忌避する媒体へとその性質を変質させていったのである。このときに際して、すでに社会に通底する「天則」を追究するという目的は共有されなかったうえ、制度上は政論雑誌に分類されながらも、学術雑誌へとその内容を変化させたのである。それに伴い明治二十三、四年頃、井上は哲学館経営に、三宅は『江湖新聞』に、辰巳は政界進出に力を尽くしはじめており[58]、哲学研究会の主力メンバーがそれぞれ多忙になったことで『天則』と同会の縁が途切れていったと考えられる。

しかし、加藤、あるいは哲学研究会の手を離れる第三期には、明治二十四年後半から教育と宗教の衝突問題や内地雑居問題、さらに日清戦争前後における外交論などが散見されるようになる。無署名論説で「国際財戦論」(第八編第一号)、「講和と対欧問題」(第八編第三号)、「英露と日本」(第八編第六号)等、外交論、国際関係論を盛んに論じ始めた。安場保和が「皇道確守論」(第八編第一号)、荒川五郎が「解散後に於ける帝国議会の性質を論ず」(第九編第六号)を寄稿することもあった。このように、政治色を強く持ち始めた矢先、明治二十九年六月十一日発行の第九編第六号をもって、突然廃刊となったのである。

右のような『天則』はいかなる意義をもつメディアだったのか。政治史的に考えれば、元老院に転出させられた加藤が政教社グループと合流し、欧化主義政策をとる藩閥政府に反対する勢力の一角を占めたものと捉えることができる。また、社会史的には明治二十年代初頭におけるいわゆる「青年」の誕生という潮流に乗ったものといえるだろう。[59]従来、「天保の老人」と「明治の青年」は対立項として語られてきたが、『天則』においては東京大学という近代高等教育機関を縁にした両世代の協働がみられる。明治二十年代前半、とくに第一回帝国議会開会あたりまで、「天保の老人」と「明治の青年」はともに社会進化論を知的基盤として反欧化主義、反藩閥の政治的立場から、「国ノ独立」を支える思想の模索・構築という課題に取り組もうとしたのである（前章参照）。この点こそ、メディアとしての『天則』の特質であった。

メディア史的には、明治二十年代前半において、陸羯南の新聞『日本』や徳富蘇峰の『国民新聞』等、不偏不党を掲げ「独立」を標榜した新聞雑誌が出版されたが、「学識」によって政治社会を説明しようとした『天則』もその一つである。ただし西洋近代とくに十九世紀西欧で確立した社会学などを中心とした「学術」によって「政談」を論じようとした点は、『天則』の独自性である。そのような「学識」を重んじる姿勢は第二期『天則』においても維持されたが、帝国大学現総長が創刊した『天則』は積極的な政論を論じることを忌避する雑誌へと変貌し、学生や教員らによる文学、哲学、宗教等の学術研究の発表を中心とするメディアとなった。その後の『天則』に残ったのは、やはり「学識」であった。こうした点が『日本人』や『国民之友』と異なる点であろう。しかし、それによって『天則』は思想生産の場としての側面を失い、「天則」を見出しありうべき国家や国民の在り方を追究するという思想課題は失われた。

それでは、右で述べたように政論雑誌としては必ずしも成功したとはいえない『天則』において、「天保の老人」と「明治の青年」を結びつけた「国粋保存主義」思想とそれを支えた「天則」論について分析したい。

第三節　〈万物法〉から〈天則〉へ――「無窮皇統」と「日本人種」

〈天則〉と「国粋保存主義」

加藤弘之は、同誌上でいかなる議論を展開したのだろうか。まずは〈天則〉について、明治二十年代までの加藤の進化論思想との関連から、その内実を明らかにしよう。加藤は創刊号の論説で、〈天則〉は“the law of nature”“das Naturgesetz”[60]を和訳したものだとして次のように述べている。

凡そ宇宙に存在する所の万物は皆天則の支配を享けさるものあらされは、動物植物鉱物に論なく其生滅消長聚集分合栄枯盛衰は一として此天則の働きにあらさるものなし、蓋し天則は宇宙を主催する所の天然の一大法典と称すへきなり[61]

つまり、〈天則〉とは万物の「其生滅消長聚集分合栄枯盛衰」すなわち進化を支配する法則のことである。〈天則〉とは、もともと『易経』や『漢書』、『宋書』で用いられた漢語で、天地自然の法則を意味する。儒教において「天」とは、西洋の“nature”とは異なり、自然、人間、社会すべてを包括する超越的概念であるが、これらを見るかぎり、『人権新説』において“the law of nature”を「万物法」[62]と訳したことと大きな違いは感じられないように思われる。しかし、『天則』収録の論説からは〈万物法〉が〈天則〉へと変貌を遂げたことが次の三つの点からうかがえる。

第一に、それは雑誌『天則』発刊の目的そのもののなかに見出すことができる。

時事政治経済教育学芸宗教等其他万般の事に論なく都て其利害得失に就て只管天則の仕る所を尋究し且つ其改良を要すへきことは、又務めて此天則に依りて其方法手段を講明し以て大方の君子に質さんと欲す[63]

右によれば、「時事政治経済教育学芸宗教」など人間社会に関わるものすべてに通底する〈天則〉の在り方を「尋究」し、さらにその「改良」点を追究することが『天則』の目的であるという。さらに、〈天則〉の「尋究」と「改良」は、「国家の隆盛富強を計り以て社会の幸福を増進[64]」することになるというすぐれて実践的な課題意義を有しており、とくに「国家の大経綸に係れる一大天則[65]」の提示こそ究極の目的とされたのである。

第二に、〈天則〉＝"the law of nature"の実現されるプロセスが「漸々徐々の進化[66]」と把握されたことである。『人権新説』においても民権論者の急進性を批判することに議論の重点の一つが置かれ、「急進」に対する「着実敦厚[67]」の方針が示されていたが、明治二十二年の憲法発布後のこの時点において、加藤は新たに〈天則〉の法則に拠って漸進主義の立場を明快にしたのである。

そして第三に、『人権新説』で示された〈万物法〉が支配する社会で権利は〈優勝劣敗〉の結果獲得される、という考え方に変化の兆しがうかがえる。詳細は次項以降で論じるが、明治憲法の発布によって、万世一系の天皇が統治権を総攬し、臣民に一定の権利が「恩賜的」に付与されることが確定したことを受け、社会進化論に基づいた権利論、つまり、「最大優者」に対して、被治者が「実際上ノ権力」をもって権利の割譲を求める権利競争論は修正を余儀なくされ、〈万物法〉は〈優勝劣敗〉を抑制した〈天則〉へと変容したのである。これには、たとえば有賀長雄が、国家が成立すると社会の「協同」が始まって内部の生存競争は次第に緩和され、「法律一統」「道理一統[68]」という段階に達すると論じていたこととの類同性を指摘できるかもしれない。

加藤の社会進化論思想は、〈天則〉という概念の導入によって、新たな展開相を現しつつあったといえよう。それが、明治憲法制定直後という時代のなかで、具体的な課題に対していかなる対応を示したのであろうか。注目しなければならないのは、折しも政教社によって主張されていた「国粋保存主義」への共鳴ということである。そもそも政教社の「同志」たちと加藤は旧知の間柄であり、『天則』誌上にも多くの論説が発表されていたことは、前節で述べたとおりである。加藤は『天則』創刊号所収の論説で、急進派と保守派を排し「漸々徐々の進化」に相応しい思想的立場をとるとして次のようにいう。

余輩は国粋保存主義に左袒すと雖も天壌と共に無窮なるへき皇統と日本人種の外には万古不朽の国粋なるものあるを知らされは、其他に余輩か国粋と認むるものは今日に保存する所の風俗習慣及ひ万般の事物中に於て尤も重大緊要と認むるものを指すに過きさるなり、而して無窮皇統と日本人種を除くの外其他の国粋か後世不用となりて当然亡ふへきの時来りて亡ふるは余輩敢て惜む所にあらさるなり[(11)]

右の論説において加藤は、ある意味では本家の政教社のメンバーよりも明確に「国粋」を定義し、「保存」すべき「国粋」として「無窮皇統」と「日本人種」の二つを特定した。加藤における〈天則〉論は、同時代における国家が「漸々徐々」に進化するための方向性として「国粋保存主義」を選択したのである。このような主張は、生物進化論によって「国粋保存主義」を主張した志賀重昂に近く、陸羯南のいうところの国民論派のスタンスに立つものと考えていいだろう。

では、「無窮皇統」と「日本人種」はいかなる論理で〈天則〉と関連づけられるのか、項を改めてこの点について考察を続けていきたい。

「無窮皇統」と国体論

明治国家における「無窮皇統」に関しては、明治二十二年二月十一日発布の大日本帝国憲法と皇室典範（発布されず）、そして教育勅語（翌年十月三十日）によって、法的に明確な姿を示したといえよう。別言すれば、わが国近代の国家のかたち（Staatsform）すなわち国体が、これらによって立ち現れたともいえるわけである。憲法の上諭文は「国家統治ノ大権ハ朕カ之ヲ祖宗ニ承ケテ之ヲ子孫ニ伝フル所ナリ」として万世一系の天皇に「国家統治ノ大権」が存することを明示した。さらに教育勅語において、「臣民」は「一旦緩急アレハ義勇公ニ奉シ以テ天壌無窮ノ皇運ヲ扶翼スヘシ」とされ、天皇という国家元首に対して精神的に帰属することが求められた。明治憲法、皇室典範と教育勅語は明治国家の統治の正統性としての「神勅」と天皇と臣民の道義的関係を定め、ここに国体が確立したのである。

従前から立憲君主制の導入を思想面から牽引してきた加藤はこのとき、以下のような感慨を記している。

> 余か二十九年前隣艸を著せし時に始めて論述せし旨意か今日は遂に行はるゝに至れる歟と思へは歓喜の情は実に譬ふるに物なきなり[70]

万延元年に執筆した「隣艸」以来、加藤の思想的課題の柱に立憲政体の導入があり、憲法制定と議会開設は永年の宿志の実現として捉えられ、「本邦にて立憲政体の概略を論述せしは蓋し余を以て嚆矢とせさるへからす」[71]とも述べられている。また、憲法の制定経緯に関しても非常に好意的に評価しており、その理由を左のように述べている。

> 日本政府は欧洲各国政府の如く其権勢威力を恣にして人民を圧制したるにあらず、却て人民の先覚となりて人民の進歩発達を促したるものなり〔中略〕政府は自ら好て己れの権勢威力を限制して人民に参政権を与へ以て人民をして大に其権利自由を伸張せしめんか為めに専制政治を変して新に立憲政体を設けたり〔中略〕日本の立憲政体は君民親善和楽の結果と云ふへし[72]

天皇とそれを戴く政府が人民に「参政権」と「権利自由」を与えたことが革命や政変でなく「君民親善和楽の結果」であることに「歓喜」しているわけである。

以上のような、加藤の憲法に対する評価からわかるのは、彼において天皇は「無窮皇統」によって維持してきた権利を「臣民」に割譲する「最大優者」として位置づけられたことである。このような天皇の捉え方は、『真政大意』や『国体新論』における立憲君主としての理解から変化しつつある印象は免れないが、なお『人権新説』や「自由論」以来の「最大優者」論の範疇に収まっていると見るべきである。しかし、「最大優者」と優者が権利をめぐって闘争したわけではなく、「無窮皇統」に連なる天皇が統治権を把握するとともに「臣民」に権利を割譲したという解釈を支えたのは、権力競争を動力源とする〈万物法〉の法則ではなく、統治権の本源であるところの「無窮皇統」を「国粋」として「保存」し続けることをも正当化する日本に特有の〈天則〉であった。

「日本人種」と有機体としての社会

次に「日本人種」に考察の対象を移そう。「保存」されるべき「国粋」としての「日本人種」とは何か。雑誌『天則』創刊直後の加藤が直面したのは黒田内閣の外相大隈重信が進める条約改正交渉問題であった。先述したように、加藤は大隈条約改正案に反対の意を表していたが、その理由は内地雑居への危惧にあったようだ。実際に「土地所有権の一事に至ては危険の業なり(73)」として、外国人判事の登用よりも土地所有に対する懸念を表明していた。また、以下のようにも述べている。

> 開明なる欧人種か未開なる他人種の国に到るや此憫憐すへき未開人種の為めに謀るの念顧は毫末も有することなく、其地を奪ふて以て之を我植民地となすは古来沿襲の事業にして、昇時に方りては耶蘇の教旨も人権論も万国公法主義も全く其力を失ふものなれは、只管生存競争自然淘汰の作用の最も熾烈なるものと云ふへくして、開明欧人の開明欧人たる所以未開人民の未開人民たる所以の証は是に於てか最も著名なり

とす〔中略〕是故に半開以上の人民にして欧人と交際せんには力の及はん限りは経済上の競争を避くるの道を求め彼れをして我か内地に於て自在に経済上に勝を占むるの機会を得せしめさることを務めさるへからす[74]

加藤において、国際関係は「万国公法主義」が通用しない「生存競争自然淘汰」が支配するものとして認識された。そのため、「半開以上の人民」が「開明なる欧人種」と土地をめぐる競争あるいは「経済上の競争」を行なうことは避けた方が賢明だという。

右の論説が発表されたのは、明治二十二年九月、ちょうど大隈条約改正交渉に対する反対運動が盛り上がりを見せていた頃である。『日本』紙上に条約改正案の訳文が五~六月に掲載されると、『日本人』も条約改正反対論を掲げ、八月には谷干城と三浦悟楼、浅野長勲が資金援助して日本倶楽部が設置され、そこに紫溟会や玄洋社、高陽会が結集した[75]。谷は副島種臣、元田永孚、西村茂樹、鳥尾小弥太らとともに真宗大谷派の大谷光勝にも条約改正反対運動支持を呼び掛けた[76]。谷が大隈条約改正案に反対したのは、外国人を判事にすることが憲法第十八条に矛盾すると捉えられたからであった。外国人に「公権」を与えることを問題視し、憲法違反を理由に大隈の改正案に反対しているのである[77]。それとは異なり、加藤においては植民地化と経済競争へのおそれが大きい。なぜなら、加藤において「開明なる欧人種」との熾烈な「生存競争」から「日本人種」を守ることが重視されていたからである。

たとえば明治十九年（一八八六）、慶應義塾出身の高橋義雄によって『日本人種改良論』が上梓され、それ以前からも黒田清隆らによって日本人と欧米人の結婚を奨励する議論が展開されていたが、このような議論に対して、加藤は「純粋ナル日本人種ニシテ能ク西洋人種ニ拮抗シ以テ能ク彼レト開明ヲ競ヒ独立ヲ争フテコソ日本人種ノ栄誉ト云フヘケレ[78]」との明快な反意を示した。高橋は優生学的見地に立っているのに対して、加藤は

「日本人種」を「欧人種」と競争する主体として捉え、その保全を主張したのである。「日本人種」を主体とする集団単位の〈優勝劣敗〉のあり方が強調されたことで、「日本人種」内部における〈優勝劣敗〉は穏健化されるという方向性がとられることになった。その説明原理として採用されたのが社会有機体説であった。それは「余ハ吾日本社会及ヒ日本人種ヲ以テ余輩カ身ニ取リテハ大ナル我ト考フルナリ」(79)との一節からうかがえよう。つまり、「小ナル我」である個人が集合して形成された「大ナル我」こそ「日本社会」と「日本人種」なのであった。これらの関係について、加藤は『天則』に掲げた論説において左のように述べている。

一の社会は一人の身体の如く、一人は小なる我にして社会は大なる我なり、小なる我が多数団合して大なる我を組成するを以て大なる我の利益は之を組成せし各個人即ち小なる我の利益となり、社会の損害は之を団合せし各分子即ち一個人の損害となり、又他社会より自の社会に及ぼす利害も一人一己に影響するものなれは一人自己の利害のみを考へて他人の利害を顧さるか如きことは為し得ぬから(80)

社会有機体説の論理を導入したうえで、「公利」と「私利」(81)の調和が説かれている。従来の〈優勝劣敗〉論に、社会有機体説を基にした「公利」と「私利」の一致という論理を介在させることで「日本社会」と「日本人種」を維持、保存し、その内部における〈優勝劣敗〉を穏健化する方向性が採られたことを示している。同じく〈優勝劣敗〉を穏健化する方向性を採っていた有賀長雄は、社会を貧富の差が存在する生存競争の場として捉えていたが、加藤の場合は社会そのものに生存競争を穏健化する論理を内在化させようと考えたのである。
こうして加藤が着目したのは、「道徳法律」である(82)。

道徳法律ハ常ニ社会強者ノ生存ノ必要便益ヲ謀ルカ為メノ手段方法トシテ発生シ且ツ進歩シタルモノト認

メサルヲ得サルナリ野蛮未開ノ社会ニ於テ独リ尊者タル強者ニシテ卑者ハ全ク弱者タルトキハ其社会ノ道徳法律ハ全ク強者タル尊者ノ必要便益ヲ充タスノ方法手段トナリ、又半開々化ト漸々進歩シテ卑者カ最早弱者ノ地位ニ止マラス既ニ尊者ニ対スル所ノ強者トナリ宛カモ強々対立ノ有様トナルトキハ、其道徳法律ハ此両強者ノ必要便益ヲ充タスノ手段方法トナルナリ、故ニ未開ノ道徳法律ハ尊者ノ威権ヲ張リテ卑者ヲ圧制スルニ適シ、開化ノ道徳法律ハ尊者卑者共ニ其権力ヲ保チ互ニ相敬重シテ犯ス能ハサルコトニ適スルモノナリ、是レ即余カ道徳法律ノ発生進歩ハ専ラ強者ノ権利ノ発生進歩ニ源由スルトナス所以ナリ[83]

「道徳法律」はあくまで一体であり、「強者」が「生存ノ必要便益」によって発生、進歩させてきたものだという。開化段階の社会では、強者と弱者の力量の差が小さくなるので、互いの権力を保持し「相敬重」するような「道徳法律」になるという[84]。要するに、「道徳法律」が「強者」「尊者」と「弱者」「卑者」の「漸々進歩」の度合いによって両者の間の「必要便益ヲ充タスノ手段方法」として機能するというわけである。つまり、明治憲法制定前後の加藤は「日本人種」を維持するために、権利をめぐる〈優勝劣敗〉を「道徳法律」によって穏健化するという論理を編み出していたのである。

〈天則〉と社会有機体説

本章は、明治憲法制定後の加藤弘之における国家思想を支えた法則が『人権新説』段階の〈万物法〉から〈天則〉へと変容した有様を雑誌『天則』の分析を通して解明することを課題としたものである。明治二十二年三月に加藤が創刊した雑誌『天則』は、明治政府への違和感をもった加藤が「学識ある者」としての立場から〈天則〉＝“the law of nature”を追究し、実際の政治や社会を論じようという実践的な目的をもった政論雑誌であった。

ここまで『天則』のメディアとしての基本的性格を分析し、全体を三期に分けて捉えるべきであると提起した。このうち加藤の個人雑誌であった第一期に続く第二期、つまり明治二十三年から同二十五年頃まで『天則』を編集したのが、哲学研究会である。哲学研究会には、加藤がかつて綜理を務めていた東京大学の関係者すなわち「学識ある者」が集ったが、東京大学といっても文学部哲学科や古典講習科といった官吏養成の目的からやや外れた科の関係者が多数を占めていた。そのなかでも、政教社を結成し「国粋保存主義」を主張した人々が中心となっていたのである。雑誌『天則』は、「明治の青年」と「天保の老人」が協働して、「学識ある者」としての立場から新たな思想課題に向き合い、現実の政治、社会を批判する場となった稀有な雑誌であった。

「国粋保存主義」者と加藤とは、同じく「学士社会」を基盤として、欧化主義政策をとる第一次伊藤内閣に批判的な立場を明らかにし、同内閣や続く黒田内閣が推進した条約改正交渉や内地雑居に反対するなかで明治国家のあり方を模索するという点で共通していた。加藤はこの時期に明治国家に対峙する「学識ある者」としての地位を確立させていったのである。このとき加藤が「国粋保存主義に左袒す」と宣言していたように、『天則』創刊時期の彼が政教社・雑誌『日本人』の思想圏に接触していたことは確かである。志賀や三宅の「国粋保存主義」の思想の根底に進化論があったように、「国粋保存主義」は加藤の進化論思想が要請する漸進主義と合致する思想であった。しかし、進化論の影響を強く受けた志賀が、社会進化の先に特殊性の発揮（国粋）を見出したのとは異なり、加藤にとって「国粋」とは国家の統治権の本源を明らかにするとともに、統治を下支えする社会のあり方を提起し、従来の〈優勝劣敗〉の思想を修正するために導入された概念であった。そのとき、加藤によって「国粋」とされたのは「無窮皇統」と「日本人種」であった。

このうち「無窮皇統」に関していえば、大日本帝国憲法と皇室典範において天皇の統治の正統性が「神勅」に求められると加藤は天皇を臣民の権利の源泉である「最大優者」として位置づけた。これ以後、『人権新説』

以来主張された「最大優者」と「上等平民」の権利をめぐる競争という側面のみが前面に出されることはなくなった。一方、条約改正反対運動に際して重視されるようになった「日本人種」は、「日本社会」とともに、「小ナル我」＝個人に対する「大ナル我」として設定され、その編成原理として社会有機体説が導入され、「日本人種」、「日本社会」に係る「公利」と個人に係る「私利」が調和されるべきことが説かれ、それらを実現する手段として「道徳法律」が位置づけられたのである。要するに〈天則〉とは、〈万物法〉という国家思想を支えた法則を明治憲法施行後の日本の国家と社会に適用するにあたって、権利をめぐる〈優勝劣敗〉を抑制、調整するものであり、そこにおける「天」とは儒教的概念ではなく、自然科学によって証明される事実に基づき「万物」を支配する法則を内在化させた概念である。それ以前の加藤が主張していた、激烈な〈優勝劣敗〉によって社会の進化がもたらされ、それによって統治の正統性を説明するという国家思想はこのとき変質を始めたといえよう。

註

（1）石川千代松『老科学者の手記』（『石川千代松全集』第四巻、興文社、一九三六年）三一頁（初出は『中央公論』第四四巻第一〇号、一九二九年十月）。
（2）石川千代松『進化新論』（敬業社、一八九一年）三五五頁。
（3）前掲石川『老科学者の手記』三〇頁。
（4）シュタインの国家学と明治憲法の関係については瀧井一博『ドイツ国家学と明治国制——シュタイン国家学の軌跡』（ミネルヴァ書房、一九九九年）参照。
（5）有賀長雄『国家学』（牧野書房、一八八九年）二三〜二五頁。
（6）同前、六頁。
（7）同前、二六〜三〇頁。
（8）同前、三八頁。

(9) 同前。
(10) 同前、四〇頁。
(11) 同前、四二頁。
(12) 藤井新一『帝国憲法と金子伯』(大日本雄弁会講談社、一九四二年) 四二二頁。
(13) 金子堅太郎とスペンサーについては、山下重一『スペンサーと日本近代』(御茶の水書房、一九八三年) 第四章第三節参照。
(14) 同前、二〇三頁。
(15) 「英国碩儒「ハーバート、スペンサー」氏の機密信書」(宮内庁書陵部図書課宮内公文書館所蔵「国際公法会参列紀行」。堀口修『金子堅太郎と国際公法会——日本の条約改正問題と国際社会』創泉堂出版、二〇一三年) 二四～二七頁。
(16) 『強者の権利の競争』に対する批評の訳文が『哲学雑誌』第九巻第九四号、第一〇巻第九五号 (一八九四年十二月、一八九五年一月) に掲載された。加藤は、それに対する駁論として「先哲未言」(『哲学雑誌』第一〇巻第九八号、一八九五年四月) を発表。
(17) 本書第三章参照。
(18) 吉田曠二『加藤弘之の研究』(新生社、一九七六年) 八一～八二頁。
(19) 田頭慎一郎『加藤弘之と明治国家——ある「官僚学者」の生涯と思想』(学習院大学、二〇一三年) 二九五～二九七頁。
(20) 渡辺和靖「加藤弘之の後期思想——近代日本に於ける「儒教」の運命」(『日本思想史研究』第六号、一九七二年) 五頁。
(21) 加藤の社会有機体説、利己心・利他心論については、小畑隆資「加藤弘之の社会観」(『法政論集』第七七号、一九七八年)、田中浩「福沢諭吉と加藤弘之——西洋思想の受容と国民国家構想の二類型」(『一橋論叢』第一〇〇巻第二号、一九八八年)。また、石田雄『明治政治思想史研究』(未来社、一九五四年) では、加藤の社会有機体説が家族主義に包摂され、家族国家観が形成されたとする。
(22) 「明治二十二年日記己丑」明治二十二年三月三日条 (東京大学文書館所蔵「加藤弘之関係資料」I—一七)。
(23) 東洋大学創立百年史編集委員会『東洋大学百年史』通史編第一巻 (東洋大学、一九九三年) 一七六頁。
(24) 哲学書院は、井上円了が明治二十年一月設立。『天則』のほかに『哲学会雑誌』『国家学会雑誌』等の雑誌、井上や加藤らの著書の出版元となる。経営は円了自身が行なったが、営業名義人を弟の井上円成が務めた。
(25) 前掲「日記」三月～四月条。

(26) 大日方純夫解題『明治前期警視庁・大阪府・京都府警察統計』第二期（柏書房、一九八六年）及び『警視庁統計書』一八九三～一八九六年（クレス出版、一九九七年）参照。
(27) 一八八九年九月十七日、翌年七月十二日付『日本』広告、一八九〇年三月十六日付『国民新聞』広告。
(28) 『天則』第二編第三号巻末の「大売捌所」一覧及び「稟告」参照。
(29) 加藤弘之『人権新説』初版（谷山楼、一八八二年）第十三条。また、「上等平民」論が『人権新説』以後の加藤の思想の核の一つになったことに関しては本書第二章で論じた。
(30) 有山輝雄『徳富蘇峰と国民新聞』（吉川弘文館、一九九二年）一二～一三頁。
(31) 加藤弘之「経歴談」（『太陽』第二巻第八号、一八九六年四月）八三頁。
(32) 『天則』第三編第一号（一八九〇年七月）表紙頁。
(33) 同前。
(34) 無遠慮子「景慕録（第四）」（『東洋哲学』第八編第八号、一九〇一年八月）五七三頁。
(35) 哲学研究会という元書生集団が自由に政治的発言をなす場を哲学館が取り上げたという見方もある。明治二十三年秋の『天則』第三編第六号の雑報欄に掲載された「外人の無礼」が攘夷的雰囲気を助長する過激な内容であるとしてロシア公使館から苦情が寄せられ、外務省から加藤へ、加藤から井上へと「御目玉の運送」があったという。この結果、同論説は、同編第八号にて「抹殺」された。このようなこともあって、哲学館は「頑是なき小供の手から危険極まる刃物を取り上げた」という（前掲「景慕録（第四）」五七三頁）。
(36) 当時、三宅雪嶺は『日本人』の発行停止処分を受けて創刊された『亜細亜』（六月二十九日創刊）と『国会』（五月末頃から寄稿）で健筆を振るっており、単純に多忙を極めたために『天則』への寄稿を控えるようになったのであろうが、加藤が帝国大学総長となったことで直截な政治論を避けなければならなくなった『天則』に執筆意義を見出せなくなったとも考えられる。九月二十日から軍艦「比叡」で南洋巡航に出発したことも、『天則』との物理的な距離を生んだといえよう。
(37) 前掲『東洋大学百年史』一七四～一七五頁。
(38) 「天則改良の旨趣」（『天則』第七編第一号、一八九四年一月）表紙頁。
(39) 前掲加藤「経歴談」に同じ。
(40) 元老院議官としての加藤弘之の思想と行動に関しては、前章参照。
(41) 尾崎三良『尾崎三良日記』中巻（中央公論社、一九九一年）三五八頁。なお、同書によると、尾崎と加藤は明治二十三年一月〜同年四月頃までの間、元老院義官の有志者で行なう演説会や志賀重昂・柴四郎らの好友会懇親会等で頻繁に会している。たとえば四月二十五日開催の「演舌会」における演説内容は次のようなものであった。加藤は「日本人ハ今日ノ日本人タルベシ」という演題、三浦は「立憲君主制ノ事」について、尾崎は「国ノ独立」のために「守旧ノ精神」が必要で「外人雑居」には反対である旨を演説したという。時事、とくに雑居問題に関しておおいに論じた様子が伺える。この時期の加藤は、千家、尾崎、三浦といった元老院のなかでも保守的な議官に接近していたといえよう。

(42) 久保田哲『元老院の研究』（慶應義塾大学出版会、二〇一四年）第六章。同書では一八八七〜一八八九年にかけて展開された元老院内部の改革論について論じられており、鳥尾意見書に関しても詳しい。

(43) 雑報「新条約反対者」（『日本』一八八九年七月二十日付）。

(44) 三宅雪嶺『大学今昔譚』（我観社、一九四六年）六一頁。

(45) 同前、六〇頁。

(46) 前掲加藤「経歴談」。

(47) 東京大学百年史編集委員会編『東京大学百年史』通史第一巻（東京大学、一九八四年）九六五〜九七一頁。

(48) 西村茂樹『日本道徳論』第三版（哲学書院、一八九二年）五二頁。

(49) 西村の「理学」に基づく「道徳学」の構築過程については、真辺将之『西村茂樹研究――明治啓蒙思想と国民道徳論』（思文閣出版、二〇〇九年）参照。

(50) 前掲西村『日本道徳論』八〜九頁。

(51) 加藤弘之「天則」（『天則』第一編第一号、一八八九年三月）五〜六頁。

(52) 前掲『東洋大学百年史』一六四頁。

(53) 『天則』第三編第一号（一八九〇年七月）表紙頁。

(54) 大沼宜規編著『小中村清矩日記』（汲古書院、二〇一〇年）三五六頁。

(55) 中野目徹「「哲学」と「日本主義」の模索――明治二十年前後の書生社会と井上円了」（『井上円了センター年報』第一六号、二〇〇七年。後に中野目徹『明治の青年とナショナリズム――政教社・日本新聞社の群像』吉川弘文館、二〇一四年）参照。とくに井上円了と加藤については、拙稿「井上円了と加藤弘之」（『井上円了センター年報』第二七号、二〇一八年）参照。

(56) 『日本』一八九二年一月二十四日付では、総長に就任していた加藤は、大学卒業者数一五八八人のうち行政官司法官となった者は三一〇人に止まるという事実から「帝国大学は官吏の養成所と云ふ説」を駁している。加藤自身も、「官吏の養成所」という帝国大学像に疑問を抱いていたと考えられる。

(57) 中野目徹『政教社の研究』(思文閣出版、一九九三年)三三頁。
(58) 同前、一九一頁。
(59) 木村直恵『〈青年〉の誕生——明治日本における政治的実践の転換』(新曜社、一九九八年)一六七頁。
(60) 前掲加藤「天則」一頁。
(61) 同前。
(62) 前掲加藤『人権新説』初版、二二一～二二三頁。
(63) 前掲「天則」七頁。
(64) 同前、五頁。
(65) 加藤弘之「政治家(就中日本の政治家)は歴史を学はさるへからす」(『天則』第一編第七号、一八八九年九月)一五四頁。
(66) 加藤弘之「軽進者流と頑論者流は宜しく社会進化の天則を知るへし」(『天則』第一編第一号、一八八九年三月)二五頁。
(67) 加藤弘之『人権新説』三版(谷山楼、一八八三年)一三四頁。
(68) 有賀長雄『社会進化論』増補(牧野書房、一八八七年)。
(69) 前掲加藤「軽進者流と頑論者流は宜しく社会進化の天則を知るへし」二七頁。
(70) 加藤弘之「加藤弘之と立憲政体の縁故」(『天則』第二編第三号、一八九〇年五月)五六頁。
(71) 同前。
(72) 加藤弘之「日本の社会と日本の憲法」(『天則』第一編第四号、一八八九年六月)七七頁。
(73) 「加藤博士の意見」(『日本』一八八九年八月二十二日付)。
(74) 加藤弘之「外国交際上生存競争自然淘汰の懼るへきを知れ」(『天則』第一編第七号、一八八九年九月)一六八～一七四頁。
(75) 酒田正敏『近代日本における対外硬運動の研究』(東京大学出版会、一九七八年)二九頁。
(76) 一八八九年八月日付不詳大谷光勝・大谷光尊宛谷干城書簡(島内登志衛編『谷干城遺稿』下巻、靖献社、一九一二年)五三五頁。

(77)　一八八九年九月三十日付杉浦重剛宛谷干城書簡（同前）五三八〜五四一頁。
(78)　加藤弘之「人種改良ノ弁」（『東洋学芸雑誌』第三巻第五五号、一八八六年四月）四七九頁。
(79)　同前、四八二頁。
(80)　加藤弘之「公私利益」（『天則』第三編第一一号、一八九一年五月）四頁。
(81)　同前。
(82)　『天則』の時期までに、「愛己心」を元にした道徳論を展開し、「愛他心」を「自然能的同感的愛他心」「感情的道徳教的愛他心」「智識的愛他心」に分類した（加藤弘之『徳育方法案』哲学書院、一八八七年）。この後、「強者ノ権利ト道徳法律ノ関係」（『哲学会雑誌』第二冊第二二号、一八八八年十一月）、「強者ノ権利ト道徳法律ノ関係」（『哲学会雑誌』第五冊第五〇号、一八九一年四月）、『道徳法律之進歩』（敬業社、一八九四）等を発表。
(83)　前掲加藤「強者ノ権利ト道徳法律ノ関係」六〇二〜六〇三頁。
(84)　『天則』誌上においても、「支那の今日の道徳は姑ク論外とし、直チに孔子の道徳主義を以て西洋今日の道徳主義に比するも、大に及ばざる所あるを知る、その訳は孔子の主義は上たる者には権利を余り重く持たらしめ、ト(下)たる者には義務を余り重く負はしむる傾きあればなり」（「報本論」、『天則』第三編第三号、一八九〇年九月、五頁）として、「上」に厚く「下」に厳しすぎる儒教道徳を、開化段階の道徳としては不適当だとして批判している。

第五章　日清戦争前後の「道徳法律」論

第一節　『強者の権利の競争』と『道徳法律之進歩』

日清戦争前後における国家思想の課題

明治二十七〜二十八年（一八九四〜一八九五）の日清戦争は、思想界においても大きな転換を促した出来事とされる。徳富蘇峰は、三国干渉によって「平民主義」から「帝国主義」へと変貌し、「精神的に殆ど別人[1]」になったと回顧している。周知のとおり蘇峰は、明治十年代後半に同世代の青年たちを「明治の青年」と称し、将来の日本の担い手として鼓舞した。しかし、「産業社会」への過渡期として「軍事社会」の後進性を批判した「明治の青年」も、日清戦争から三国干渉に至るリアルなパワー・ポリティクスを眼前にしたとき「帝国主義」へと転じたのであった。

蘇峰は「明治の青年」より一世代上の人々を「天保の老人」として批判したが、そのひとりに加藤弘之がいる。本書第一章で明らかにしたように、加藤は幕末期に「隣艸」を著し、日本にはじめて立憲制と天賦人権説を紹介し、明治政府出仕後も『真政大意』（一八七〇年）や『国体新論』（一八七四年）によって立憲制の導入を理想とする国家思想の構築に努めた思想家であるとともに、明治十年代を通して長く東京大学総理を務めた学者でもある。彼の著作は、いわゆる自由民権運動の思想の形成に一定の役割を果たしたとされる一方で、その後は「開化史」と進化論を受容して天賦人権説を否定し、明治十四年に『国体新論』等の絶版に踏み切り、翌年刊行した『人権新説』では、進化論に基づいた国家思想を展開し、植木枝盛や馬場辰猪らとの間で天賦人権論争を繰り広げた。

本書第二章では後に「転向」と称されるこの思想史的事件においては、立憲制の導入を支える国家思想の構築という加藤の思想課題に変化はなく、『人権新説』執筆を「転向」ではなく、思想の展開過程と捉えるべきであることを指摘した[2]。しかし、本書第四章で論じたように、明治憲法によって天皇主権が明示され、皇室典範、教育勅語と併せて近代日本における国体論が確立すると、加藤は自身の国家思想をしだいに変容させていった[3]。

本章は、思想史上のひとつの転換期であった日清戦争前後の時期に考察範囲を移して、この時期の国家の在り方をめぐる議論はいかなる展開を見せるのか、引き続き加藤を中心に検討していくことを目的とする。その際、加藤によって導入された「道徳法律」論に着目することで、進化論に基づいた国家思想の変容の内実を追究していきたい。

同時期の国家思想を道徳論や国制史の立場から探ろうという先行研究は多いとはいえないが、相応の蓄積が見られる。とりわけ石田雄氏は、とくに明治憲法制定以降、上からの国家有機体論と下からの家族主義の結合によって家族国家観が形成されたとし、その代表例として加藤を挙げている[4]。確かに、加藤は「立憲族長政治」を提唱しているが、同氏の研究では、それがどのような時代状況のなかで形成されたのか論じられていない。その後、日清・日露戦争期を、「国民」意識の高揚と「臣民」意識の内面化が図られた一方で「日本人」像を揺るがす様々な問題が生じ始めた時期という指摘もなされているが[5]、そのような指摘から示唆を受け、同時期の明治政府は「国民」像／「臣民」像をいかに作り出し、把握していこうとしたかという国家統治上の課題に直面していたと考えたい。一方で、田頭慎一郎氏の研究では、『人権新説』以後の加藤の「道徳」とくに

「徳育」は、「彼の政治哲学の基礎となっていた利己心中心の社会秩序の修止」、つまり「経済発展後の貧富の格差を緩和」するために導入されたと論述している。しかし、加藤が想定する「競争」は経済面での競争のみを指すわけではないうえ、「道徳法律」論が加藤の国家思想にいかに接合されたかについてはほとんど言及がなく、また明治十五年以降の加藤の思想については時代の前後を織り交ぜて論じており、同時代状況のなかで加藤の思想を的確に位置づけているとは言いがたい面もある。[6]

したがって本章では、「国民」像／「臣民」像の形成という同時代の課題に加藤は「道徳法律」をもって対処しようとしていたのではないかと仮定し、三つの課題を順に解明していく。一つは、『強者の権利の競争』（一八九三年）、『道徳法律之進歩』（一八九四年）、『道徳法律進化の理』（初版は一九〇〇年、増補改訂版は一九〇三年）等を対象にして、加藤がそれまでに構築した進化論に基づいた国家思想に、「道徳法律」論がいかに接合されたのか、その論理構造を明らかにすることである。二つ目は、日清戦争前後の「道徳法律」に関する問題に対して、加藤がいかなる問題意識をもち、いかなる議論を展開したのか、雑誌『太陽』『東洋哲学』等に掲載された論説や貴族院議員としての発言、さらに修身教科書調査会での活動等から抽出することである。三つ目は、『道徳法律進化の理』の増補過程を明らかにすることを通して、加藤の国家思想の展開を内在的に把握していくことである。以上、三つの課題を解決することを通して、日清戦争前後の社会進化論に基づく国家思想について、加藤弘之を中心として「道徳」論や「法律」論との関係で解明していくことを本章の目的にしたい。

「超然内閣」批判

日清戦争は、朝鮮半島をめぐる長年の清国との角逐に最終結末をつけるという側面のほか、短期的に見れば前年からの国内における政治対立を対外戦争によって解消するという側面があったことは夙に指摘されているとおりである。[7] 明治二十六年（一八九三）十二月二十九日、第五回帝国議会は停会、翌日衆議院は解散を命じられ、翌年三月一日には第三回衆議院議員総選挙が行なわれた。第二次伊藤内閣と対外硬派は全面的に対立することになったのである。

こうした状況に対して、加藤弘之は「超然内閣は立憲の主義と相容るゝものに非ず」という論説を発表した。同論説は、加藤が明治憲法公布の年に発表した論説「政事の本色は圧制なり、圧制を離れて政事なし」の趣旨を援用しながら、現内閣を「立憲政治」の本義に悖る「超然内閣」と批判したものである。

論説「政事の本色は圧制なり、圧制を離れて政事なし」では、「立憲政治」[8]が、国民によって選出された代表者が構成する議会において「多数決」を重んじるものとして捉えられていた。「隣艸」で立憲制を紹介して以来、『人権新説』、「自由論」等自由に関する一連の草稿(一八八二~八六年)に至るまで一貫して日本における立憲制の導入を支える国家思想を構築してきた彼が、黒田内閣の超然主義を批判したのである。

それから五年、すでに五度の議会を経て、この論説に立ち返った加藤は、衆議院を解散した第二次伊藤内閣の在り方を「超然内閣」として批判した。「立憲政治国の内閣は、必ず立法府多数の庇護援助を仮るに非ざるよりは、到底自己の意見を遂行すること能はざるは、明々白々[9]」であり、今後、真の「立憲政治」を行なうために、内閣は「自ら勢力を占有するに堪ゆべき新政党を造」るか、「多数を占め得べき政党に依頼して、其援助を求むる[10]」かの方法で「輿論」に立脚すべきであると提言している。

しかし、第二次伊藤内閣は「超然内閣」として出発しながらも、衆議院議長の星亨と外相の陸奥宗光の画策によって自由党との連携を深めていた。つまり、加藤のいう「政党」の「援助」を得ていたように考えられるが、加藤はそれに気づいていなかったというのか。おそらく、伊藤による議会停会と衆議院解散が、「輿論」の支持を受けていた対外硬派の意見を封殺する結果になったことにこそ問題を見出していたのではないか。内閣が議会の「多数」の意見を無視するというのは、「輿論」を無視し少数派による「圧制」を強いることを意味し、「立憲政治」を行なっているとはいえないのである。

さらにいうと、加藤は、対外硬派が論じたメインテーマのひとつである内地雑居について、「国家百年の大計を誤るもの」[11]として強硬な反対論を披歴していたうえ、明治二十六年十月一日、内地雑居講究会が大日本協会に組織変更した際、その創立大会に谷干城や鳥尾小弥太らとともに参加しており[12]、対外硬派の主張の一部に共鳴し、対外硬運動に参加していた[13]。対外硬派が形成した「輿論」の一角を担っていたのである[14]。加藤の内地雑居反対論は、単なる排外主義によるものではなく、西欧諸国の商業資本から、いまだ進歩の遅れている「日本人種」を保護するという目的をもっており、加藤の批判のまなざしは第二次伊藤内閣の条約改正にとどまらず、国家運営そのものにまで向けられていたといえよう。そのような「超然内閣」批判を経て、「輿論」を形成する国家の構成員をいかに育成していくかが、彼の思想課題になっていく。

「強者の権利の競争」と「道徳法律」

さて、前章までに指摘したように、右のような「立憲政治」論は社会進化論に基づいた国家思想に支えられたものであり、そのような「立憲政治」論は『人権新説』以来一貫していた[15]。しかし、現実には、早くも初期議会において政府と民党は鋭く対立し、立憲政治の運用は困難を極めた。こうした状況のなか、加藤の国家思想に新たに「道徳法律」論が付け加えられる。よって、以下では、『人権新説』以降に展開された社会進化論に基づいた国家思想に「道徳法律」論がいかに接合され、その結果いかなる国家思想を構築したのかという観点から考察を進めたい。対象とするのは、『強者の権利の競争』[16]と『道徳法律之進歩』である。後書は前書の「補遺」[17]として刊行されたものである。

『強者の権利の競争』が刊行されたのは、加藤が帝国大学総長を辞職して八カ月後、明治二十六年十一月二十九日のことである。この本の成立過程について加藤は、ヘルワルド（Friedrich Hellwald）の *Kulturgeschichte in ihrer natürlichen Entwicklung bis zur Genenwart*（1883）に感銘を受け、それを参考にして執筆を開始したが、

「私ハ文章ヲ書クコトカ最モ出来ヌ」ので、まずドイツ語で書くことにしたという。明治二十二年春に一度初稿が完成したが、さらにドイツ語の添削などを受けて、同二十四年春にはヘルワルドに添削を依頼した。[18]明治二十七年には、ベルリンのフリートレンダー・ウント・ゾーン社からドイツ語版を刊行した。

執筆時期から考えて、同書が草稿「自由論」を土台としたものであることは、間違いなかろう。「自由論」執筆に際して「自由権之進化　材料第一」として準備された読書ノートの最初のページには、ヘルワルドの『開化史』に、「人権ノ説アリ卓説多シ」と記されており、その後に、「権利ト自由トハ畢竟同一物ナリト考フ如何[19]」と発問している。同書は「自由論」以来の継続した問題意識のもとで書かれたものである。

同書は、従来からの加藤の主張であった「強者ノ権利」＝「権力」の立場から、「強者ノ権利」の進化の過程を概観したもので、目次は以下のとおりである。

総　論
第一章　天賦人権
第二章　強者ノ権利
第三章　強者ノ権利ト自由権ト同一ナルコト並ニ強者ノ権利ト真誠ノ（法定的ノ）権利トノ関係
第四章　人類界ニ於ケル強者ノ権利ノ競争ニ付テノ汎論
第五章　治者ト被治者ノ間ニ起ル所ノ強者ノ権利ノ競争及ヒ此権利ノ進歩発達
第六章　承前
第七章　上等族ト下等族ノ間ニ起ル所ノ強者ノ権利ノ競争及ヒ此権利ノ進歩発達
第八章　自由民ト不自由民トノ間ニ起ル所ノ強者ノ権利ノ競争及ヒ此権利ノ進歩発達
第九章　男子ト女子トノ間ニ起ル所ノ強者ノ権利ノ競争及ヒ此権利ノ進歩発達

第十章　各国相互ノ間ニ起ル所ノ強者ノ権利ノ競争及ヒ此権利ノ進歩発達
結　論

第五章までが概論であり、第七章以下でそれを「上等族ト下等族」「自由民ト不自由民」「男子ト女子」「各国相互ノ間」のそれぞれを例に挙げるなかで具体的に検討している。ちなみに、これらの具体例は、すでに草稿「自由論」において詳細に検討されていた。

そして、翌年二月三日に刊行されたのが『道徳法律之進歩』である。目次は次のようになっていた。

第一章　利己心幷に利他心
第二章　道徳法律か単に社会の維持進歩の要具たる所以を論し幷に強者の権利と道徳法律の進歩との関係及ひ利己心利他心と道徳法律の進歩との関係を論す
第三章　各社会有機物相互即ち各国相互の交際上にも道徳法律は当然存在すへきものなる乎

以下、『強者の権利の競争』と『道徳法律之進歩』を対象に、加藤の国家思想において統治と権利がいかに捉えられ、そこに「道徳法律」論が導入されたのかについて考察していきたい。

『強者の権利の競争』

加藤は『強者の権利の競争』においても天賦人権説を退け、すべての権利は〈優勝劣敗〉によって獲得されるものとした。さらに、天賦人権説に基づいた社会契約説をも否定し、国家の成立は「戦争攻伐」による「酋長」の「治者ノ権力（強者ノ権利）」の確立に求められるとした。その後、欧州諸国の多くは、専制君主制を経て立憲制へと移行するが、これを推し進めた機動力となったのは、「知能并ニ富裕ノ進歩発達」によって「自由権（強者ノ権利）」を得た被治者であり、彼らは「立憲政治」を支える近代的な国民に類推される存在である。[20]つまり、治者と被治者は統治権をめぐって「強者ノ権利ノ競争」を行なうのである。こうして、現段階において最も「強者ノ権利ノ競争」が進んだ段階で成立するのが立憲制であり、立憲君主制における君主は「人民ニ対セル弱者」になり、「次第ニ自己ノ権力ヲ限制シテ人民ノ自由権ヲ認許[21]」するという。加藤において、治者の権力を被治者が制限するという従来の枠組みは維持されていたのである。

しかし、新たな思想の展開がうかがえるのは以下の点である。右のような治者と被治者の「強者ノ権利ノ競争」は次第に抑制されるという。「社会生物即チ国家」は、「自己自身タル国家全体ト及ヒ其細胞タル各個人ノ維持進歩ヲ以テ倶ニ主眼」とし、もし国家が国家自身の維持進歩に偏れば「国家ハ擅恣暴虐ノ病ニ陥」り、各個人の権利の維持進歩のみを進めれば「無政ノ大不幸[22]」を見ることになるという。つまり、ここにおいて『天則』期に導入された社会有機体説は明快な国家有機体説に展開したことが明らかである。国家有機体説を基礎にして、個人あるいは社会に対する「国家ノ自己自身ノ維持進歩」の優越が強く意識されており、国家存立の準則を「人民の安寧幸福」に求めていた『国体新論』以来の加藤の国家思想の根幹部分は、『強者の権利の競争』において「国家ノ自己自身ノ維持進歩」を主眼とするものとして明らかに変化の相貌を呈しはじめていたといえよう。

『道徳法律之進歩』

以上のような国家の「維持進歩」の要具こそ「道徳法律」であった。そこで次に、加藤の「道徳法律」論を検討していこう。

加藤は『道徳法律之進歩』において以下のように言う。「道徳法律」は「吾人々類社会の維持進歩」に必要であり、軍事力など「物質的なる要具」に対して「心神的なる要具」である。なぜなら、もともと人間は「利己心」のみを持つものであり、社会関係を結ぶにあたって、「利己心」の一部を「利他心」に変化させる必要があるからだ。社会を構成するとは、個人の「利己心」を「利他心」に変性させることであり、「利他心」を養成する「宗教徳教」は「社会の上等階級即ち強者」が「強者の維持進歩」[23]のために作り出したものだという。社会が開化すると、従来の弱者が強者へと成長することで、「貴賤男女総体の維持進歩」を利するための「高尚優大なる道徳法律」[24]が形成されるという。こうして国家成立後は、「国家なるものは頗る進歩せる一種の有機物即ち社会有機物」[25]としたうえで、「道徳法律」が「社会全体の利益」のために「個人」の行動や思考を規制するものになるとした。

それでは、明治二十七年二月段階のわが国における「道徳法律」はどのようなものとして描かれているのだろうか。加藤によれば、日本の「道徳」は「忠君愛国」の一致した理想的なものだという。日本は「万世一系の帝室」による統治が行なわれてきたので、「愛国」と「忠君」は「須臾も離」れることはないという。「忠君愛国」の「道徳」は「感情的利他心」に属す。「感情的利他心」とは、「親戚故古」をもって「第二の吾れ」とみなし、「親戚故古」の「痛苦」を看過できない心、あるいは「神明又は君父及び其他の人より受けたる恩恵」に報いようとする「尊崇敬愛の情」とされた。こうして「感情的利他心」の一種とされた「忠君愛国」の「道徳」は、「宗教徳教」[26]によって教育されるものではなく、天皇という「最大優者」と日本という国家を「維持進歩」させるために日本人の内面に刻み込まれた「道徳」とされた。つまり、「道徳法律」という〈優勝劣敗〉を抑制する国家規範の頂点に天皇が据えられたのである。

以上のような思想の変容は、明治憲法に明記された天皇主権と教育勅語に現れた「忠君愛国」の精神を自身の思想に取り込んだことによると見て差し支えないが、同時代状況を勘案すれば、国家の構成員が「輿論」を形成する際の内面的準拠を用意したと見ることもできよう。

加藤は統治の要具として「道徳法律」論に着目したが、この時期の明治政府のひとつの課題は、実業や産業を担う人材の積極的な保護と育成であった。井上毅においては、「今日ハモハヤ理論ニ渉ルノ時テナイ」として、「今日ノ地球ハ富国強兵ノ原素タル実業ノ戦争最モ烈キ央テアル[27]」として、実業教育によって産業を担う人材を育成しようとしていた。また、ドイツ留学の経験をもつ品川弥二郎と平田東助は第二回帝国議会以来産業組合法の制定に尽力してきたが、平田は同法案について「社会の根本たり生産の主力たる中産以下の小農小商工[28]」の保護と育成をねらったものとした。井上や平田はドイツやフランスを実際に見聞し、日本における将来的な産業社会の到来とそれによる社会内部の動揺を見据えていたのではなかろうか。後述するように、日清戦争後の日本は、急速な産業社会の形成とそれによる種々の社会問題を経験することになる。加藤の議論は産業社会の到来までを見据えたものであったといえるのか。そこで、次節では、加藤が本節で明らかにしたような国家思想に基づき、日清戦争前後のさまざまな社会内部の動揺に起因する「道徳」や「法律」問題にいかに対処したのかを見ていきたい。

第二節　日清戦争前後の「道徳」「法律」問題

日清戦争前の「法律」問題——民法典論争

日清戦争前後の時期は、わが国で「道徳」や「法律」に関する問題が盛んに論じられた時期のひとつである。まずは、日清戦争前における「法律」問題、とくに民法典論争に焦点を当てる。民法典論争は、憲法発布後二カ月で公布されたいわゆる旧民法が日本の伝統的な家父長制を否定するものであるとして穂積八束らから批判を受けたことで、施行派と施行延期派の間で始まった。

民法典論争に際して加藤は施行延期を主張していた。たとえば、明治二十三年九月二十一日、民法施行断行派の山田顕義が校長を務める日本法律学校の開校式に臨席して、帝国大学総長として述べた祝辞のなかで加藤は、民法は「已むを得ざるに出」[29]たもので改正が必要であると平然と語っていた。なぜ、民法は改正が必要なのか。旧民法公布から二年後の明治二十五年五月に貴族院で審議された民法商法施行延期法律案[30]をめぐる論争から明らかである。[31]

貴族院会議においては、明治二十五年五月二十六日に村田保が一一五名の賛成者を得て、民法商法施行延期法律案を提出した。同日の第一読会において、加藤は同法案に賛意を示し、その理由として憲法と民法典の「土台」[32]の矛盾を挙げた。つまり、憲法においては「人民ノ権利」が「国家ノ主権ヨリ与ヘラ」れたとされていたのに対して、民法ではまるで「天賦ノ権利」を「土台」にしているように見えるという。

憲法第二章で臣民の権利義務について規定されているが、その多くは法律の定めるところによるという条件が付せられており、その法律が第一章第五、六条で、天皇が議会の協賛を経て立法権を行使し、裁可、公布されると記されていることから、臣民としての権利義務が天皇の主権から発しているという加藤の解釈は間違っていない。

民法に関して、具体的な条文に即した議論ではないが、推定するに、民法人事編第一条「凡ソ人ハ私権ヲ享有シ」「自ラ其私権ヲ行使スルコトヲ得」[33]とあること等を念頭においた発言だったと思われる。しかし、加藤が求めたのは、細かい条文の改正ではなく、全面的な「土台」の見直しであった。なぜなら、憲法と法律の間には「調和」「はるもにー〔Harmonie〕」がなければならない。人間の身体の諸機関は「はるもにー」を保っており、これによって「健康ニ生存」することができるが、国家もこれと同じである。それに対して、大木喬任は「誠ニ聴ヅライ」と苦言を呈し、「国家ノタメニ権利ヲ折ラル丶ト云フ様ナコトデアレバ人民ハ国家ノ奴隷ト云フモノデアル」とした。この応答を報じた新聞『日本』は延期派の加藤を「独逸主義」、断行派の大木を「仏国主義」[34]と評言した。

ここからわかるのは、施行延期派の主流であった人々と加藤では、延期を要求する理由が異なっていたことである。たとえば、村田は、民法に規定されていることが「我国体」の「慣習」と異なると捉え、「家」によって保ってきた「日本ノ社会ノ美風」[35]を保護するために延期を主張し、穂積八束は、明治二十四年八月二十五日に発表した「民法出テ、忠孝亡フ」において、欧州と日本の「家制」の違いを指摘し、「耶蘇教」に基づき「一男一女情愛」によって「家」を形成する欧州に対して日本のような「祖先教ノ国」は「家父権」によって「家」が構成されているとした。施行予定の民法は「極端個人本位ノ民法」で、「国教ヲ排斥シ家制ヲ破壊スル」[36]という。つまり、穂積は日本の「家制」を歴史的に分析することで、民法の施行に反対したのである。これに対して、加藤はこの時点では家父長を中心とした家制度を重視しておらず、ましてや天皇と臣民を疑似的な親子と捉える家族国家観を有していなかった。

しかし、民法典論争の後、旧民法は施行を延期され、新たに穂積陳重らが中心となった法典調査会によってドイツ民法を参考にした民法が起草され、明治三十一年に施行された。家父長制度を基本とする民法が制定されたことで、加藤もまたそれに対応せざるをえなくなるが、これについては本章第三節で論じる。

日清戦争前の「道徳」問題——井上文政期の徳育論

次に日清戦争前の「道徳」についてとくに道徳教育、つまり徳育に着目したい。この時期、井上毅文相によって徳育は、教育勅語の精神に則り国家の要請に従う「臣民」の育成という明快な目的を求められるようになった。

明治二十六年（一八九三）三月七日に第二次伊藤内閣の文部大臣に就任した井上毅は、実業教育の振興と高等教育の再編を行ない、初等教育に関しては義務教育の普及を目指し、授業料の廃止や小学校教育費の国庫補助化を計画し、国家を維持、成長させる即戦力となる人材を確保しようとした。井上文相は、そのような人材の内面を教育するためにとくに修身科について、明治二十六年文部省訓令第九号でその方針を述べ、教員が教材として「矯激ニ流レ中庸ヲ失」った歴史上の人物の「善行」を用いないよう注意を促した。また、「図書検定基準」を図書課長に示し、「国体ニ乖キ又ハ憲法及国法ニ戻ル者」、「明治二十三年十月三十日の勅語ノ旨ニ合ハサル者」、「政論ニ渉リ又ハ国交上ノ誹毀ニ渉ル者」[37]を修身教科書から除外するとした。さらに、同二十七年一月十二日に北海道庁、府県、文部省直轄諸学校に対し、文部省訓令第二号を発し、「師ヲ尊ヒ長ヲ敬フハ徳育ノ一大要義」としたうえで、生徒による校長や教員に対する「抵抗」「強迫」「合同闘課」[38]（いわゆる学校ストライキ）等の反抗を改めて取り締まるよう命じた。文部省訓令第二号が発令されたのは、内村鑑三不敬事件（明治二十四年一月九日）以降、諸学校の生徒による教職員の「不敬」の告発が相次いだからである。小股憲明氏が指摘するように、生徒等に告発された者の多くは、辞職等の社会的制裁を受けることになった[39]。文部省訓令第二号の必要性は、不敬事件で告発された側の「不敬」な言動にあったわけではなく、教職員を告発した生徒たちの「師ヲ尊ヒ長ヲ敬フ」気風を養うところにあったといえる。つまり、教育勅語発布後から日清戦争前にかけての明治政府が求める「忠君愛国」道徳とは、教師や目上の者に歯向かわず、国家の要請に素直に従う人材の内面を練成する統治の要具であった。

こうした状況に対して、加藤は小学校における徳育の在り方について『小学教育改良論』（一八九四年）で自説を開陳した。まず、同時代を「徳育裸体の時代[40]」であるとし、維新前、「上等社会」では「孔子主義」、「下等社会」では「釈迦主義」による徳育が行なわれていたが、維新後に「新を喜ひ旧を厭ふの人情」が蔓延したことで、それらが顧みられなくなったという。本来、徳育とは、「知識的の教育」とは異なり、児童の「感格を惹起」し、良き行ないを「実行[41]」させるものであり、徳育の効果が最大限に顕れると、たとえ「学者」が徳育の内容を「社会の開明に不利[42]」と批判したとしても「一般社会」の人々は学者の意見を受け入れないという。つまり、徳育は「知識的の教育」よりも強力な教育効果を持つものとして捉えられていた。加藤は「学者社会」と「一般社会」を峻別し、「知識」が「一般社会」に対してもつ限界を認めるとともに、「感格」に訴える徳育の効果を十分理解していたのである。

そこで、現実の修身科をいかなるものにするか実践的な内容を有する提言がなされる。「徳教の土台」を「詔勅」、すなわち「吾か万世一系なる　聖天子の御教旨即ち御命令[43]」に定め、教員は「詔勅」に基づき、「和漢洋古今の歴史中より児童に解し易き美事善行」を説くべきだという。「徳教の土台」を「詔勅」に求めるということについて、明治二十四年文部省令第十一号「小学校教則大綱」第二条に「修身ハ教育ニ関スル勅語ノ旨趣ニ基[44]」づくことと明記されており、同年文部省訓令第五号でも、小学校は「尊王愛国ノ志気ヲ発揚」し、「忠良ノ臣民[45]」を造成すべきだとされている。また、井上哲次郎が文相の芳川顕正から委嘱されて執筆した『勅語衍義』において、教育勅語を「国民的教育ノ基礎[46]」とすべきことが宣言されていた。つまり、教育勅語を教育の基礎に置くことは明治政府の意向であったが、二十七年の段階で加藤がことさらにそれを強調したのはなぜか。

実は、教育勅語発布前に加藤が刊行した『徳育方法案』（一八八七年）では、小中学校の修身科では「宗教主義の徳育[47]」を行なうべきだとされている。キリスト教、神道、仏教、儒教の修身科担当者を小中学校にそれぞれ派遣し、生徒に四つから受講対象を選ばせればよいとするものであった。このような発言は、教育勅語発布とその後の文部省の徳育の方針に合致しないため、『小学教育改良論』を上梓したのではないかと推察できる。ただし、加藤のみが文部省の徳育の方針にいち早く賛同したわけでなく、教育界でも支持を表明する者がいた。たとえば、福島や長野で師範学校長を務めた能勢栄は『実践道徳学』上篇において、わが国固有の徳目として「万世一系の皇室に対して忠誠を尽す心[48]」を挙げ、教育勅語の趣旨を順守するよう求めており、また『教育時論』主幹の湯本武比古も教育勅語を学校内外での教育の指針にするよう主張している[49]。

以上、明治二十年代後半、日清戦争前後の井上文政が教育勅語に依拠した徳育の在り方を重視すると、加藤もそれに同調し、かつての徳育論を改め、「尊王愛国ノ志気」をもつ「忠良ノ臣民」の育成に徳育の目的を定めたことを指摘した。しかし前節で明らかにしたように、加藤にとって国民は単に国家の要請に従う「臣民」ではなく、自発的に考え知識を蓄え、自身の力で「強者ノ権利」を獲得し、「輿論」を構築し「立憲政治」を支える存在でもあった。この後、天皇に忠誠を誓う「忠良ノ臣民」像と「立憲政治」に参画する国民像が、加藤のなかで並存することになる。

一方で、明治期以降に高等教育機関で学んだ青年のなかには、国家の維持、発展とは異なる次元で、個人の内面に向き合うことで自己形成を行なった者たちも現れた。「恋愛は人生の秘鑰なり」と高らかに謳い上げた北村透谷は明治二十七年五月、自宅で縊死した。自死の理由については定かではないが、死の一年前に発表した「内部生命論」において、「すべての倫理道徳は必らず、多少、人間の生命に関係ある者なり。人間の生命に関係多きものは人間を益する事多き者にして、人間の生命に関係少なき者は、人間を益する事少なき者なり」として、加藤や井上とはまったく異なる次元で「倫理道徳」を捉えていた。そこでは、「彼等は忠孝を説けり、然れども彼等の忠孝は、寧ろ忠孝の教理あるが故に忠孝あるを説きしのみ、今日の僻論家が勅語あるが故に忠孝を説かんとすると大差なきなり、彼等は人間の根本の生命よりして忠孝を説くこと能はざりしなり」[50]として、同時代の「忠孝」道徳が「生命」のために存在していないことを喝破していた。透谷が批判した「彼等」は、加藤も含め井上哲次郎や能勢栄ら教育勅語における「忠君愛国」道徳を無批判に道徳の中心に据えようとした人々を指すと思われる。

おそらくこの頃、明治維新前後に誕生し、近代的な教育を受けた青年のうちの一部は、早熟な近代的自我の形成を行ない、立身出世と国家への貢献を至上命題とする価値観とは異なる価値観を見出した。彼らは明治国家が要求する「忠良ノ臣民」にはなりきれず、近代的な個人としての生の不安、苦しみを次第に蓄積させていった。彼らは後の「煩悶」青年の走りである。それに対して、加藤は前述したように個人を国家有機体の細胞の一つとして位置づけ、そのような個人を徳育によって「忠良ノ臣民」に造型すべきだとしていたのである。後に「文学趣味は余程乏しい[51]」と評され、「社会と美文学」という題で演説した際、「社会の改良[52]」に役立つか否かで文学の価値を測った加藤に、文学で命を紡いでいた透谷の悲鳴は届かなかったに違いない。

日清戦争後の「道徳」「法律」問題——内地雑居、移民問題

日清戦争後、明治国家は右のような青年の登場とともに植民地の獲得と内地雑居の開始によって、「忠良ノ臣民」像の動揺という問題に直面した。

日清戦争による資本主義経済の進展や植民地の獲得は、政治経済面のみでなく哲学思想の分野にまで深い影響を及ぼしたが、加藤自身は日清戦争について以下のように述べている。旅順陥落のちょうど一カ月前、日本の勝因について分析し、日本人は清国人よりも「忠君愛国」の精神に富んでいること、「天皇陛下の聖徳」に応じる「将校兵卒」の「一死報国の精神[53]」等を挙げている。日清戦争を経験したことで、加藤は「道徳法律」による国家の維持、発展という方向性に自信を強めることになったのである。

戦後、日本は初めて植民地を獲得し、他民族を日本に組み入れることになった。與那覇潤氏は、日清戦争から世紀転換期にかけて、沖縄の知識人が自ら「日琉同祖論」を提起し、「日本民族」への同化を図ったことを指摘するとともに、坪井正五郎らによる「土俗会」の結成や高山樗牛による「日本民族」の由来を知るための神話の比較研究の提唱をはじめ、日本に根付いた風俗習慣あるいは神話等を積極的に考究する傾向が生じたことを指摘している[54]。また、ハワイや南米への移民が増加し、とくに明治三十年代に入ると「裏日本」の貧しい人々が生存を懸けて同地域へ移民した[55]。日本の領土拡大、海外に移民する日本人の増加に伴い、「日本人」、「日本民族」とは何かを問う傾向が生じたのである。はじめにも述べたように、この時期は「日本人」像が揺らいだ時期として捉えられているが、そのような状態にさらに揺さぶりをかけたのは、内地雑居の開始であっ

たと思われる。

明治三十二年（一八九九）七月十七日に日英通商航海条約等が実施され内地雑居が始まり、民法や国籍法等の法律問題が喧しくなった。内地雑居の社会的インパクトは大きく、博文館の日用百科全書シリーズの一つである鳥谷部春汀『内地雑居改正条約案内』（一八九九年）等をはじめ、内地雑居の新法制や社会への影響についての解説書が複数刊行され、なかには、西欧の食事の作法から接吻の習慣まで平易な言葉で紹介した暮鴨散士『七月来！――一名 内地雑居心得』（一八九八年）のようなハウツー本まで存在した。外国人が日本に自由に居住し商売を行なう未知の時代に対する期待と不安が読み取れる。このような不安は実業や労働の問題に関して、より具体的、先鋭的に現れた。横山源之助は「職工社会」の労働者の立場に寄り添い、彼らが「人情なく、涙なく」[56]残酷な欧米人の下で働くことになる将来を嘆いた。雑居解禁後の実業問題に関して、井上円了も、日本がまだ「半開国」であるとの認識から、「白色人種」と「大和人種」の「実業の競争」が生じ、「大和人種」は競争に敗れ「鰹節の出柄同様の味なきものを以て満足」[57]せざるをえない時代が来ると危機感を募らせていた。また、清国人が仕事を奪うとして神戸で清国労働者非雑居期成同盟会が組織された。

このように、日清戦争後の日本は、植民地の獲得や海外への移民の増加、内地雑居の実施等を経て、「日本人」というものの概念が動揺しつつあった。さらに付け加えると、日清戦争後、労働者が増加し、彼らの貧困は社会問題となり、高野房太郎らによる職工義友会再建、黒岩涙香らによる理想団の結成等、社会運動の萌芽が見られ、明治三十五年に工場法が公布されるが、その施行は一〇年後のことである。つまり、民族としての「日本人」の定義に動揺が生じただけでなく、社会のなかでもさまざまな分断と亀裂が生じ始めたのである。

加藤は、内地雑居を法律や実業の問題というよりも「人種」の危機として捉え、欧州の「優等人種」と日本人の雑婚が増加することで、「欧州の習慣風俗に感染」し「不良の家庭教育」を受ける子女が増加することで、「真正なる忠君愛国の日本人」が育成されないことを「国家に害ある」[58]ものとして憂慮していた。また、台湾の植民地政策について、台湾人を効率的に「開明忠愛の人民」に育成するため、英国のインドにおける植民地経営を参考にして、内地同様の法制や教育を押し付けるのではなく現地の「古習旧慣」[59]に即した植民地政策を行なうべきだと述べている。つまり、加藤は内地雑居や植民地獲得にともなう「法律」問題を「道徳」問題と併せて考察する傾向があり、「忠君愛国」道徳を共有できない「日本人」が誕生することに危機意識を抱いていたのである。

「道徳」問題と教育改革論議

右のような状況に対して教育をもって対処しようとする動きもみられた。帝国議会では、小学校の修身科を中心に教科書を国費でもって文部省が編纂すべきとする議論が起こった。貴族院では明治二十九年二月「国費ヲ以テ小学校修身教科用図書ヲ編纂スルノ建議案」、同三十年「国費ヲ以テ教科用図書ヲ編纂スルノ建議」が提出、可決され、衆議院でも同三十二年「小学校修身書ニ関スル建議案」が提出、可決された[60]。とくに衆議院提出の建議案は「全国ノ就学児童ノ徳行ヲ同揆ノ下ニ教養シ忠孝愛国ノ精神ヲ啓発シ以テ国家ノ文明ヲ進メ富強ヲ致ス」[61]という観点から、それまでの検定制を批判し国定小学校教科書の編纂を建議するものであった。これらの建議の背景には、教科書検定制度が府県統一採択制を採っていたために府県と教科書書肆の贈賄癒着が横行していたという事情があったが[62]、それだけでなく「忠良ノ臣民」像が揺らぐなか、「忠孝愛国ノ精神」を育むための修身科の在り方を政府が提案すべきだとする強い要望があったのである。

教科書にとどまらず、教育の在り方自体に見直しを迫る人々もいた。その先鋒となったのが、明治二十七年六月、伊沢修二が学制の改革等を論じる場として結成した学政研究会（後に学制研究会）である。参加者は衆議院議員を主としており、楠本正隆、高田早苗、波多野伝三郎、加藤平四郎、貴族院議員では近衛篤麿らであり[63]、東京帝国大学関係者は少数であった（菊池大麓は参加）。また、彼らの大部分が第二次伊藤内閣と対立した進歩党・対外硬派から成っていることもひとつの特色である。彼らが主張したのは高等教育会議設置で、文部官僚による独断的な教育行政にメスを入れようとした。第二次松方内閣の文相蜂須賀茂韶のもとで木場貞長（普通学務局長）、神鞭知常（法制局長官）、高橋健三（内閣書記官長）らの検討を経て、同二十九年十二月十七日「高等教育会議規則」が公布された。[64] 加藤は学制研究会には所属していなかったが、貴族院において高等教育会議設置を支持し、その議長に任命された。

第二回高等教育会議で教科書自由採択制案が尾崎行雄文相から提出された（明治三十一年十月五日）。このとき、文部省から会議に出席したのは高田高等学務局長らであった。これに対して伊沢、湯本武比古、江原素六は賛意を示したが、谷干城や菊池大麓、大窪実（北海道師範学校長）らによって反対されるなどした後、過半数で可決された。しかし、同年十一月に大隈内閣が退陣した後、後継の第二次山県内閣において教科書自由採択案は取りつぶしにあい、教科書自由採択制構想は挫折した。[65]

加藤はというと、高等教育会議において議長を務めており、目立った発言はしていないようだが、とくに修身教科書については国費をもって編纂すべきだと考えていたようである。[66] また、学制研究会派（註(71)小股氏によるグルーピング。以下「学制研派」とする）の船越衛、久保田譲とともに貴族院に「学政振張ニ関スル建議案」を提出し、衆議院の予算案審議で文部省の予算が減らされがちであることを批判し「十分ニ教育ニ心ヲ用ヒサセ教育ニ十分金ヲ使ハネバナラヌ」[67]と主張した。つまり、この頃、加藤は学制研派と近い立場で、教育関連の予算の低減に反対していたのである。

そのような立場は、貴族院における加藤の位置づけを変化させた。この時期、加藤は貴族院において懇話会に属することになった。明治二十三年に貴族院議員に勅選されて以来、加藤は会派に所属しない無所属議員であったが、学制研派と帝大派が対立しはじめた同三十三、三十四年、つまり第十三、十四議会において懇話会に所属した。このとき、第二次山県内閣期であり、同内閣は憲政党との協力のもと成立したが、同時に貴族院では、平田東助主導で山県閥の一翼を担う山県派の貴族院会派を誕生させており[68]、外山正一、浜尾新といった帝大派の多くが研究会、茶話会に所属した。一方で学制研派の近衛篤麿、伊沢修二は朝日倶楽部に、辻新次、久保田譲は懇話会に所属するなど、反藩閥の会派に属した。このとき加藤は、貴族院内の帝大派や娘の義理の父山県との関係上、研究会、茶話会に属すのが自然であるにもかかわらず、懇話会に属したのである。加藤があえて懇話会に属したのには、学制研派との関係だけでなく、何より谷干城の主張に共感したからだと思われる[69]。谷は貴族院において、基本的には反藩閥、対外硬派の一翼を担い、地租増徴に反対の論陣を張ったが、とくに日清戦争後は軍拡予算の削減を主張し、加藤もそれに同調した。

加藤と学制研派との協働関係は長くは続かなかった。学制研派が構想していた高等学校の帝国大学予備門化と文部省廃止説に対して激しく反発したのである[70]。このような学制研派と加藤の対立は、第十四議会以降の貴族院における帝大派と学制研派の対立の文脈で見ることもできるだろう[71]。帝大派と学制研派は第九議会から第十三議会まで、高等教育会議設置や対文部省対策で意見が一致しており、良好な関係を保っていたが、第十三回議会以降、学制研派が高等教育会議の民間教育関係者増加案や帝大予算削減論を提唱して以降は対立するようになった。加藤は文部行政の縮小とその予算の低減への反対から学制研派へ近づいたが、文部省の廃止や高等教育の改革が提唱されると帝大派に近い立場をとることになったのである。

同時期は高等教育行政の変革期であり、加藤が綜理、総長を務めた頃のような東京大学、帝国大学が高等教育とそれに伴う特権を独占できる体制は揺らぎ始めていた。明治三十六年三月二十七日に専門学校令が公布され、各種の高等専門学校が設立され、たとえば東京専門学校が早稲田大学に、日本法律学校が日本大学に改組された。そのようななかで、桂内閣は文部省の廃止と文部行政の内務省への移行を検討するようになった。これは、同年五月の議会で海軍拡張を目的とした地租増徴継続案が否決されたために、桂内閣が行政整理の一環として提案したものであった。これに対して加藤は、日清戦争に勝利できたのは教育の成果なので、文部省を廃止し教育の自由化を図るのには反対との意見を表明した[72]。さらに、谷に対して八月三十日に書簡を送り、文部省廃止説への反対について以下のような協力要請をしている。

此頃文部省廃止説内閣ニ起リ粗決定之様子有之小生等種々反対運動ニ着手、大臣等ヘモ説キ居候得共、何分微力致方無之候、学士会院ニテ別紙決定通致度候、閣下御反対ノ件ハ読売新聞上拝見候事ニモ有之候得共、御出在ニテハ大臣等ヘ御忠告被下候様願候大ニ効力可有之相考候[73]

谷は文部省廃止説が起こった原因を問題視しており、『読売新聞』紙上で「今の当局者中基督教を奉ずるものが多くて教育に勅語の下つたことに対しても畏れ多くも兎や角云ふ連中がある」ことと「伴食大臣が代々之に居つたから教育其物さへ軽視せらるる様になつた[74]」ことを原因として挙げ、文部省を廃止したことでさして経費節減にもならないからと廃止説に反対した。右引用中にある「大臣」とは桂太郎と児玉源太郎文相のことを指し、「学士会院」での決定とは、二十九日に東京学士会院で全会一致で可決された反対意見のことを指す。谷と加藤は明治二十二年の大隈条約改正反対運動以来、谷のいわゆる「勤倹尚武の建議案」にも加藤が賛成するなど、反藩閥の旗印のもとで共闘していたのである。結局九月二十二日に久保田譲が文部大臣になり、文部省廃止は取り消しになった。

以上のように、日清戦争後、修身科をはじめ教科書の編纂を政府で行なうことを主張する動きがある一方で、学制研究会を中心に教科書自由採択制や文部省廃止説、帝国大学予算削減論が提唱された。国家と教育の関係が鋭く問われ、教育における自由と多様性を求める声があがったのである。このときにあたって、加藤は一貫して文部省廃止論と帝国大学予算削減論に反対するとともに、修身教科書国定制度を支持するなかで、国家が教育に責任をもちながらも、教育行政の独立性が確保されるべきだと主張した。

「世界主義」の提唱と修身教科書調査会

右のような教育における自由と多様性を求める人々は、教育における道徳の在り方をも変えようとした。たとえば、第二次伊藤内閣の文相西園寺公望は「世界主義」を標榜して教育勅語改正にまで着手しようとしたが[75]、西園寺や『世界之日本』主筆の竹越与三郎らは、偏狭な「忠君愛国」道徳ではなく、殖産興業や富国強兵を支える近代的な国民を育成する道徳の必要性を訴えていた[76]。

このような動向に対して批判的態度を示したのが井上哲次郎であった。井上は教育勅語を根拠とした国家主義的教育の必要を訴え[77]、高山樗牛とともに『新編倫理教科書』を著し、「国民の私利私欲をして国家公共の利益に殉せしむる[78]」ことこそ「国家の盛大を致す所以の道」として、「世界平等の原理」ではなく「国家主義の道徳[79]」が必要だとした。明治三十三年公布の小学校施行規則第二条では、尋常小学校の修身は教育勅語に基づき「公徳ヲ尚ハシメ忠君愛国ノ志気ヲ養ハン[80]」ことが明記され、明治三十四年二月には、文部省から帝国教育会に対して「公徳」養成の方法について諮問がなされた[81]。つまり、日清戦争後の新たな時代に相応しい道徳が模索され、その傾向は大きく分けて、殖産興業と富国強兵を促す国際標準の道徳を志向し国民を育成する方向、国家主義的な道徳や「公徳」を重んじ「忠良ノ臣民」を育成する方向が生じていたのである。

加藤とともに明六社社員であった西村茂樹は、『日本道徳論』(一八八七年)に引き続き、『国家道徳論』(一八九四年)と『続国家道徳論』(一八九七年)を執筆し、「国家道徳」の在り方を提起した。真辺将之氏が指摘しているように、この頃、西村は「世界主義」の道徳が蔓延している状態を批判し、日本独自の「忠君愛国」道徳を重視するとともに、普遍的な真理に基づく「国家道徳」によって国家と国民がともに守るべき規範を提示した[82]。西村において、国家が守るべき規範が示された点、また、「国民道徳」という国家独自の道徳の前提に普遍的な「天道」や「天則」を提示した点は、次節で明らかにする加藤の思想と異なる。

加藤についていえば、明治三十三年に男爵を授けられ、第二次山県内閣において修身教科書調査委員会委員長に就任した。加藤は以前から、修身科では「今日の凡人が編纂したるもの」ではなく、「歴史上古今の美事善行[83]」を教えるべきと訴えており、ようやく自身の主張を教科書に反映させる機会に恵まれたのである。委員は、木場貞長、高嶺秀夫、井上哲次郎、沢柳政太郎、伊沢修二、中島力造、井上円了であった。同会は明治三十三年から三十六年にかけて教科書の調査、作成にあたったが、起草員の中島徳蔵が哲学館事件にまきこまれ辞職する。この事件は、三十一年八月の尾崎行雄の共和演説事件や同三十四年の教育勅語撤回風説事件といった不敬事件を「伏線」としており[84]、後の南北朝正閏論争につながるものとして位置づけられる。明治三十七年一月、同会が提出した「小学校修身書編纂趣意報告」では、修身教科書について「国民トシテノ心得」、「個人トシテノ心得」、「一般義務ニ関スル心得[85]」をバランスよく配置したことを強調している。また、「昔話」を採用せず、実際に起った「歴史上ノ事蹟」を用いて「児童ノ模範」としたこと、「実際生活上ノ教訓ヲ多ク加ヘタルコト」も大きな特徴であった。よって、後の国定修身書と比較して「近代市民社会の論理」と「職業倫理[86]」が強調された点に特徴があるとされている。そのため、貴族院議員の東久世通禧、田中不二麿、野村靖から「文部省著作小学校修身書に関する意見」が提出され、国民道徳の基本が明らかにされていないとの批判を受け、さらに明治三十八年十月に入ると日本弘道会からも「忠君愛国」道徳と家族道徳、さらに敬神について不十分であるとの批判がなされ、これらの批判を踏まえた第二次国定教科書の編纂に追い込まれる事態になった。

以上、本節では、日清戦争前後における「道徳」や「法律」問題を取り上げ、加藤弘之がそれらにいかに対処したのかを検討した。井上文政期には、政府と加藤が同じく教育勅語に依拠した徳育の在り方を提示し、民法典論争においては、天皇の「主権」から臣民の権利が生じたとした。これらの点から、同時期の加藤が明治国家における「道徳」と「法律」の頂点に天皇を据える議論の枠内にいたことがわかる。

日清戦争後、内地雑居の実施等によって、「日本人」の定義が動揺しつつあり、加えて社会問題も発生し、国民の間に新たな分断と亀裂が生じ始めた。このような新たな時代に対応するために、教育の在り方が見直されはじめ、とくに学制研究会を中心に教育の民間への開放と「世界主義」の道徳が主張され近代的な国民像が提示されたのである。加藤もまた教育に着目し、そのような国民像に対して、「道徳法律」はともに国家が国民に対して与える規範であるとする考えに立ち、修身科をはじめ国定教科書の編纂を行なうことで、国家が教育に対して責任をもつべきだとした。実際に、修身教科書調査委員会委員長として「忠君愛国」の「道徳」とともに近代的な要素を盛り込んだ教科書を編纂した。これは、加藤における「忠良ノ臣民」像と「立憲政治」を支える国民像の双方に対応する道徳を入れ込んだものである。

つまり、日清戦争前後における加藤の「道徳」や「法律」をめぐる言説は、同時期の国家思想に「道徳法律」論が加わり、〈優勝劣敗〉が抑制される段階にいたったことを示している。次節では、以上のような「道徳」や「法律」問題に直面したとき、彼の「道徳法律」論を中心とする国家思想が日清戦争後にさらに変容したのかを見ていきたい。

第三節　「第三段階有機体」としての国家——『道徳法律進化の理』初版と増補改訂版の比較

『道徳法律進化の理』における「道徳法律」論

明治三十三年（一九〇〇）、加藤弘之は前述の『道徳法律之進歩』の趣旨を強化すべく、『道徳法律進化の理』を刊行した。前年七月十九日から同書の「清書」を始め、九月四日に井上哲次郎に「草按」の「検閲」[87]を頼んでいる。

同書において、「道徳法律」は以下のようなものとして捉えられている。

社会的生存の最重要手段たる道徳及び法律が抑如何にして発生進歩したるものなるやの問題に就て研究せんに、凡そ人の通有性と各人種各民族各国民等の特有性とが社会内に於ける若くは他社会との間に於ける種々の生存競争並に国民開化の進歩発達其他種々の自然的及び社会的現象に影響せられ、更に又心的遺伝及び応化の作用に由て次第に各社会の特殊なる風俗習慣を生ずることとなり、而して能く該社会の生存に利あるものは自然淘汰に由り存続及び進歩するを得て、遂に道徳法律と称すべきものとなりて漸次更に進歩発達し、其不利なるものは存続進歩する能はずして遂に消滅することとなりしなり(88)

右の引用からわかるのは、「道徳法律」とは、人種や民族、国民等の「通有性」と「特有性」が、社会内外の生存競争、さらに国内の開化の度合い等に「影響」されることで形成された「風俗習慣」が「進歩発達」したものだということである。道徳を絶対的、普遍的に存在する善に従うものとしたカント的道徳論をとらず、あくまで時代や社会、国家、人種や民族等の状況によって「道徳法律」が形成されるとする歴史主義的立場に立っていることがわかるだろう。よって、加藤の「道徳法律」論は同時代の西園寺や竹越らがいうところの「世界主義」の道徳論とは相容れないことになる。

ここで重要なのは、「風俗習慣」が無条件に「道徳法律」になるのではなく、「社会の生存」に利あるものが「自然淘汰」の結果、「道徳法律」になるという点である。「社会の生存」に利あるとはどういうことか、次の一文から明らかになるだろう。

総人民の安寧又は其最大数の安寧（Das grosstmogliche Wohl der grosstmoglichen Zahl）と云ふが如きは唯集合的個人の安寧にして決して国家的社会其者の安寧と認むるを得ず、然るに国家的社会なるものは決して衆個人の漫に集合生存するもの（Das blose Zusammenleben der Individuen）にはあらずして、衆個人の有機的に集合生存するもの即ち所謂社会的有機体（Das Organisirte Zusammenleben der Individuen oder der gesellschaftsorganismus）なれば、此社会的有機体の生存の為めの必要手段たる道徳法律は決して集合的個人の安寧を以て最大の目的とすべきにあらず、必ず此社会的有機体其者の安寧を以て唯一究極の目的とせざるべからざるは固より論なきことなり[89]

つまり「社会の生存」に利あるとは、国家有機体説を前提に、個人、あるいは「集合的個人」の安寧幸福ではなく、「国家的社会」の安寧幸福を求めることであったといえよう。ここにおいて、国家は社会が進化したものとされながらも、社会とは峻別され、それ自体が独自の意思を有するものとして捉えられた。よって、「道徳法律」の「唯一の標準」は「愛国的徳義」に定められ、その他の「徳義」は「愛国的徳義」を全うするための「手段[90]」であるという。別の論説では、このような見地から、たとえば、赤穂浪士やポーランド独立運動、フランス革命等も一見道義的な観点から賞賛すべきと見えるが、国家の秩序を破壊しているという点で「法律」上だけでなく「道徳」上も誤っていると述べている[91]。こうした論理からすると、日清戦争後の職工義友会の再結成（明治三十年）や足尾銅山鉱毒事件における田中正造の明治天皇への直訴（同三十四年）等は国家の秩序を逸脱するものとされ批判されるべき対象となる。

さて、右のような主張の根拠になっている国家有機体説の理論的根拠は、いかなる思想家に求められたのか。加藤が国家有機体説を最初に学んだのはブルンチュリだと考えられるが、『人権新説』において国家有機体説を本格的に展開することはなかった。その後、草稿「自由之進化　草稿第二」において、主にシェフレやヘッケルの著作から社会有機体説に関する引用を多数行なっていたが[92]、結局この草稿は未完のまま終わった。国家有機体説をとりこんだ国家思想を展開しはじめたのは明治二十四年頃、つまり明治憲法制定後である。たとえば、「一の社会は一人の身体の如く一人は小なる我にして社会は大なる我なり、小なる我が多数団合して大なる我を組成する」[93]として、社会の一体性と公益私益の一致を説いており、本章第一節でも明らかにしたように『強者の権利の競争』では国家有機体説が採用されていた。要するに、加藤にとって国家有機体説とは、権利をめぐる生存競争を穏健化し現実の明治典憲体制に馴致させるために導入された理論的枠組みであったといえよう。それは、『道徳法律進化の理』初版において全面的に展開された。

『道徳法律進化の理』執筆の際に参照した学者として名前を記されているシェフレは新歴史学派の経済学者であるが、彼は『社会体の構造と生』において社会有機体説を採用し、社会進化の法則を弱肉強食の進化論ではなく、増殖、分化、融合といった生物学的な概念に求めた[94]。同書は、明治十五年刊行の『人権新説』においても「最大優者」による権利の譲与といった点において参照されていた。また、ドイツの心理学者で『民族心理学』の著作があるヴント（Wilhelm Wunt）やヘッケル（後述）からも国家有機体説を学んでいたことがわかる。道さらに、国家有機体説の見地からベンサム（Jeremy Bentham）の「最大多数の最大幸福」論を批判している。道徳が普遍的、絶対的にあるとするカントに代表される「直覚派」の道徳論を否定し、逆に道徳の「人造説」を唱えるホッブズ、日本人では荻生徂徠や二宮尊徳を評価している[95]。つまり加藤は、十九世紀のドイツにおける心理学、社会学、哲学といった学問分野のなかでも、個人よりも国家や民族といった集団を重視し、それらを科学的に分析した学問成果から国家有機体説を学び、独自の国家思想を構築したのである。

「立憲族長政治」の提唱

では、「国家的社会」における「道徳法律」の機能はいかなるものなのか。「道徳法律」は社会が未開段階か開化段階にあるかによってそのあり方を変える。「社会」が未開段階にあるとき、「社会を組成する所の要素」とは「権力」を把握する「治者と貴族」といった「優強階級」のみであり、「道徳法律」は「優強階級」の「安寧幸福」を維持するためのものであった。しかし開化段階に至ると、「劣弱階級」も「知識」と「財産」を有し「権力」を把握する。こうして、従前の「優強階級」と「劣弱階級」は「権力相衝突し両強対抗」する状況になり、「社会」はすべての「階級」によって構成されることになり、「道徳法律」は一部の「優強階級」のためではなくすべての「階級」を含む「社会」[96]のためのものとなる。ただし、「社会」が開化すると個人の「利己心」は抑制され「利他心即ち高尚なる変性的利己心」になるとともに、「道徳」の働きによって個人の「安寧幸福」は「社会の安寧幸福」と一致し、「道徳法律」は「社会の安寧幸福」[97]を維持するためのものとなる。つまり加藤は、「優強階級」と「劣弱階級」の格差が縮小するまでは、国家の秩序を乱さぬ範囲で「権力競争」を行なうことを是認しているが、優劣の差が縮小すれば、個人は「利己心」を抑制し「社会の安寧幸福」という共通の目的をもってひとつの「社会」を構成するよう要求しているのである。それを促す機能をもつものこそ「道徳法律」であった。

右のように「道徳法律」と国家の密接な関係を強調する加藤は、日本における「道徳法律」論の特殊性を賞賛する。

> 独り吾が邦の如きは既に開明の今日尚純然たる族長政治にして併せて立憲政治たるものなれば、吾が邦の政体は実に万国に比類なき立憲族長政治（Konstitutionellen Patriarchie）と称すべきものにして、愛国と忠君の融和合一するも畢竟此一点に出ることとなるに、欧州人が吾が邦の歴史を詳悉せざるより遂に族長政治を以て特に野蛮的政体と誤認するは笑止のこととすべし[98]

日本は立憲政体が導入されながらも、万世一系の天皇によって統治された「立憲族長政治」が行なわれているという。そのため、「愛国」と「忠君」の観念が一致する。さらに、「愛国」と「忠君」の「道徳」は「吾人日本人が国初以来恒に日本民族の宗家たる一系の帝室を奉戴して終始渝らず之に臣事するが為めに遂に国と君とを同一視[99]」してきたため、現在も維持され続けているという。後に「族父統治」論に発展する「立憲族長政治」論がこのときはじめて本格的に展開された。これまで、「族長政治」という概念は加藤において発展途上の統治形態として否定的に捉えられていた。たとえば、明治十八年頃の草稿では「父権政治」を専制政治の一種として、「支那」以外の国では「大抵亡ヒタ[100]」ものとして紹介しており、『強者の権利の競争』においても、「族長政治」を過去の遺物として捉える見方は変わっていない。『道徳法律進化の理』においてはじめて、「族長政治」と「立憲政治」が両立するとされた日本の統治形態が称揚されたのである。

このような国家思想における「道徳法律」論は、日清戦争直後の論説でも展開されており、そこでは、日本人は「国家危急存亡の場合」に必要となる「殉国の節義心」を「脳髄」に刻み込まれており、「天皇陛下の臣民たる我々同胞兄弟」は「天皇陛下」と「我々日本人」のために「心身を犠牲にする[101]」ことができるという。ただし、「人類学」の見地から「琉球人、アイヌ人、樺太アイヌ人、シコタン人」は「真の日本人」ではなく、「占領地」の「新民族」も「当分は食客同様」なので、「真の日本人」は、これらの人々を除いた「古来の日本人[102]」を指すという。社会の開化段階に応じて「道徳法律」も変化するとした加藤は、「食客」には「食客」相応の「道徳法律」があると考えていたのだろう。

「立憲政治」論が「立憲族長政治」論に変容した理由は二点考えられる。一点目は、前節で指摘した日清戦争後の内地雑居や植民地獲得による「日本人」像の揺らぎであり、二点目は、政党内閣の成立である。第一節で明らかにしたように、加藤は「立憲政治」の本分は、「輿論」を反映した政治を行なうこととしたが、この頃になると同時代の日本の「輿論」に対して不信感を抱くようになり、そのような「輿論」に依拠した政党内閣は「強大なる圧制」に陥るおそれがあると考えるようになった。なぜならば、「国民多数の意向即ち所謂輿論[103]」とは、「其名頗る美なりと雖其実徒に数多人衆の附和雷同に成れるもの少なからず[104]」という場合が非常に多く、とくに日本ではまだ「真実鞏固なる根基を有する輿論公議」を得ることは難しい。よって「輿論公議」

によって「施政の方針」をとれば「国家の大害」が生じるという。確かに、明治三十五年八月十日、第一次桂内閣における衆議院総選挙の結果、衆議院議員のうち学士はたった二〇人、博士にいたっては六人であり[105]、加藤が考えるような学識をもって国政を論じることのできる議員は僅少に過ぎなかったといえよう。日本初の政党内閣である大隈内閣が成立したときも、大隈重信と板垣退助の協同を「主義」でなく「感情の協同」に過ぎず、「真に歴史的発展」とはいえないとして政党内閣は尚早だとした[106]。さらに、政党内閣が尚早である理由は、それだけにとどまらない。「今日風俗の頽廃品行の堕落」は、「今日の社会を支配して世に重望を負へる」「政事家及び紳士等」の多くが、「獣慾に制せられ」「信義を破て自利を貪[107]」っているからだという。黒岩涙香による「弊風一斑畜妾の実例」が『万朝報』に連載されたのは、この論説が発表された同年七月七日からである。

つまり、加藤は将来的には政党政治の実現を見据えながらも同時代の日本においては、彼が明治初年代から思い描いてきた「立憲政治」を実現できないと考えていたのである。加藤において、国家の維持、発展という目的のために「立憲政治」が必要とされたが、日本では「輿論」を形成する人々の学識と品性が未成熟であった。「輿論」を背景とする「立憲政治」を健全に運用することに対して出した解が、「立憲政治」に、「忠君愛国」の「道徳」を入れ込んだ「立憲族長政治」だったのである。それは、統治の観点から「立憲政治」を担う国民像の未形成を「忠良ノ臣民」像によって補うものであった。

「三段階有機体」説の展開

最後に、『道徳法律進化の理』の初版と増補改訂版の校合作業を行なうことで、加藤の国家思想変容の核心を探りたい。同書初版は、定価三〇銭、総頁数二一三頁で刊行されたのに対し、三年後の増補改訂版は定価五〇銭に値上がりし、総頁数は三九九頁とほぼ倍増した。この増訂の内訳は、表5にあるとおり、初版のほとんどの章への加筆、さらに新たに付け加えられた六つの章からなっている。この新たに付け加えられた六つの章

表5 『道徳法律進化の理』初版と増補改訂版の比較

初版の章題	頁数		増補改訂版の章題	頁数
上編　愛己心及び愛他心			上編　利己心	
			第一章　有機個体並に根本動向及び進化	10
第一章　純乎的及び変性的愛己心(即ち愛他心)並に変性的愛己心の種類及び性質	17	→	第二章　純乎的利己心及び変性的即ち進化的利己心(利他心)	20
			第三章　利他心	20
第二章　三種愛他心に於ける数種の異別	14	→	第四章　三種利他心に於ける数種の異別	20
第三章　愛己心と愛他心との関係	20	→	第五章　利他心の固有独立ならざる証明	9
第四章　国家的社会及び其他の団体の愛己心愛他心並に自利競争即ち権力競争(又強者の権利の競争と称す)及び其自然淘汰の必然結果として愛己心愛他心の進歩発達する所以	14	→	第六章　国家的社会及び其他各種社会の利己心利他心並に其相互間に於ける自利競争即ち権力競争の自然淘汰としての利己利他の進歩発達する所以	13
			第七章　余の利己説が如何なる批評を受けたる乎	67
下編　道徳及び法律			下編　道徳及び法律	
第一章　道徳及び法律の性質並に其発生進歩	24	→	第一章　道徳法律の性質及び其発生進歩	30
第二章　善悪曲直並に道徳理想，法律理想	16	→	第二章　善悪，曲直，良心並に道徳思想及び法律思想	19
第三章　功利主義の性質及び種類	24	→	第三章　功利主義の性質及び種類	27
第四章　優劣両階級の間に起る自利競争即ち権力競争及び其自然淘汰の必然結果として道徳法律の進歩発達する所以	11	→	第四章　国家的社会内の優劣両階級間及び彼我国家的社会間に於ける自利競争即ち権力競争の自然淘汰として道徳法律の進歩発達する所以	13
第五章　道徳法律は如何なる区域内に必要なる乎	23	→	第五章　道徳法律は如何なる区域内に必要なる乎	28
第六章　宇内全人類及び宇内統一国並に其道徳法律	21	→	第六章　宇内全人類及び宇内統一国並に其道徳法律	20
			第七章　吾人が全人類の一人たる資格及び国民の一人たる資格と道徳法律との関係	22
第七章　道徳法律の同異及び道徳的法律的行為に属せざる吾人の非常行為	14	→	第八章　道徳法律の異同並に道徳的及び法律的行為に属せざる非常行為	12
第八章　道徳法律と愛己愛他との関係	12	→	第九章　道徳法律と利己心との関係並に自然法と道徳法との関係	16
			第十章　一元的道徳主義	5
第九章　道徳法律は又国家的社会の安寧幸福を妨害するの手段ともなることあり	3	→	第十一章　道徳法律は又国家的社会の安寧幸福を妨害する手段となることあり	4
			第十二章　余の道徳説が如何なる批評を受けたる乎	45

＊増補改訂版における上編の第一章・第三章・第七章，および下編の第七章・第十章・第十二章は新たに加筆された章である。

であるが、増補改訂版上編第七章及び下編第十二章は、初版に対して各人から出された反論（井上哲次郎、元良勇次郎、中島力造、中島徳蔵、熊谷五郎）への駁論となっている。残りの上編第一章、第三章、下編第七章、第十章ともに初版の論旨を強化するために設けた章である。このような批判を受けてもなお維持、補強された論旨にこそ、この時点における加藤の思想の核が現れていると考えられる。

そのなかでも、最も大きな増補内容は、「三段階有機体」説の導入であった。各章への加筆は、この「三段階有機体」説に関するものがほとんどである。以下、増補改訂版で導入された「三段階有機体」説について説明し、その学問的背景、さらに同説導入の必要性とその意味について検討しよう。

「三段階有機体」説を説明すると以下のようになる。三段階のうち第一段階有機体は単細胞生物や生物の細胞のようなもので、それ自体としては意思をもたない。それが第二段階有機体（生物全般）になると第一段階有機体である細胞の集合体になる。この第二段階有機体における「唯一根本動向」は「利己心」であり、外的状況としての優劣強弱、生存需要の欠乏等といった「矛盾」があるために、それぞれ「利己心」をもつ有機体は生存競争を繰り広げる。第二段階有機体のうち高等な生物、つまり人間は生存競争の過程で集団を形成し、それはやがて社会となる。この社会が第三段階有機体にほかならない。

このような「三段階有機体」説はヘッケル著 *Natürliche Schöpfungsgeschichte* 及び *Welträthsel*、ヘルトウィヒ（Oscar Hertwig）著 *Zelle und Gewebe* から学んだものであった。ヘッケルはダーウィンの影響を受けた生物学者、哲学者である。彼の進化論は機械論的進化論と称されることが多く、極端な一元論（Monismus）によって特徴づけられている。同じく進化論者のスペンサーが社会において極端な自由放任主義を採ったのに対して、強力な中央政府によって社会進化を促すべきだとし[108]、国家を高度な分業による階級社会として捉え、国家に対する個人の奉仕を自明のこととした[109]。ヘルトウィヒは生物学者でヘッケルの弟子である。加藤が国家有機体説を導入したことで、国家に対する個人の従属という見方に立ったのは、ヘッケルの影響であったといえよう。

さて、同説導入の必要性とその意味について、以下の一文を参照しながら説明しよう。

蓋し国家的社会が果して第三段階有機体たる以上は必ず利己心を有して自己の維持発展を計らんが為めに其勢力の及ぶ限り他邦と競争して（攻伐的若くは経済的に）、以て他邦を自己の生存需要に充てんとするは当然のことなるべし、然るに国家的社会の細胞たる個人と全体たる社会との間及び個人相互の間に利他の能く行はれ道徳法律の能く整て為めに人民の一致協同が鞏固なるときは茲に始めて国家的社会の強大なる利己が生ずるに至ることとなれば此の如き社会は他邦との競争に於て自ら勝を占め易き理なりと雖若しも之に反して利他能く行はれず道徳法律能く整はずして人民の一致協同薄弱なるときは到底十分に利己的精神を振ふ能はざることなれば遂に敗者たらざるを得ざるの理なり(110)

ここでは、「国家的社会」＝「第三段階有機体」間の競争のために、個人の「利他」が行なわれ、かつそれを促す「道徳法律」が存在し「人民の一致協同」が図られることが記されている。つまり、同じ有機体である個人と「国家的社会」の間に段階、格差をつけることで、「国家的社会」をより高等で重要な有機体として位置づけ、「利己心」を「唯一根本動向」として持つ「有機体」である個人間あるいは個人対国家間の権利をめぐる競争を穏健化し、「国家的社会」内部で「人民の一致協同」が図られるべきだと主張するためにこそ「三段階有機体」説を導入したといえよう。

国家思想の変容過程

以上、本節では、『道徳法律進化の理』で展開された加藤の国家思想について、「道徳法律」論を中心に検討した。同書において「道徳法律」は「社会の生存」に利ある「風俗習慣」が変化したものだとされ、国家有機体としての「国家的社会」における「道徳法律」の「唯一の標準」は「愛国的徳義」であるとされた。ただし、開化段階の「国家的社会」では、「道徳法律」が国内の「権力競争」を抑止する機能をもつが、未開段階の「国家的社会」では「優強階級」と「劣弱階級」の「権力競争」が優先されると捉えられていた。つまり、「国家的社会」は「権力競争」の段階から「道徳法律」による「権力競争」抑止の段階へと移行するのである。『道徳法律進化の理』増補改訂版において導入された「三段階有機体」説は、「国家的社会」の個人に対する優越を図るものであり、個人の「利己心」を基にした「権力競争」を抑止、穏健化するためのものであった。こうして、『人権新説』以来〈万物法〉から〈天則〉へと展開してきた進化の法則は、国家有機体説と「道徳法律」論によって〈優勝劣敗〉を抑制するものになり、独特の国家思想に結実していったのである。このような国家思想の展開の外在的な要因は、第二節で論じたような日清戦争前後の日本における「道徳」や「法律」の諸問題や政党政治導入の困難という状況であり、加藤自身の同時代の「輿論」に対する不信感であった。

日清戦争後、内地雑居の実施や移民の増加、さらに労働争議等も多く現れ、国家に分断と亀裂が生じ始めたことで、新たな事態に対応する「忠良ノ臣民」のための道徳を確立することが時代の要請するところとなった。「世界主義」と「国家主義」の道徳が提起されるなか、加藤は「道徳」のみでなく「法律」と併せて新たな国家思想を構築するために、『道徳法律進化の理』を発表した。同書では、国家有機体説によって個人に対する国家の優位を強調するとともに、「道徳」と「法律」による「権力競争」の抑制を行なう必要性を示した。

こうした国家の理想的な統治形態として、日本の「立憲族長政治」が挙げられた。「立憲族長政治」において、天皇は「道徳法律」の頂点に位置づけられたが、臣民の「族父」という物語によって統治の正統性を付与されるものになった。天皇と臣民の関係を擬制的な親子関係とみなすことは、進化論から導き出されるものではなく、ここに加藤の進化論に基づいた国家思想の明らかな変容を見出すことができるのである。しかし、これによって、『天則』の時期以来、加藤の国家思想のなかで分裂していた「最大優者」から立憲君主へと進化した君主像と国体論における天皇像をひとつに統合するとともに、「立憲政治」の「輿論」を構成する国民像と「忠良ノ臣民」像を結び付けたのである。「立憲族長政治」論は、明治憲法における天皇主権及び統治の正統性としての「万世一系」思想と教育勅語における「忠良ノ臣民」像という明治国家の統治原理を取り込んで成立したものであった。

以上本章で論じたように、日清戦争前後において、加藤の社会進化論に基づいた国家思想は転換点を迎えていた。初期議会期から短期政権交代期を経て桂園体制に移行する過程で、天皇主権のもと行なわれる「立憲政治」が定着するとともに、内地雑居や植民地の獲得といった状況のなかで国家と国民の在り方を規定する「忠君愛国」道徳がやがて「国民道徳」として確立していったが、そのような状況下において加藤の国家思想は、「権力競争」によって説明するものから「道徳法律」によって秩序を維持するものへと変容した。このとき初めて提唱された「立憲族長政治」論は後に「族父統治」論へと展開し、美濃部達吉との間で憲法解釈を争うことになるが、これは次章で検討したい。

註

（1）徳富猪一郎『蘇峰自伝』（中央公論社、一九三五年）三一〇頁。

（2）本書第二章参照。

（3）本書第四章参照。

（4）石田雄『明治政治思想史研究』（未来社、一九五四年）四頁。

（5）たとえば、中野目徹氏は佐藤弘夫編『概説日本思想史』（ミネルヴァ書房、二〇〇五年）第二〇章でそのような指摘を行なっている。あわせて同『政教社の研究』（思文閣出版、一九九三年）第六章参照。

（6）田頭慎一郎『加藤弘之と明治国家――ある「官僚学者」の生涯と思想』（学習院大学、二〇一一年）三三〇頁。また第三部を参照。

（7）日清戦争に関する先行研究は膨大であるが、近年は大谷正「日清戦争」（明治維新史会編『講座明治維新五 立憲制と帝国への道』有志舎、二〇一二年）、千葉功「日清・日露戦争」（『岩波講座日本歴史16 近現代二』岩波書店、二〇一四年）によって先行研究の類別化と批判が行なわれている。

（8）加藤弘之「政事の本色は圧制なり、圧制を離れて政事なし」（『天則』第一編第八号、一八八九年十月）一九三～一九四頁。

（9）加藤弘之「超然内閣は立憲の主義と相容るものに非ず」（『天則』第七編第二号、一八九四年二月）六頁。

（10）同前、七頁。

（11）加藤弘之『雑居尚早』（哲学書院、一八九三年）一頁。

（12）小林和幸『明治立憲政治と貴族院』（吉川弘文館、二〇〇二年）一八一頁。

（13）加藤は、明治二十二年の条約改正反対運動に際しても、内地雑居と雑婚について反対論を表明している。『雑居尚早』においても、「数年前」の「舞踏会仮装会」（明治二十年四月二十日の伊藤首相主催のファンシーボールを指すと思われる）を「狂態」（四二頁）と切り捨て、第一次伊藤内閣における鹿鳴館外交を批判している。

（14）ただし、加藤の主張が対外硬派のそれとどの程度重なっているか、運動にどの程度主体的に参加していたかという点については慎重に検討するべきである。『雑居尚早』では、「条約励行」派の主張のうちとくに外国人の居留地外での行動や貿易についての違反の厳罰化については、「外交政略をも知らさる議論」、「攘夷的の志想」の「過激論」として、自身は「左袒」できないと明言している（六二頁）。翌年六月にも改めて「余は条約励行の如きは、外交上の徳義及び政略に於て、甚だ不是として之に左袒せす」（「内地雑居論者に質す」、『天則』第七編第六号、一八九四年六月、三頁）と述べている。また、大日本協会創立大会参加後は、対外硬運動に関連するような目立った活動は見られない。つまり、加藤は、内地雑居のみに反対しており、対外硬派、とくに国民協会の佐々友房・安部井磐根らの主張及び行動とは距離をもっていたといえよう。

（15）本書第二～四章参照。

（16）同書は、六カ月前に東京製紙会社より出版された *Der kampf ums Recht des Stärkeren und seine Entwickelung* の邦訳版である。

（17）加藤弘之『道徳法律之進歩』（敬業社、一八九四年）緒言。

（18）加藤弘之「強者ノ権利ト道徳法律トノ関係」（『哲学会雑誌』第五巻第五〇号、一八九一年四月）八〇五～八〇六頁。

（19）大久保利謙監修『加藤弘之文書』第一巻（同朋舎、一九九〇年）三九五頁。ちなみにドイツでは、ベルリン、ケルンなどの新聞で紹介記事が掲載され、グンプロウィッツも書評を寄せた。しかし、これらの論調は、ドイツの学者からの引用から成り立つ同書の独創性を否定するものであった。「権利学及び権利哲学上甚た価値の少き」ものとまで評されている（加藤弘之「加藤弘之の著『強者の権利の競争及び発達』に就て独国新聞雑誌等の批評」、前掲『加藤弘之文書』第三巻）。

(20) 加藤弘之『強者の権利の競争』（哲学書院、一八九三年）七五〜七九頁。
(21) 同前、四七頁。
(22) 同前、八〜九頁。
(23) 前掲加藤『道徳法律之進歩』五六頁。
(24) 同前、五〇頁。
(25) 同前、三四〜三五頁。
(26) 同前、一一〜一三頁。
(27) 井上毅「実業教育助法意見案」（『井上毅伝　史料篇』第二巻、國學院大學図書館、一九六八年）八七六〜六七九頁。
(28) 加藤房蔵編『伯爵平田東助伝』（平田伯伝記編纂事務所、一九二七年）一八六頁。
(29) 「日本法律学校開校式」（『郵便報知新聞』一八九〇年九月二十二日付）。
(30) 『帝国議会貴族院議事速記録』第四巻（東京大学出版会、一九七九年）八二〜二六二頁。
(31) 民法典論争に関しては石澤理如「民法典論争とその時代――民法典論争を見直す」（『日本思想史研究』第三六号、二〇〇四年）で、先行研究の類型的整理を行なっている。ただし、同論文において、貴族院における民法延期派の意見は「排外主義的なナショナリズム」を背景としていると指摘しているが、加藤の演説内容からは「排外主義」や「恐怖と憎悪」は読み取れない。民法は憲法の趣旨に合わせるべきだという意見を述べるに止めている。
(32) 前掲『帝国議会貴族院議事速記録』第四巻、八九頁。
(33) 『官報』号外（明治二十三年十月七日付）三二頁。
(34) 「天賦人権、大木伯」（『日本』一八九二年五月二十八日付）。
(35) 前掲『帝国議会貴族院議事速記録』第四巻、八七頁。
(36) 穂積八束「民法出テ、忠孝亡フ」（穂積重威編『穂積八束博士論文集』有斐閣、一九四三年）二二三〜二二七頁（初出は『法学新報』第五号、一八九一年八月）。
(37) 前掲『井上毅伝　史料篇』第二巻、六二四〜六二五頁。井上毅の教育政策とその思想に関しては、海後宗臣編『井上毅

の教育政策』(東京大学出版会、一九六八年)参照。
(38)『官報』第三〇五九号(明治二十七年一月十二日付)七七頁。
(39)小股憲明『明治期における不敬事件の研究』(思文閣出版、二〇一〇年)第二章参照。
(40)加藤弘之『小学教育改良論』(哲学書院、一八九四年)五一~五七頁。
(41)同前、六二頁。
(42)同前、五六頁。
(43)同前、五八~五九頁。
(44)『官報』第二二五六号(明治二十四年十一月十七日付)一八〇頁。
(45)同前、一九一頁。
(46)井上哲次郎『勅語衍義』上巻(井上蘇吉他、一八九二年)一丁。
(47)加藤弘之『徳育方法論』(哲学書院、一八八七年)一二頁。同書は大日本教育会常集会で行まった講演「徳育に付ての一案」(『大日本教育会雑誌』第六八号に掲載)をもとに刊行された。
(48)能勢栄『実践道徳学』上篇(金港堂書籍会社、一八九三年)五九~六六頁。
(49)湯本武比古『学童百話』(開発社、一八九八年)二三四~二三六頁。
(50)北村透谷「内部生命論」(『北村透谷集』明治文学全集29、筑摩書房、一九七六年)一四四頁(初出は『文学界』第五号、一八九三年五月)。
(51)井上哲次郎「故加藤弘之博士を追憶す」(『東亜之光』第一一巻第三号、一九一六年三月)八頁。
(52)加藤弘之「社会と美文学」(『社会』第二巻第二〇号、一九〇〇年十一月)一〇頁。
(53)加藤弘之『日本之十大勝算』(哲学書院、一八九四年)四~六頁。
(54)與那覇潤『翻訳の政治学——近代東アジア世界の形成と日琉関係の変容』(岩波書店、二〇〇九年)第三章。
(55)新潟県立歴史博物館編『移民物語——弁当からミックスプレートへ 多文化社会ハワイの日系アメリカ人』(新潟県立歴史博物館、二〇〇二年)一九~二三頁。
(56)横山源之助『内地雑居後之日本』(労働新聞社、一八九九年)七~八頁。
(57)井上円了『教育家宗教家の内地雑居準備に対する心得』(私家版、一八九七年)一七頁。
(58)加藤弘之「雑婚の弊害」(『太陽』第二巻第一七号、一八九六年八月)一四三~一四四頁。

(59) 加藤弘之「植民地政略」(『太陽』第三巻第一九号、一八九七年九月) 一四～一五頁。
(60) 海後宗臣「教育勅語渙発以後に於ける小学校修身教授の変遷」(『国民精神文化研究』第二学年第八冊、一九三五年) 第六章。
(61) 「解説」(宮田丈夫編『道徳教育資料集成』第三巻、第一法規、一九五九年) 二頁。
(62) 梶山雅志「明治期の教科書自由採択論と国定論――第二回高等教育会議の教科書自由採択論をめぐって」(『教育学研究』第五〇巻第三号、一九八三年) 二二頁。
(63) 平原春好「明治期教育行政機構における諮問機関の性格――高等教育会議の成立過程の分析」(『教育学研究』第三〇巻第一号、一九六三年) 一四頁。
(64) 同前、一六頁。高等教育会議の設置について、これより以前、明治二十八年二月、学制研究会の建議に基づく「教育高等会議及地方教育会議を設くる建議案」が衆議院・貴族院双方から提出され、加藤弘之や谷干城らの賛成を得ていずれも可決されたが、伊藤内閣はこれを受け入れなかった。
(65) 前掲梶山「明治期の教科書自由採択論と国定論」二五頁。
(66) 第二回高等教育会議に提出された「小学校修身科用図書国費編纂ニ関スル建議案」(明治三十年十月十日提出) は、湯本武比古建議で、谷干城、加藤、伊沢修二、勝浦鞆雄、篠田利英、田中敬一、杉浦重剛が賛成者となった (梶山雅史「教科書国定化をめぐって」、本山幸彦編『帝国議会と教育政策』思文閣出版、一九八一年、一三〇～一三一頁)。
(67) 『帝国議会貴族院議事速記録』第一四巻 (東京大学出版会、一九八〇年) 三〇〇頁。
(68) 小林和幸『明治立憲政治と貴族院』(吉川弘文館、二〇〇二年)、内藤一成「貴族院における山県系の結集と貴族院糾合運動――幸倶楽部結成とその周辺」(『ヒストリア』第一六〇号、一九九八年) では、第十三議会において貴族院で山県閥が確立していたとは言いがたいとしている。
(69) ただし、加藤の懇話会所属については、明治三十年七月の貴族院子爵選挙において懇話会が研究会に対して敗北を喫して以来、研究会に対抗するため、第十四議会までに勅選議員に対して積極的な勧誘活動を行ったという背景があるとみなすこともできる (高橋秀直「山県閥貴族院支配の構造」、『史学雑誌』第九四巻第二号、一九八五年参照)。
(70) 高等学校の帝国大学予備門化について、明治三十二年に結成された学制改革同志会で盛んに議論され、ついに同三十五年一月に菊池文部大臣が高等教育会議に諮問した。その内容は、①高等学校を帝国大学予備門として修業年限を二年に短縮、②新しく専門学校の制度を設ける、以上の二点を骨子とした。加藤はとくに第一点に関して「大学低減論」として受け止め、学問の「即成」を警戒し、それに反対していた（「二〇世紀の学問及教育」、『読売新聞』一九〇〇年一月十一～十四日付）。

（71）小股憲明「教育関係議員の背景――学制研究会を中心として」（前掲『帝国議会と教育政策』）五七二頁。

（72）加藤弘之「文部省存廃問題」（『読売新聞』一九〇三年八月七日付）。

（73）明治三十六年八月三十日付谷干城宛加藤弘之書簡（立教大学図書館所蔵「谷干城関係文書」二三一）。

（74）「文部省存廃問題（5）谷干城氏（廃止反対）」（『読売新聞』一九〇三年八月十五日付朝刊）。

（75）武田清子「まぼろしの『新教育勅語』」（西田毅編『竹越三叉集』三一書房、一九八五年）、前掲小股『明治期における不敬事件の研究』第三章。

（76）前掲小股『明治期における不敬事件の研究』一四七頁。

（77）瓜谷直樹「明治末期における国民道徳論の課題――井上哲次郎の立論を中心に」（『教育文化』第一七号、二〇〇八年）、繁田真爾「一九〇〇年前後日本における国民道徳論のイデオロギー構造」上・下（『早稲田大学大学院文学研究科紀要第三分冊』第五三号・第五四号、二〇〇七年・二〇〇八年）参照。また、高山の「日本主義」については、長尾宗典『〈憧憬〉の明治精神史――高山樗牛・姉崎嘲風の時代』（ぺりかん社、二〇一六年）第三章参照。

（78）井上哲次郎・高山林次郎『新編倫理教科書』第四巻（金港堂、一八九七年）五〇丁。

（79）同前、四八丁。

（80）『官報』第五一四一号（明治三十三年八月二十一日付）三一三頁。

（81）白石崇人「日清・日露戦間期における帝国教育会の公徳養成問題――社会的道徳教育のための教材と教員資質」（『広島大学大学院教育学研究科紀要第三部教育人間科学関連領域』第五七号、二〇〇八年）一四頁。

（82）真辺将之『西村茂樹研究――明治啓蒙思想と国民道徳論』（思文閣出版、二〇〇九年）第六章。

（83）加藤弘之「中小学の修身科」（『太陽』第二巻第二〇号、一八九六年十月）一四五～一四六頁。

（84）前掲小股『明治期における不敬事件の研究』一六六頁。

（85）「小学校修身書編纂趣意報告」（宮田丈夫編著『道徳教育資料集成』第一巻、第一法規出版、一九五九年）七〇～七一頁。

（86）「解説」（同前）八～九頁。

（87）「明治三十二年日記己亥〔加藤弘之日記〕」七月二十一日条、九月四日条（東京大学文書館所蔵「加藤弘之関係資料」I―二七）。

（88）加藤弘之『道徳法律進化の理』増補改訂版（博文館、一九〇三年）一六三～一六四頁。同『道徳法律進化の理』初版

（一九〇〇年）六七頁。
(89) 同前、増補改訂版、二一四頁。同前、初版、一一〇～一一一頁。
(90) 同前、増補改訂版、二二九頁。同前、初版、一二五頁。
(91) 加藤弘之「道徳と法律と抵触する場合ありや否や」（『東京学士会院雑誌』第二一巻第四号、一八九九年四月）一三六～一四二頁。
(92) 加藤弘之「自由之進化 草稿第二」（前掲『加藤弘之文書』第一巻）四八二～四九二頁。
(93) 加藤弘之「公私利益」（『天則』第三編第一一号、一八九一年五月）四頁。
(94) トマス・リハ『ドイツ政治経済学――もうひとつの経済学の歴史』（原田哲史他訳、ミネルヴァ書房、一九九二年）一四六頁。
(95) 同書では、二宮尊徳と荻生徂徠において「聖王が人性に率由して道徳を制作」したとされていることが評価された（増補改訂版、一七四頁。初版、七七頁）。
(96) 前掲加藤『道徳法律進化の理』増補改訂版、二三五～二四六頁。同『道徳法律進化の理』初版、一三一～一四〇頁。
(97) 同前、増補改訂版、二二一～二二五頁。同前、初版、一一八～一二一頁。
(98) 同前、増補改訂版、二二九頁。同前、初版、一二四～一二五頁。
(99) 同前、増補改訂版、二二七頁。
(100) 加藤弘之「自由論（三―二）」（前掲『加藤弘之文書』第二巻）三四四頁。
(101) 加藤弘之「殉国の節義」（『東洋哲学』第二編第三号、一八九五年五月）一二五～一二六頁。
(102) 同前、一二二～一二三頁。
(103) 加藤弘之「政党内閣」（『太陽』第四巻第一六号、一八九八年八月）一三五～一三六頁。
(104) 加藤弘之「政治社会の附和雷同」（同前）一三六頁。
(105) 『日本』明治三十五年八月十九日付、二面。
(106) 加藤弘之「貧叟百話 八十一 政党内閣交迭の良習慣を造るべし」（『太陽』第四巻一九号、一八九八年九月）一八九～一九〇頁。
(107) 加藤弘之「権兵衛と烏」（『太陽』第四巻第七号、一八九八年四月）一六九頁。
(108) ピーター・J・ボウラー『進化思想の歴史』下（鈴木善次訳、朝日選書、一九八七年）四六七頁。

(109) 佐藤恵子『ヘッケルと進化の夢——一元論、エコロジー、系統樹』(工作舎、二〇一五年) 二八七~二八八頁。
(110) 前掲加藤『道徳法律進化の理』増補改訂版、二四六~二四七頁。

第六章　日露戦後における社会進化論の行方――〈自然〉一元論の提唱――

第一節　「一等国」と進化論

丘浅次郎『進化論講話』と進化論の普及

日露戦争で勝利を収めた明治国家は「一等国」としての地位を固めつつあったが、そのときにあたって社会進化論思想はいかなる展開を見せたのか。本章は丘浅次郎の主張に耳を傾けることから始めたい。

丘浅次郎は、東京帝国大学理科大学動物学科選科を明治二十二年（一八八九）に修了した。二年後、ドイツに私費留学し、フライブルク大学でヴァイスマン、ライプチヒ大学でロイカルト（Rudolf Leuckart）のもとで動物学を学び帰国、明治三十年から高等師範学校に奉職した。専門はホヤ類とヒル類の比較解剖学であり、生涯で二百本近い論文を発表している。一方で、進化論の普及に努め『進化論講話』（一九〇四年）、『進化と人生』（一九〇六年）、『猿の群れから共和国まで』（一九二六年）等を公刊した。とくに『進化論講話』は評価が高くベストセラーとなった。同時代の高等小学校で用いられた『国語読本 高等小学校用』（一九〇一年）、文部省国定教科書『高等小学校読本』七巻（一九〇三年）などではすでに生物の進化と社会における競争についての訓話が紹介されており、中学校教育でも箕作佳吉『普通教育動物学教科書』（一九〇〇年）で動物の進化について体系的に詳解されていたという。[1]このように明治三十年代後半、日露戦争前後の時期において、初等・中等教育及び師範学校教育において進化論が普及したといえよう。とくに丘や箕作ら東京帝国大学理科大学出身者がそれに尽力していた。

丘の『進化論講話』について、渡辺正雄は「日本で最初のすぐれた進化論概説書[2]」と評価している。また、同時代においては、加藤弘之も「此頃丘理学博士が著述された進化論講話といふ書は著者より僕に一部恵まれた故早速通読して見た、尤も未だ精読といふ訳にはいかぬけれども、進化論の大意を通俗的に講話された手際と云ふものは実に上手なもので、痒い所に手の届くと云ふやうに説てある、丁度ヘッケルの自然造化史を今一層平易に説てあるから素人にも大抵わからぬことはない[3]」としていた。

同書の内容について概略的に述べると、ダーウィンの自然淘汰説、生物進化論の証拠、遺伝・変異に関する研究動向、進化論と社会等について全二〇章にわたって論じている。とくに最後の第二〇章「進化論の思想界におよぼす影響」は、本章とも関わりの深い部分である。同章では、進化論と哲学、倫理、教育、社会との関係について述べられており、加藤の進化論思想と非常に似通った点がある。それは、進化の原動力を生存競争に求め、とくに人間社会における生存競争は個人対個人ではなく、社会対社会、国家対国家といった団体同士の競争になるという点である。さらに、そのような集団主義的な生存競争が、社会の倫理、教育などを規定するという点、最後に、競争が社会を進化させるとしている点である。

しかし、加藤と決定的に異なるのは、丘が社会進化の先にペシミスティックな未来を予期している点である。競争によって社会は成長するが、その内部では「脳力・健康ともに優等なものがいずれの方面にも勝って働けるような制度をなるべく完全にして、個人間の競争の結果、人種全体が速やかに進歩する方法を取ること最も必要である[4]」という。さらに死刑廃止論に対して「雑草を刈り取らねば庭園の花が枯れてしまう[5]」として反対している。その後、明治四十三年（一九一〇）には、人類滅亡論を唱え、生存競争でかえって人心の堕落、体力の減退が進み、将来的に人類は滅亡するといっている。生存競争が生む矛盾、逆説に着目していた点が、加藤と丘の違いであろう。

このように進化の負の側面を強調する論者の多くは、人間と社会の進化に人為的に介入すべきだと主張する場合が多く、とくに永井潜は、日本に優生学を導入し、その発展に寄与した。彼は『生命論』（一九一三年）でゴルトンの優生学を紹介し、東京帝国大学医科大学生理学第二講座教授として昭和五年（一九三〇）に日本優生学会、日本民族衛生学会の設立に携わり、翌年から『民族衛生』を刊行した。一方で、東京高等師範学校で丘の講義を受け、京都帝国大学哲学科を出た土田杏村や後に『日本評論』を主催した室伏高信らいわゆる「大正デモクラシー」時代の文明批評家らも社会が常に進化し良い方向に向かうという社会進化論を批判するなかで新たな文明像を描き、ベルグソンの『創造的進化』を受容した茅原華山らは「益進主義」を唱えた[6]。つまり日露戦後において進化論は、国家統治の正統性やそのあり方を論じるものではなく、また「一等国」としての明治国家を根底から批判するものでもなく、むしろ「一等国」になるという国家目標が達成された後の社会や個人のあり方を模索する際の思想的根拠となったのである。そこにおいて、国家と社会の関係を論じ静態社会学を構築したスペンサーの影響は次第に減じ、「生の飛躍」をもとに「創造的進化」の哲学を生み出したベルグソンが本格的に受容されはじめた。

日露戦後における加藤弘之の思想課題

前章までで筆者は、明治十年前後にわが国に導入された進化論が生物学分野で定着する一方で、社会進化論として明治国家の形成と展開に深く関わってきたことを、加藤弘之を中心に考察を重ねてきた。本章では、晩年の加藤が著した二著すなわち『自然と倫理』（一九一二年）及び『国家の統治権』（一九一三年）に検討を加えることにより、わが国近代における社会進化論の帰結に迫りたいと思う。すでに論じたように、進化論を把持しながら「道徳法律」論を国家思想に導入しつつ、天皇による国家統治の正統性を証明しようとした加藤は、

『道徳法律進化の理』(一九〇〇年)で「立憲族長政治」論を唱えはじめた。[7]本章で明らかにするように加藤は日露戦後になると、天皇機関説やキリスト教、自然主義文学など時代特有の諸問題に対する批判を繰り返しながら、前二著を刊行しあくまでも独自の社会進化論に基づいて国家思想を展開するなかで新たな統治論として「族父統治」論を導入しようとした。

先行研究において、同時期の加藤における「族父統治」論は、天皇制国家を支えるイデオロギーである家族国家観の一種とされ、彼が天皇制国家のイデオローグに成り果てた証左として持ち出されることが多い。[8]しかし近年、田頭慎一郎氏は、加藤を「「族父統治」下の政党政治」[9]を構想した人物として再評価している。「族父統治」論は、天皇に対する忠誠心という「徳義」を国家に「ビルトイン」することで、日本における政党の「公共心」を育成し、政党を「君主権力」と「競争」しうる政治主体として成長させようとするものであったという。

筆者は加藤の『人権新説』以降の思想的課題は、社会進化論に基づいて日本における立憲政体の樹立とその定着を支える国家思想を構築することにあったと考えるが、はたして加藤は「政党政治」を実現するために「族父統治」論を唱えたのか、なぜ天皇への「徳義」に立脚することで政党は「公共心」をもつ政治主体に成長するのか、疑問に感じる。また、加藤は明治十年代に進化論を受容し、〈優勝劣敗〉によって社会が進化するとしていたが、それがなぜ万世一系の天皇とその赤子としての臣民の情誼的関係によって統治の正当性を説明する「族父統治」論に行き着くのか、必ずしも明確ではないと思う。日露戦後に加藤が強調した〈自然〉と「族父統治」論に着目し、それらを同時代の思想的文脈のなかで説明し直す必要がある。

したがって、本章では『自然と倫理』及び『国家の統治権』に着目し、その論理展開を解明し、くわえて、思想が営まれた場として彼を取り巻く政治状況や人間関係に着目し、それらの思想展開への影響を論じたい。それゆえ、検討する材料としては、主要な著作のほか、加藤が寄稿した『東洋哲学』等の雑誌だけでなく、同時代の日記、書簡等の私文書、枢密院の会議筆記等の公文書にも分析対象を広げる。

以下、本章第一、二節では、同時代の社会的事象に対する加藤の反応を、第三節ではこれらの基底にあった進化論と国家思想について論じる。具体的には、第一節では、加藤が「族父統治」論を展開する時期に枢密顧問官であったことに着目し、会議と委員会における発言から、国家制度に天皇をいかに位置づけていたのかを検討する。第二節では、日露戦後社会における「煩悶青年」と自然主義文学に対して加藤がいかなる対応を示したのかを分析する。第三節では、明治四十五年に刊行された『自然と倫理』を対象に、加藤において〈天則〉が〈自然〉へと展開した点に着目し、国家が〈自然〉によっていかに説明されるのかを明らかにするとともに、明治天皇崩御後の加藤の言動に着目し、「族父統治」論がその国家思想からいかにして導かれたのか考察したい。

枢密院における加藤弘之

明治三十九年（一九〇六）十二月十日、加藤は枢密顧問官に就任した。「国家の大経綸」に関する法則を追究する学者としての自己形成を図ってきた加藤は、ついに天皇の諮詢に答える官職に就いたのである。この時期の枢密院では、帝室制度調査局（明治三十二年八月二十四日宮内省設置）で皇室典範増補と公式令制定の準備が整ったことを受け、皇室制度に関する諮詢が増加した。また、明治天皇崩御直後に内大臣兼侍従長の桂太郎が第二次西園寺内閣の後継首班として指名されたことに対して、宮中府中の別を乱すとして批判が起こり、これが大正政変の導火線となったように、この頃から天皇をいかに国家制度のなかに位置づけていくかということが盛んに論じられはじめた。本項では、後に「族父統治」論を提唱した加藤がそれらに対していかなる立場を示したのか、枢密院での発言から考察したい。

本題に入る前に、枢密顧問官就任の経緯について述べたい。枢密顧問官の任免は天皇の大権に基づくものであるが、とくに山県有朋枢密院議長期は、山県が首相に人事を相談することで顧問官を選定していたという[10]。加藤の場合はどうか。同時期に任命されたのは、伊藤博文（三十九年一月）・小村寿太郎（同月）・末松謙澄（同年三月）・清浦奎吾（同年四月）・曾根荒助（同年四月）・南部甕男（同年七月）の六名である。このうち末松は伊藤が枢密院に転じるにあたって推薦したのであろうが、清浦・曾根等は山県の引きによるものかと思われる。

加藤の日記を見ると、十一月二十七日の条に西園寺首相から「枢密顧問トスルノ内話アリ承諾ス」[11]とあり、十二月三日の条には目白の山県邸を訪問した旨が記されている。同月四日付の山県宛西園寺書簡には「加藤男枢密顧問官任命之義は数日前上奏に及置候。不日被為行候事と存候」[12]とある。その後、同月十日に加藤は「参閣」し辞令を受け取った後、天皇皇后に拝謁し、枢密院、西園寺首相官舎、牧野伸顕文相官舎、山県邸、浜尾新邸に立ち寄った[13]。西園寺が加藤任官の件を山県に報告していたこと、なおかつ、任官の「内話」から正式な辞令が出るまでの間に、加藤が山県邸に出向いていたことから、やはり山県の意向による任官と考えて無理はないだろう。第二次内閣期以来、山県は天皇の枢密院会議への臨御を上奏するとともに、明治三十三年四月九日の御沙汰書によって枢密院への諮詢事項を拡大することで、伸張する政党勢力に対する防波堤として枢密院を位置づけ、その権限強化を図っており[14]、加藤はその一端を担わせられたと考えられる。

さて、加藤は枢密院顧問官として皇室制度に関する会議に出席するとともに、皇室服喪令（明治四十二年五月二十一日審議）、皇族身位令及皇室親族令（明治四十三年二月十日）、大礼使官制（大正四年一月二十一・二十七日・二月十八日・三月四・十八日）を審議する委員に指名された[15]。ここでは明治四十三年（一九一〇）四月十四日に下付された衆議院議員選挙法中改正法律案に着目したい。同法案は、第一一条第四号を削除し、禁固刑以上の宣告を受けてから刑が確定するまでの者にも選挙権と被選挙権を与えようとするもので、両院で可決されていたにもかかわらず、枢密院では反対論が相次ぎ委員会で審議されることになった。委員会での最大の争点は、法案の内容そのものよりも枢密院が原案否決の答申を天皇に上げることで、天皇が貴衆両院の議決に対して「不裁可権」を行使しうるか否かにあった。

加藤は原案反対論者のひとりで、第一回委員会（六月十三日）では、同法律案が「地方制度ニ定ムル所ト権衡ヲ失シ」ているため[16]「不裁可」を奏請することを認めるべきだと述べ、第二回委員会（十月十日）でも「立憲君主国ノ原則ニ基キ不裁可権ヲ行使セラルルハ其ノ権能ノ保全上必要」があるとして「不裁可権[17]」の行使を敢然と主張した。同じく「不裁可権」行使に賛意を示した伊東巳代治は「我国ニ於テ不裁可権ヲ死物ナラシメザル必要」があると述べたものの、結局は末松や蜂須賀茂韶とともに「円満ナル解決」を求め原案賛成に回った。

両院の可決案件を天皇が「不裁可権」をもって取り消すことは憲法上可能ではあったものの、行使しないことが慣例であったといわれている[18]。この直後、明治四十五年に美濃部達吉は『憲法講話』において、イェリネク（Georg Jellinek）の国家法人説を応用した天皇機関説を展開し、天皇の立法大権と議会の協賛権の関係について、「立法に付ては原則として議会の議決を要するもので天皇の大権としては議案の提出権の外には唯之を裁可し及び其の公布及び執行を命ぜらるるに止まるのであります[19]」と説き、天皇の立法大権を議案の提出権と裁可・公布権に限定する解釈を示した。この件について史料学的見地から考察すると、戦前の未決閣議書を収録した「未済書類」（収録案件は全九六件）のうち、天皇が閣議決定を覆したのはたった一件であり、天皇が独自の判断で「不裁可権」を行使することは明治～昭和戦前期をとおして稀であったように見受けられる[20]。

加藤の議論に話を戻すと、彼は「立憲君主国ノ原則」に基づいて天皇が「不裁可権」を行使すべきだとしたが、これはいかなる考えに基づくものなのか。明治四十二年の哲学会における有賀長雄の演説「日本国民の精神上の疑問」に対する加藤の駁論から考えたい。有賀はこの頃、帝室制度調査局で皇室典範増補と公式令起草の主力を担っており、同四十一年には伊藤と伊東の推薦を受けて袁世凱が派遣した憲政視察団に対して立憲制について講義をした[21]。有賀は、明治維新後の日本では欧米におけるキリスト教のような宗教が皆無であり、「帝室を中心として国家を「アブソリュート」すること」すなわち「国家絶対主義」に陥っていると指摘したうえで、天皇が裁可しなければ法律を公布できないということは、個人の意思の「総合」によって国家を運用する「立憲政体の主義」と「背馳」すると述べた。

それに対して加藤は立憲君主制における君主の法律裁可権が、「輿論に従つて事が極まる」という「立憲政体ノ原則」と矛盾することはないとしたうえで、君主は議会で決定した法律案を「禁止する権」は保持しておらず「大抵裁可」すると述べた。とくに日本では今後も「御随意に裁可をなさらぬと云ふやうなことは実際決して無いのである」と断言した。そのうえで「必然なる法則」にしたがって「万世一系の天皇」が存続してきた「日本の歴史」はすなわち「日本の進化」であるとして、「天皇陛下は国家である」とする考えを導き出し、日本における「国家絶対主義（アブソリュート）」を全面的に支持した[22]。

しかし実際にはわずか一〇カ月後に枢密院において天皇の「不裁可権」の行使を主張したわけで、これは加藤の意見が一八〇度転換したことを意味するのだろうか。

加藤における「禁止」という用語の解釈には注意を要する。「禁止」とは共和国においてすでに成立した法律を大統領が停止することを意味し、「裁可」の反対語が「禁止」というわけではないという。立憲君主国において法律は君主によって「大抵裁可」されるが、「不裁可」されるということも当然想定されているわけである。問題はいかなるときに「不裁可権」が行使されるかということであるが、この点について加藤は同論説では明言しておらず推測を重ねるしかない。おそらくそれは加藤が枢密院で「立憲君主国ノ原則ニ基」づき「不裁可権」を行使すべきだと主張したことと関わるだろう。加藤にとって立憲君主制とは有賀と同じく「輿論に従つて事が極まる」ことを意味したが、前章第三節で明らかにしたように日清戦争後の加藤は同時代の日本において「輿論」が未成熟であることを問題視していた。「国家絶対主義」を是とした加藤は「輿論」が国家運営を誤るような選択をした場合にこそ天皇が「不裁可権」を行使すべきだと考えていたのではないだろうか。ことに衆議院選挙法改正案は、第二次桂内閣と情意統合する政友会が多数を占めた衆議院が発議したものであり、まさしく「輿論」の支持を受けた法令案だったわけである。明治四十四年頃の加藤にとって「立憲君主国の原則」とは、議会の決定が君主によって大体においては追認されながらも国家統治上問題がある場合に君主が最後の防波堤として機能することだと考えられていたのであろう。

そこにおいて天皇とは、『国体新論』において彼が理想とした機関としての君主ではなく、また「最大優者」として単に「道徳」と「法律」の源泉に据えられるだけの存在でもなく、能動的に統治に関わる主権者であり、まさしく「国家」そのものと捉えられたのであった。そのような幕末〜明治初年代の君主機関説からの変化は、本章第三節で明らかにする「族父統治」論の提唱とそれを支える独自の国家有機体説の構築に基づくものであった。さらにそれらを包括的に説明する原理として〈自然〉が提唱されるのである。

第二節　〈優勝劣敗〉の復権――「煩悶青年」と自然主義への批判

「煩悶青年」の登場

加藤弘之が枢密顧問官に就任した日露戦後の時期は、いわゆる「大正デモクラシー」[23]の風潮が社会の表面に現れはじめた時代とされている。そうした日露戦後社会のいくつかの思想傾向に対して、加藤は好戦的な批判を繰り返している。先行研究の多くではキリスト教に対する批判が挙げられているが[24]、本節では、「煩悶青年」と自然主義文学に対する批判を分析し、その批判の論理が同時代においていかなる境位にあったのかを検討していきたい。

まず、「煩悶青年」に対する批判である。明治三十六年（一九〇三）に藤村操が「万有の真相は唯だ一言にして悉す、曰く「不可解」」との辞世を残し華厳の滝に身投げして以来、「煩悶青年」の増加がひとつの社会現象になった。また、夏目漱石の『それから』（一九〇九年）の主人公・長井代助のように、高等教育機関を卒業しても官界や学界を目指すことなく、学生生活の延長を続ける「高等遊民[25]」も登場しはじめた。彼らは熾烈な「生存競争」に勝ち残り「立身出世」を図るというライフコースとそれを支える価値観を共有できない青年たちである。

一方で、加藤が『人権新説』において「優勝劣敗是天理矣」と華々しく宣言して以来、〈優勝劣敗〉という強烈なフレーズは彼の意図を超えてひとり歩きするようになり、次第にネガティブなイメージを負うようになっていった。たとえば、東京帝国大学文科大学国文科の学生で白樺派の歌人・木下利玄の小説「お京」(一九〇七年)は、日露戦争への従軍経験により粗暴な性格に成り変わった夫をもつお京の哀しみを描いた作品であるが、この夫はもともと妻思いの優しい男であったのに、出征時に、兵隊仲間に誘われて「銘酒屋」で「蓮葉な女」と戯れる悪い遊びを覚えてしまう。当初はお京に対する罪悪感から、多数の仲間との悪行とお京の「いぢらし」さを天秤にかけるのであるが、結局は「優勝劣敗は自然の数である[26]」と言い訳し悪行を重ねる。ここで、「優勝劣敗」という言葉は、善行をねじふせる力として用いられているが、右のような「優勝劣敗」観は明治二十年代後半以降の文学作品に多く見られる。たとえば、尾崎紅葉の「三人妻」(一八九二年)には以下のような記述がある。主人公の豪商は大金持ちで、資産を「一銭銅貨」に換金して積み連ねたら「日本国を五巻半捲き」、その余りは「富士山の高さの六層倍」にもなると噂されている。この莫大な資産は本来、「天」から貧者に配当されるべきものであるが、「優勝劣敗ノ理」によって豪商の「弗箱[27]」に入ったものと表現されている。つまり、貧富の差を経済上の「優勝劣敗」の結果としているわけであるが、紅葉においても「優勝劣敗」によって本来貫徹されるべき正義が捻じ曲げられていると認識されていたことがわかる。

この時期、文学の分野で「優勝劣敗」のネガティブなイメージが広がると同時に、本章冒頭で論じたように丘ら生物学者が社会進化論によって暗い未来の社会像を提示した。その結果、日露戦後のこの時期にいたると、「立身出世」をめぐる激烈な「優勝劣敗」をあえて忌避する「高等遊民」や「煩悶青年」たちが現れることになったのであった。

「修養」と〈優勝劣敗〉

右のような時代の風潮に対して、明治三十九年に第一高等学校校長になった新渡戸稲造は『実業之日本』に「修養」論を掲載した。新渡戸は「平凡の務め」を日々積み重ねることで「自ら省みて屑しとし、如何に貧乏しても、心の中には満足し、如何に誹謗を受けても、自ら楽しみ、如何に逆境に陥っても、其中に幸福を感じ、感謝の念を以て世を渡ろうとする[28]」気組みを作り上げるべきだとした。

加藤も青年の「煩悶」の解消方法について発言をしている[29]。「煩悶青年」を「精神に不十分な所がある」ものとして問題視し、「修養」のかわりに「科学[30]」の学習を提起した。「真の人間の素地」は「自然科学」にあるべきだとし、青年が「煩悶」に陥るのは実験と経験を重視する「自然科学」の素養がなく「空理空論[31]」に流れやすいためだからだという。「空理空論」として加藤が想定していたのは、当時の知識青年たちの「デカンシヨ」に象徴される情緒的な観念世界だと思われる。そのうえで、「進化学的人生観[32]」を提示し、常に自身の「人生」を進歩させることに努めるよう叱咤した。つまり、加藤は「煩悶青年」に対して「自然科学」を処方するとともに、「競争」に参加し「進化」し続ける道を提示し、〈優勝劣敗〉の復権をねらったのである[33]。

次に、自然主義文学に対する批判を見てみよう。加藤の自然主義文学への評価は低い。「自然と云ふもので今の此随落した風俗を其儘に写し、それが即ち自然であると云ふやうなことになつてはどうもいけないと思ふ[34]」と言い、自然主義における「自然」が「自然其儘」を意味することを批判している。確かに、田山花袋の『蒲団』（一九〇七年）を挙げるまでもなく、自然主義文学は私小説という分野を開拓し、「風俗を其儘に写し」たかのような小説が多数発表された。小説にも社会の開化を牽引する役割を求め、軟弱な「恋愛小説」は青年にとって「害毒物[35]」であるとさえ言い切る加藤が、中年作家が女弟子に屈折した慕情を抱く『蒲団』のような作品を文学として認めることはなかったであろう。

自然主義文学のなかには「風俗を其儘に写し」た小説だけでなく、島崎藤村の『破戒』(一九〇六年)のように、社会に根差す偏見や差別に闘いを挑む主人公の生き方を描いたものもある。また、石川啄木は自然主義文学を批判して「自然主義の運動なるものは、旧道徳、旧思想、旧習慣のすべてに対して反抗を試みたと全く同じ理由において、この国家という既定の権力に対しても、その懐疑の矛先を向けねばならぬ性質のものであった[36]」とした。啄木は自然主義文学への批判と反省のなかから「国家という既定の権力」に対して文学でもって対抗するという考えを持ちはじめていた。国家に対する「懐疑」は、初期社会主義者にも通底するものであろう。啄木自身、社会主義へ接近していたし[37]、幸徳秋水や安部磯雄は、人間の進化を促すのは「生存競争」ではなく「相互扶助」とし、進化論を媒介として社会主義思想を展開した[38]。つまり、「自然」は国家や権力とは異なる原理を有するものとして鋭く意識されたのであった。これに対して、次節で述べるように、加藤は国家の個人に対する優越性を〈自然〉に基づいて論じており、国家の枠組みを忽せにしない範囲での個人間の〈優勝劣敗〉を良しとした。

以上のように、日露戦後の時代になり、「煩悶青年」が登場するなど、人間としての生き方や価値観が多様化すると、「優勝劣敗」は「立身出世」と結びついた価値観としてだけでなく、善や正義を踏みにじる力を肯定するものとして批判的に捉えられた。一方で自然主義文学において、「自然」は人間としてのありのままの姿を意味するにとどまらず、そこから個人として国家や社会に対峙していく様をも指すことになった。それらに対して加藤は、青年たちを再び「競争」と「進化」に向かわせるとともに、国家のために尽力させる原理として〈優勝劣敗〉の復権を図ったのである。本書第四章以降で考察してきたように、加藤は明治憲法が制定されると、〈万物法〉を〈天則〉に読み替え、〈優勝劣敗〉すなわち権利をめぐる競争を進化の原動力とするという側面を抑制しようとしてきた。しかし本節で明らかになったのは、日露戦争後においてもその側面は彼の思想のなかで脈々と生きていたことである。以上のような権利をめぐる競争に挑みながらも国家のために尽力するという理想的な国民像を支える原理こそ〈天則〉から発展した〈自然〉であった。

第三節　〈自然〉一元論と「国家の自治」——加藤弘之における社会進化論の帰結

前節で、日露戦後の「煩悶青年」と自然主義文学に対する加藤の批判の根拠が「自然科学」にあったことを明らかにしたが、本節では、彼の〈自然〉がいかなるものであったのかを『自然と倫理』を素材に検討したい。

明治四十五年（一九一二）刊行の『自然と倫理』は、「自然界」における進化のメカニズムについて論じた『自然界の矛盾と進化』（一九〇六年）の「不満点」を解消するために二年前より執筆したものだという[39]。

「宇宙本体主義」と「自然」

まず、同書における「自然」の定義をみると、序文で「宇宙が唯一自然であり、唯一自然が宇宙であつて、毫末の超自然を容れぬ[40]」と明言されている。「宇宙」すなわち「自然」とした自身の自然観、宇宙観を「宇宙本体（Weltsubstanz）主義[41]」と表現した。「宇宙本体主義」とは、ラボアジエ（Antoine-Laurent Lavoisier）が発見した質量保存の法則（Konstanz oder Erhaltung der Materie）と、マイヤー（Julius R. Mayer）、ヘルムホルツ（Hermann L. F. Helmholtz）らが打ち立てたエネルギー保存の法則（Konstanz oder Erhaltung der Energie）といった「自然科学」の成果に基づき、「宇宙の本体」は「物質と勢力との合一体」であるとの見方に立つものである。そこにおける「宇宙」は「自然法即ち因果法（Das einzige Natur-und Kausalgesetz）[42]」に支配されており、「宇宙」の「現象」は「絶対自然的に絶対因果的に絶対機械的に起る[43]」ものである。したがって、「宇宙」における神の存在は否定され、「宇宙」のすべては一元論的に認識できるものとされた[44]。「宇宙」において「マテリアとエネルギーの合一本体」が運動を開始し「現象」として現れると「進化」が始まる。この状態が「進化」であると同時に〈自然〉であるという。つまり、〈自然〉は「物質と勢力の合一体」としての「宇宙」で起こる現象であった。加藤において『人権新説』以来、万物の進化を司る法則とされた〈万物法〉は明治憲法制定後に〈天則〉へと展開しながらも〈優勝劣敗〉を進化の原動力にしていたが、そのような法則は明治四十五年になると「機械的」「因果的」に起こる「宇宙」間の「現象」そのものを「進化」と捉える〈自然〉へと再編されたのである。そのような〈自然〉は、儒教、なかんずく朱子学における「天」の概念とはまったく異なることは判然としている。また、自然主義における「自然」や徳冨蘆花『自然と人生』における抒情性あふれる「自然」とも異なっており[45]、あくまで物理の法則によって構成された機械的、一元論的な現象そのものとして呈示されたのである。

こうした「宇宙本体主義」をとることで、人間や国家も「宇宙」のひとつであるとされ、人間や国家を対象とする学問は「実験実証」を旨とする「自然科学」に基づくべきであるとされた。ここでいう「自然科学」はとくに十九世紀以降に発展した物理学、化学、生物学等を指した。加藤は『人権新説』以来、雑誌『天則』を刊行した時期を中心に、社会学や哲学、政治学といった学問分野も「実験実証」を重んじ、人種学や統計学、生物学等の知見に基づくべきで、そうでなければ「空理空談」に陥る可能性があるとしていた[46]。『自然と倫理』を執筆した頃には、物理学、生物学、化学といった十九世紀以降に発達した「自然科学」に傾斜していったのである。

〈自然〉から見た国家

加藤における〈万物法〉そして〈天則〉は彼の国家思想を支える法則であったが、〈自然〉と国家はいかなる関係にあるのか考察しよう。加藤において、国家は人間や動植物と同じ有機体として捉えられており、人間が「進化」することで形成された最高等の有機体とされた。すべての有機体は「唯一利己的根本動向（Der einzige egoistische Grundtrieb)」、つまり「自己の生存を遂げるための自然力」を持ち、これが「自然界における三大矛盾」すなわち有機体の生存とその食餌量の矛盾、有機体の数とそれに必要な「物」の数の矛盾、有機体の「唯一利己的根本動向」と「身心力」[47]の矛盾に刺激され、有機体同士の生存競争を生み出し、生存競争を経て自然淘汰が進む[48]。

その過程で有機体は「集合協力」し、さらに上位の有機体を形成する。すなわち、単細胞生物や細胞といった第一段階有機体＝「単細胞体（Einzelligen oder Protisten）」が合することで動植物や人間の個体といった第二段階有機体＝「複細胞体（Vielzelligen oder Histonen）」を構成し、動植物や人間の個体が群れや社会、国家といった第三段階有機体＝「複複細胞体（Stock oder Cormus）」[49]を形成するのである。「唯一利己的根本動向」を持つ有機体が「集合協力」する原因は、もともと有機体がもつ「自然的性質」＝「固有性」[50]にあるとされた。この「固有性」をもとに、有機体が上位の有機体を構成する際、「唯一利己的根本的動向」の一部を上位の有機体やそのなかの他の有機体に対する「利他的動向」へと変化させる。要するに、国家は「唯一利己的根本動向」をもつ「人民」それぞれが「集合協力」するという「固有性」をもとに、「唯一利己的根本動向」の一部を「利他」に変容させ、「複細胞体たる吾吾人間の自然的集合」[51]することで成立するものであり、そこにおける国家の構成員は「複細胞体」として位置づけられ、ごく「自然」に国家の「幸福利益」を自己の「幸福利益」と一致させ、国家の枠組みを侵さない範囲で「生存競争」を行なうようになるのである。

国家形成の過程で、「人民」の「唯一利己的根本動向」の一部を「利他」に変容させる作用をもつのが「道徳」であった。「道徳」は「社会生存に利便」な「風俗習慣」が人為淘汰と自然淘汰を経て「進化」したもので、とくに国家においては「国家其者の幸福利益」[52]を何よりも重んじる思考や姿勢を奨励するものになった。「吾吾の凡百の道徳行為の一大眼目は畢竟する所全く国家の健全幸福に存する」として「国家道徳」[53]の存在が主張された。以上のような有機体としての国家を維持するために「道徳」が「進化」してきたとする自身の倫理説を「自然的倫理即ち進化的倫理即ち生物学的倫理（Die naturliche, evolutionistische, biologische Ethik）」[54]とした。

つまり、『自然と倫理』において、「宇宙本体主義」をとることで、「マテリアとエネルギーの合一本体」である「宇宙」で起こるすべての「現象」は「進化」を包摂する〈自然〉とされた。人間も国家も「宇宙」の一部で「自然法」の支配を受けるとしたことで、「生存競争」だけでなく、人間の「唯一利己的根本動向」が制御され国家が形成されるダイナミズム全体を含めて〈自然〉であるとの認識にいたった。有機体としての国家において「道徳」は国家の維持と発展のために人間の「唯一利己的根本動向」の一部を抑制する働きをするものとして位置づけられた。前節で明らかにした加藤の「煩悶青年」と自然主義文学への批判は、以上のような〈自然〉に基づく国家思想に立脚していたのである。

明治天皇の崩御

それでは視点を転じて、ここまでで明らかにした〈自然〉に基づいた国家思想が、いかにして「族父統治」論を導くのか検討するために、まずは明治天皇崩御前後の加藤の発言と動向に着目し、次に天皇機関説論争において加藤が表明した天皇主権説を見ることで、彼の国家思想における天皇の位置づけを明らかにしたい。

明治四十五年七月二十日、宮内省により天皇の病状が発表された。加藤の日記によれば、同日文相の長谷場純孝を訪った際、天皇が「昨日ヨリ御大患」に陥っていることを聞き、すぐに「参内」し「天機ヲ伺[55]」った。『明治天皇紀』によると、この日、報を得た元老・大臣・陸海軍大将・枢密顧問官等が参内し「西溜の間」で侍医頭らから容態の報告を受けており[56]、おそらく加藤もこのなかにいたと思われる。その後、毎日のように参内し天皇の容態を案じ、同月三十日に崩御の報に接すると「実ニ言語ニ絶スル次第[57]」との感想を記した。しかし翌月十三日に殯宮（皇居正殿に設置）に移御されると、加藤は翌日から九月十三日の大喪儀まで、複数回にわたって殯宮伺候を行なったが、それに対する感想はほとんど記しておらず、大喪儀の日についても「吹さらし」のなか「祭典」に参加したために「病気ニナラン」[58]と老人らしい不平を記しただけで、いたく素っ気ない。自決という究極の方法で明治天皇への忠誠心を表現した乃木希典についても「思慮足ラサル所」[59]との感想を記しているのみである。たとえば、徳冨蘆花が「陛下の崩御は明治史の巻を閉ぢた。明治が大正となつて、余は吾生涯の中断されたかの様に感じた。明治天皇が余の半生を持つて往つておしまひになつたかの様に感じた」[60]との感慨を吐きだしたことと比べると、あまりに冷静である。「明治大帝」とも称され、明治日本の象徴と捉える向きもあった天皇の死に対して、加藤がエモーショナルな反応を示していないのはなぜか。

まずは、彼の社会的地位とその家族が皇室にきわめて近いところにあったことが指摘できよう。加藤自身が明治三十三年に男爵を授けられ、華族つまり「皇室の藩屏」になり、同四十年には従二位に叙せられた。それだけであれば、他の華族や大臣経験のある政治家と比べて特異なものではないが、彼の長子照麿は明治二十一年十二月八日に侍医局勤務、翌年十二月十九日に侍医に任じられ[61]、ドイツで得た小児科の知識を生かし誕生後間もない迪宮(みちのみや)の健康を支えた。同三十四年十二月十四日、生後八か月弱の迪宮に種痘接種を行ない[62]、箱根や沼津への転地にも供奉した。また、照麿の子鋭五は迪宮のかつての「御相手」[63]であり、ときおり御所に参内して遊び相手を務めていた[64]。さらに、侍医拝命中の明治四十一年九月からドイツに留学した照麿は、翌年九月に帰国すると迪宮に「世界風景画」を献上するとともに「洋行談」[65]を話して聞かせるなど、迪宮の養育の一端を担っていた。加藤自身、明治初年代に明治天皇の侍読として天皇にドイツ語と国家学を講じた経験があり、親子二代にわたって西洋の学問をもって天皇の教育・養育にあたったという自負があったのではないか。加藤の立つ場所からは、蘆花からは見えない世界が広がっていたのだろう。

では、加藤にとって天皇とはいかなる存在であったのか。それを考える際にひとつのヒントとなるのが、天皇崩御の前後にかけて行なっていた自身の先祖調査である。帝国図書館や東京帝国大学の図書館に通い、先祖の方穂氏は平将門の乱を平定した平国香の子孫であり、その後、南北朝時代に北畠親房を護衛し常陸国筑波郡から伊勢に移動したことを突き止めた。南北朝正閏論争後ということもあり、加藤はそれを「非常なる名誉」であるとして、大正二〜三年にかけて茨城県筑波郡を訪問し、先祖を顕彰する「追遠碑」を建立した。[66]加藤はこのころ、「祖先崇拝」を「皇祖皇宗」崇拝につながるものとして、「日本臣民当然の責務[67]」であるとしていた。つまり、天皇が「万世一系」であるがゆえに、「日本臣民」の祖先は「皇祖皇宗」への「偉勲」ある先祖に行き着く。つまり加藤において、日清・日露戦争を勝利に導いた大元帥として明治天皇という一君主が称揚されることはなく、天皇は加藤がいうところの「最大優者」以来連綿と続いてきた「万世一系」の統治者であるという物語を有するからこそわが国に必要な存在であった。それは後述するような国家有機体の頭脳である天皇とその「統治補助者」である「日本臣民」の結束を強固にする存在であった。

「族父統治」論の提唱

右に述べたような天皇観をもつ加藤であったが、国家制度において天皇をいかに位置づけていたのか。明治天皇の崩御前後に起った天皇機関説論争における加藤の発言から明らかにしたい。美濃部達吉の『憲法講話』に対して、上杉慎吉が『太陽』誌上にて天皇主権説を論じ、穂積八束が上杉擁護の論文を発表した。[68]この論争に際して加藤が持論を表明したものこそ『自然と倫理』とその補追として上梓された『国家の統治権』であった。穂積は『自然と倫理』に対し「我カ国体ノ論トシテ敬服ノ至」として熱烈な賞賛の意を表している。それによれば、天皇主権は、憲法第一条と第四条によって明確であり、そもそも「統治権」とは「国土人民ヲ治ムルノ権」であり、「国家人民ノ保護ノ為ニ存スル」ものなので、天皇に属すと考えるのが当然であるという。天皇を国家の一機関とする説は「学者ノ言論」としては問題ないが、「教育上甚宜シカラス[69]」として、同意を求めている。

穂積が「敬服」した加藤の「国体ノ論」の内実を見てみよう。

加藤は『国家の統治権』において、美濃部達吉と市村光恵の国家法人説を批判して、法人とは国家の内部で人為的に作られるもの、つまり法律によって初めて認許される団体であるが、国家とは法律以前に形成された有機体にほかならないとした。また、天皇機関説を駁して、国家が一大有機体である以上、動物及び人間の大脳皮質中に思惟中枢があるように、主権は有機体全体にあるのではなく、「思惟中枢」である君主に属すと考えるのが自然であると述べた。第一節で論じた「天皇陛下は国家である」との考えは、絶対王政を理想とするものではなく、以上のような国家有機体説に基づいていたのである。君主は主権者であるからこそ「公人たる資格のみ」を有し、私の利益ではなく公の利益を追求することが求められるとともに、君主無答責制等の君主の「超人的待遇」が認められるという[70]。こうして加藤は天皇主権説をとるが、穂積の天皇主権説に対しては、「同博士の主義は自然科学に依拠したものではない[71]」として違和感を表明している。加藤は前節で紹介した『自然と倫理』の成果のうえにたって、あくまで「国家の「自然」的本性[72]」に基づいて天皇主権説をとっており、美濃部とも穂積・上杉とも異なる地点で国家思想を展開したのである。

では、国家内の治者と被治者、あるいは君主と国民の関係はいかに捉えられるのか。加藤によれば、君主と国民はともに統治の主体として国家を形成しており、そこにおける国民は完全な統治主体でも客体でもなく「君主の統治補助機関」であった。「君主の命令に依て統治を補助すべき筈のもので、決して治者側に対して被治の側に立つものではない[73]」という。これも国家が有機体であるという本性から導かれるもので、生物の体の諸機関が頭脳の補助機関であるように、国民もまた「統治補助機関」であった。こうして、国家の統治とは頭脳としての君主とその補助機関としての国民によって行なわれるものであり、それが「国家の自治」にほかならないという結論が導かれた[74]。

「国家の自治」の特徴は、君主の権力が「人世的「自然」力」によって大に制せられる点に求められる。「人世的「自然」力」とは、「社会国家の盛衰興亡又は開否文野の相違の如き、其他社会凡百の現象」のことで、とくに君主の権力を制するのは「補助機関たる国民の知識才能[75]」だという。つまり、国家がこれまでに歩んできた歴史とその特性によって君主の権力の在り方が規定されるのである。したがって、「国民」の「知識才能」が進歩した開明国では、「必ず補助機関たる国民の公議輿論を容れねばなら」ないので、君主は「専制」を行なうことが出来ない。立憲君主国における「公議輿論」は政党が代弁するので、政党の発達の度合いによって君主の権力の在り方が左右される。以上のような君権が「人世的「自然」力」に制せられる状況は「国家生存のために甚だ幸福なることである[76]」という。

「人世的「自然」力」

「人世的「自然」力」は万国共通ではなくそれぞれの国家独自のものなので、日本にも独自の「人世的「自然」力」が存在する。日本においては、「今日の政党は猶未だ十分理想的なものになつて[77]」おらず、国民の「公議輿論」を国政に反映させるための「人世的「自然」力」が弱い。そのかわりに、日本には特殊な「人世的「自然」力」、すなわち国民の天皇に対する「忠愛心」があるという。「忠愛心」は「吾邦が族父、族子の団結、即ち所謂族父統治の団体であつて、此族父、族子の相互間に全く父子親愛の情誼の存するもの」であり、これによって、「天皇は常に吾吾臣民を子愛したまひ、又吾吾臣民は常に天皇を父敬するのであるから、何としたとて此父子の間に他各邦に於けるが如き他人行儀の行はるべき道理はないのである[78]」という。天皇と「臣民」の間に「親愛の情誼」を据えることで、天皇は「臣民」を虐げるような専制を行なうことはなく、また「臣民」も革命や反逆を行なうことはなく、ともに統治にあたることができるのである。これこそ「族父統治」論であり、『道徳法律進化の理』における「立憲族長政治」論よりも天皇と臣民の「親愛の情誼」を強調するものになっている。加藤の「族父統治」論は彼独自の国家有機体説から導かれるわが国の理想的な統治のあり方を表現したものであった。加藤は〈自然〉に基づいて統治をより強固にするために国体論の一部を取り入れた統治論として「族父統治」論を提示したといえよう。

加藤は天皇主権説をとってはいたが、主権説論者の上杉が主権を、「此高尚なる偉大なる職分〔最高の道徳の完成〕を負担して之を実行するが為に各人を絶対的に支配する大なる力を与へられたる意思[79]」として、国内において絶対性唯一性無制限性を有する「意思」と定義し、それによって議会制度を軽視していたこととは大きく異なっている。対して、加藤は天皇主権を絶対視していたというよりも、「国家の「自然」的本性」から天皇主権説を導き出したといえよう。

むしろ、加藤が議会制度を「人世的「自然」力」によって君主の主権を制限するものと表現している点については、美濃部ら天皇機関説論者のいわゆる「大正デモクラシー」を支えた議会政治論に近いといえる。さらにいうと、国家有機体説と社会進化論をもとにしたこのラジカルな国家思想は、北一輝を彷彿とさせる。北も加藤と同じく国家有機体説と社会進化論をもとに、社会と個人を「大我」と「小我」として捉え、「社会と云ふ大個体を終局目的とする分子間の相互扶助による生存競争[80]」が行なわれ、社会が進化し国家が形成されるとしている。その進化とは、国体としての「国家の本体」が「家族国家」から「公民国家」へと進化することを指す。「公民国家」とは「国家自身が生存進化の目的と理想とを有することを国家の分子が意識するまでに社会の進化[81]」した状態であり、「国家の分子が自己を国家の部分として考へ、決して自己其者の利益を終局目的として他の分子を自己の手段として取扱ふべからずとするまでの道徳法律的進化」を前提としており、日本では明治維新によって「国家の目的理想[82]」を「国家の全分子」が「平等」に共有することになった。加藤における天皇とその「統治補助機関」としての「臣民」による国家統治の在り方と北のそれは似通った構造をもっており、「公民国家」も、加藤における国家と構造を同じくしている。

一方で、加藤においては天皇を頂点とする「道徳」体系が是認され、それをもとに「族父統治」論が提起されたが、北において天皇は国家の一機関であり、『国体論』の天皇は土人部落の土偶にして日本現代の天皇にあらず[83]」として「国体論」が徹底的に否定された。北は「国体論」を「公民国家」から駆逐すべきものと捉えていたのに対し、加藤は万世一系の天皇による統治という国体論の一部を積極的に取り込みながらも、なお立憲君主としての天皇のあり方を追究し、その正統性を〈自然〉によって説明したのである。

国体論と社会進化論

以上、晩年の加藤弘之の〈自然〉に着目しそれに基づいた国家思想の構造を明らかにし、社会進化論の行方を検討した。第一節では、明治四十三年、枢密院において加藤が、天皇は議会の決定に対して「不裁可権」を行使できると主張したことを指摘した。加藤は天皇が議会と政府の決定に誤りを認めた場合に、国家の意思決定上最後の理性として機能することを求めていたのである。第二節では、同時代の「煩悶青年」のネガティブな「優勝劣敗」理解や自然主義文学における「自然」観を否定して、加藤における「自然科学」は、「優勝劣敗」に背を向けた青年たちを再び進歩と競争に向かわせるとともに、国家のために尽力させようとする規範的性格をもつものであったことを考察した。第三節では以下の点について考察した。十九世紀の「自然科学」に基づき、〈自然〉は「宇宙」で起こる「現象」とされ、有機体が「生存競争」によって「進化」することを指すと同時に、「進化」の過程で、さらに上位の有機体を形成するために「唯一利己的根本動向」が抑制され、「集合協力」する「固有性」を発揮するという有機体特有の性質をも指すものであった。国家は「「自然」的本性」をもつ最高等の有機体として捉えられた。〈自然〉に基づいた国家思想を展開し、天皇を頭脳、人民をその補助機関として、ともに「国家の自治」を担う国家像を描いた加藤は、日本特有の「族父統治」論を編み出すことで天皇主権を明示した明治憲法と国体論の原型を示した教育勅語に合致するよう自身の国家思想を鋳直したといえよう。

加藤は、国家と社会の進化の原理と法則を模索し続けた学者であった。彼自身の言によれば、明治初年にバックルの『英国に於ける開化史』（*History of Civilization in England*, 1857-1861）を読み、「吾吾人間社会の開明進歩には地理地勢気候風土其他凡百の自然現象が大影響を及ぼすといふこと」を学んだ。これに基づいて、「吾吾人間の体軀も又精神も他動物と同く絶対的に唯一の自然力に依て支配され」ているので「自然科学の助けを仮らずして歴史を談ずることの如きは到底不可能」[84]であるとの結論を得たという。これによって、「人間社会」の進化の法則と原理を「自然科学」によって解明することが彼の思想課題となった。それに対する最初の答えが、『人権新説』であり、同書では〈優勝劣敗〉こそ"law of nature"＝〈万物法〉として国家と社会の進化の原理とされた。[85]彼は「隣艸」（文久元年）で日本に立憲政体を紹介して以来、英国の立憲政体を理想として、日本におけるその樹立と定着のための国家思想の構築を目指しており、この国家思想の原理として進化論が据えられたのである。

しかし、明治憲法と皇室典範によって、天皇主権が確定し、「神勅」に国家統治の正統性を有する国体論が成立したことで、加藤の苦悩が始まる。〈万物法〉は〈天則〉へと展開し、〈優勝劣敗〉は「道徳法律」によって抑制され、とくに日本の「無窮皇統」は「道徳法律」の源泉であり、「国粋」として「保存」されるべきものとされた。[86]進化の原理とそれを抑制する原理が同時に加藤の思想に同居したといえる。日露戦争後、ふたつの原理をひとつに統合するものこそ〈自然〉であった。進化を含めたすべての因果関係を機械論的に説明する原理を〈自然〉に求め、〈万物法〉は「宇宙」＝〈自然〉の一元論へと再編され、〈優勝劣敗〉の色彩はさらに弱められ、「上等平民」と「最大優者」が権利をめぐって競争する統治論のかわりに独自の国家有機体説から日本における「族父統治」論が導かれ、特異な国家思想が完成したのである。

加藤は明治国家体制を否定したわけでも、天皇に主権が存することを否定したわけでもない。加藤において、天皇は立憲君主であると同時に、「臣民」の「忠愛心」の対象となる「族父」として位置づけられたが、その国家統治の正統性は「神勅」ではなく〈自然〉に基づく国家有機体説に求められた。国体論と進化論に究極のところで折り合いをつけたといえる。それは『自然と倫理』刊行と同じ年に、森鷗外が「かのやうに」において、主人公の五条秀麿に「人間が猿から出来たと云ふのはあれは事実問題で、事実として証明しようと掛かつてゐるのだからヒポテジスであつてかのやうにではないが、進化の根本思想は矢張かのやうにだ。生類は進化するかのやうにしか考へられない。〔中略〕祖先の霊があるかのやうに背後を顧みて祖先崇拝をして義務があるかのやうに徳義の道を踏んで前途に光明を見て進んで行く[87]」（傍線は引用者）と言わしめたようなものであった。

ところで五条のモデルは三宅米吉だという説がある[88]。加藤は三宅の二回りも年長であるが、双方ともに明治十年代に同じく社会進化論を学んだ学者であり、三宅は東京高等師範学校長、東京文理科大学初代学長を、加藤は東京大学綜理、帝国大学総長を務めた。三宅が五条のモデルだとすると、明治天皇が没する年、わが国最高の知性をもつ三宅と加藤はともに国体論に対する姿勢を決したといえよう（三宅の場合は小説の登場人物として）。

ただし、三宅をモデルとしたと言われる鷗外の小説の登場人物が「かのやうに」という一種のイマジネーションで神話と科学に折り合いをつけたのに対し、加藤はあくまで「自然科学」に基づいた事実によって国体論と対峙した。これが、わが国近代における社会進化論の帰結であり、現実の明治国家を解釈しようとした知的格闘のひとつの結末であった。

註

（1）富樫裕「日本における進化論の受容史」二（『群馬大学教育学部紀要』自然科学編第四五巻、一九九七年）一一七〜一一九頁。

（2）渡辺正雄「解説」（丘浅次郎『進化論講話』下、講談社学術文庫、一九七六年）二四五頁。

（3）加藤弘之「進化論講話を読む」（『読売新聞』一九〇四年二月三日付）。

（4）丘浅次郎『進化論講話』下（講談社学術文庫、一九七六年）二三八頁（初出は開成社、一九〇四年）。

（5）同前。
（6）水谷悟『雑誌『第三帝国』の思想運動――茅原華山と大正地方青年』（ぺりかん社、二〇一五年）六三～六四頁。
（7）本書前章参照。
（8）田畑忍『加藤弘之』（吉川弘文館、一九五九年）において、加藤は「わが国の族父統治的天皇制絶対観にも依拠した、抜くべからざる権力主義意識の虜囚」になったと断定されている（一四七頁）。また、晩年の加藤の家族国家観については石田雄『明治政治思想史研究』（未来社、一九五四年）が構造的な分析を加えている。
（9）田頭慎一郎『加藤弘之と明治国家――ある「官僚学者」の生涯と思想』（学習院大学、二〇一三年）三五〇頁。
（10）望月雅士「枢密院と政治」（由井正臣編『枢密院の研究』吉川弘文館、二〇〇三年）三四～三五頁。枢密院に関しては、同書のほかに三谷太一郎「明治期の枢密院」（『枢密院会議議事録』第一五巻、東京大学出版会、一九八五年）参照。
（11）「明治三十九年日記丙午」十一月二十七日条（東京大学文書館所蔵「加藤弘之関係資料」Ⅰ―三四）。
（12）尚友倶楽部山縣有朋関係文書編纂委員会編『山縣有朋関係文書』第二巻（山川出版社、二〇〇六年）一四四頁。
（13）前掲「明治三十九年日記丙午」十二月十日条。
（14）前掲望月「枢密院と政治」二三～二四頁。
（15）「委員録　明治三十二年七月以降大正四年一月ニ至ル」第一冊、「委員録　大正四年一月以降大正五年十二月ニ至ル」第二冊（国立公文書館所蔵「枢密院関係文書」B一、B二）。
（16）たとえば、市制（明治二十一年法律第一号、明治二十八年法律第六号で一部改正）第九条で、「公民」であっても「公権剝奪若クハ停止ヲ附加ス可キ重罪軽罪ノ為メ公判ニ付セラレタルトキハ其裁判ノ確定ニ至ルマテ」は「選挙権」を持つことができないとしている。
（17）「両院ノ議ヲ経タル衆議院議員選挙法中改正法律案審査委員会」「衆議院議員選挙法中改正法律案審査委員会第二回集会」（前掲「委員録　明治三十二年七月以降大正四年一月ニ至ル」第一冊）。
（18）前掲望月「枢密院と政治」二九頁。
（19）美濃部達吉『憲法講話』（有斐閣、一九一二年）七七～八〇頁。
（20）中野目徹・田中友香理「戦前期の内閣における「未済」閣義書――国立公文書館所蔵「未済書類」の分析を中心として」（『近代史料研究』第一五号、二〇一五年）一〇頁。
（21）松井直之「清末民初期の中国における立憲主義の継受――有賀長雄の天皇機関説に着目して」（高橋和之編『日中にお

ける西欧立憲主義の継受と変容』岩波書店、二〇一四年）一〇七頁。

(22) 有賀長雄「日本国民の精神上の疑問」（『哲学雑誌』第二三巻第二五八号、一九〇八年六月）六一九〜六二二頁、加藤弘之「有賀博士の「日本国民の精神上の疑問」を読む」（『哲学雑誌』第二四巻第二六八号、一九〇九年六月）五一三〜五二八頁。

(23) 松尾尊兊『大正デモクラシー』（岩波書店、一九七四年）。季武嘉也編『大正社会と改造の潮流』日本の時代史24（吉川弘文館、二〇〇四年）をはじめ、「大正デモクラシー」期を「改造」という枠組みで捉えなおす近年の研究動向については、黒川みどり「「改造」の時代」（『岩波講座日本歴史17　近現代三』（岩波書店、二〇一四年）参照。

(24) 加藤弘之は以下の著書で、キリスト教は日本の国体に反するとして批判している。『吾国体と基督教』（金港堂、一九〇七年）、『基督教徒窮す』（同文館、一九〇九年）、前二著と『迷想的宇宙観』（丙午出版社、一九〇八年）を合した『基督教の害毒』（金港堂、一九一一年）。

(25) 「高等遊民」については町田祐一『近代日本と「高等遊民」――社会問題化する知識青年層』（吉川弘文館、二〇一〇年）参照。

(26) 木下利玄「お京」（本多秋五編『初期白樺派文学集』明治文学全集76、筑摩書房、一九七三年）一三三頁（初出は『心の花』第一一巻第六号、一九〇七年六月）。

(27) 尾崎紅葉『三人妻』（春陽堂、一八九三年）二頁（初出は『読売新聞』一八九二年三月六日付）。

(28) 新渡戸稲造『修養』（実業之日本社、一九一一年）一六頁。

(29) 加藤は実業之日本社社長の増田義一と縁戚関係にあった。加藤の長子照麿の妻と増田の妻は、岩橋静彦の長女と次女であり、照麿の子七郎は増田の養子になった。明治四十五年には増田が加藤を実業之日本社主催の全国小学校児童成績品展覧会に招待し、当日、自動車で迎えに行くなどしている（「明治四十五年壬子日記」五月二十七日条、東京大学文書館所蔵「加藤弘之関係資料」I―四〇）。さらに、加藤にとって自身の思想の集大成である『自然と倫理』とその補追二作の計三作は、実業之日本社から刊行されている。

(30) 加藤弘之「青年の煩悶に就て」（『太陽』第一二巻第一二号、一九〇六年九月）四一頁。

(31) 加藤弘之「人物修養上自然科学の必要」（『東洋哲学』第一三巻第一〇号、一九〇六年一一月）七二四頁。

(32) 加藤弘之「進化学的人生観」（『哲学雑誌』第二一巻第二三三号、一九〇六年七月）五五九頁。

(33) 加藤が「自然科学」としての進化論を追究したことに、彼の家族、とくに彼の子女とその姻戚関係にある者に理系の学者や専門家が多いことも影響していると思われる。長子照麿は留学先のベルリン大学でDoktor der Medizinを、帰国後に医学博士の学位を受け、侍医に任じられた。また、四女梅子は精神病理学者の榊保三郎に、五女ひさは工学博士俵国一（東京帝国大学工科大学、専門はたたら製鉄や鉄鋼の科学分析）に嫁した。榊と俵の家とは頻繁に書簡のやり取りを行なっており、密な交流がなされていたことがわかる。加藤の「日記」を通読すると、二女幸子は内務省土木局技師で東京帝国大学教授の近藤虎五郎に嫁した。明治民法下、子女の職業や結婚相手の選択には戸主である加藤の意思が相当程度反映されていると思われるので、このような家族関係からは加藤の「自然科学」への期待が読み取れる。ちなみに、榊は東京帝国大学医科大学卒業後に同大学精神科助教授に就任し、高等師範学校で「病理的教育学」講座を担当し、ベルリン大学留学後、京都帝国大学福岡医科大学（後に九州帝国大学）で精神病学講座担当教授になった。彼の研究分野は、精神病学研究を中心とするものであったが、加藤が『自然と倫理』を執筆した頃は「異常児」と「優等児」の病理と教育について研究をしていたようだ。榊の経歴とその業績に関しては、南真紀子「榊保三郎と「優等児」研究——明治・大正期の優秀児教育論解明への一端」（『社会学研究科紀要』第六三号、二〇〇六年）を参照。加藤没後、榊は「スタイナッハ氏若返り法」という若返りのための移植手術の研究に没頭するようになり九州帝国大学を辞職した。

(34)　加藤弘之「小説の今昔」（『東洋哲学』第一五巻第六号、一九〇八年六月）七一頁。

(35)　加藤弘之『新文明の利弊』（金港堂、一九〇八年）七四頁。同書は、徳川家達邸において家達と夫人、子息たちが集った「親戚朋友の会合」（小序二頁）での講演内容をもとに執筆されたものである。

(36)　石川啄木「性急な思想」（石川啄木『時代閉塞の現状・食うべき詩他十篇』岩波文庫、一九七八年）九五頁（初出は『東京毎日新聞』一九一〇年二月十四日付）。

(37)　啄木の遺品には、雑誌『社会主義研究』、幸徳秋水『社会主義真髄』、堺利彦・森近運平『社会主義綱要』等多くの社会主義関係の書籍が含まれていたという（岩城之徳『石川啄木』吉川弘文館、一九六一年、二〇一頁）。

(38)　初期社会主義者における進化論の受容と「生存競争」観については、山泉進「明治期「社会主義」における進化論の理論形成的機能」（『政治公法研究』第五号、一九七六年）参照。

(39)　加藤弘之『自然と倫理』（実業之日本社、一九一二年）序八頁。『自然界の矛盾と進化』は、明治三十七年から二年かけて執筆したもので、その目的は同三十六年に刊行した『道徳法律進化の理』（増補改訂版）において論述した「生存競争」によって引き起される「進化」のメカニズムをより詳細に論じるところにあった。『道徳法律進化の理』は『強者の権利の競争』と『道徳法律之進化』の増補版であり、『自然と倫理』は、明治二十年代半ば以降の加藤の思想の集大成としての位置にあると考えていいだろう。加藤において〈自然〉がその思想の前衛に出て来るのは、この『自然界の矛盾と進化』以降であるが、本章では彼の思想の集大成ともいえる『自然と倫理』を対象に、〈自然〉と国家思想の関係を明らかにする。

(40) 前掲加藤『自然と倫理』序一一頁。

(41) 同前、六頁。

(42) 同前、一三頁。

(43) 同前、九頁。

(44) 加藤自身によれば「宇宙本体主義」はヘッケルから学んだとされており、とくにその物心一元論を評価している。逆に、宇宙に「意思」があるとしたショーペンハウアー(Arthur Schopenhauer)とヴント(Wilhelm M. Wundt)及び、不可知論をとったスペンサーを批判している(同前、四頁、一二頁)。

(45) 徳冨蘆花『自然と人生』(民友社、一九〇〇年)。同書冒頭でワーズワース(William Wordsworth)の詩「ティターン修道院上流数マイルの地で」の一部「なぜならわたしは自然を無分別な若者の頃とは違う眼で見ることを学んだ。しばしばわたしが聞いたのは人の奏でるあの静かで物悲しい音楽、それは耳障りでも不協和音でもなく、心を鎮め和らげてくれる力に満ちていた」(山内久明編『対訳ワーズワース詩集』岩波書店、一九九八年に依る)を引用し、富士山や相模湾等の情景を描写した。

(46) 本書第四章参照。

(47) 前掲加藤『自然と倫理』八九~九一頁。

(48) 同前、七四~七七頁。相互扶助によって進化が進むとしたクロポトキン(Pyotr A. Kropotkin)の説は排除された。

(49) 同前、一一一~一一二頁。

(50) 同前、一二四~一二五頁。

(51) 同前、一二八頁。

(52) 同前、二二一頁。

(53) 同前、二八四頁。

(54) 同前、二二五頁。「自然的倫理」における「倫理」が「国家共者」の「幸福利益」を追求するものであるのに対して、ベンサムとミルら「功利学派」における倫理は「総人口」のうちの「最大数」の「幸福」を追求するものであるとして批判している(同前、二一八頁)。

(55) 前掲「明治四十五年壬子日記」七月二十日条。
(56) 宮内庁編『明治天皇紀』第一二巻（吉川弘文館、一九七五年）八〇八頁。
(57) 前掲「明治四十五年壬子日記」七月三十日条。
(58) 同前、九月十三日条。
(59) 同前、九月十五日条。
(60) 徳富健次郎『みみずのたはこと』（新橋堂書店・服部書店・警醒社書店、一九一三年）六四一頁。
(61) 宮内庁編『明治天皇紀』第七巻（一九七二年）一六七頁、四三八頁。
(62) 宮内庁編『昭和天皇実録』第一巻（東京書籍、二〇一五年）二八頁。
(63) 加藤鋭五は、学習院、東京帝国大学経済学部卒。『東京日日新聞』、『読売新聞』の記者を務める。のちに京極高頼の婿養子になり、京極高鋭を名乗る。
(64) たとえば、明治四十一年十一月二十一日は母常子とともに参殿し拝謁、翌年四月六日は一人で参殿し拝謁、同四十四年八月二十六日には伊香保に避暑中の迪宮に拝謁（前掲『昭和天皇実録』第一巻、三〇八頁、三三五頁、五一六頁）。
(65) 同前、三六二～三六四頁。その後、迪宮は「世界一周唱歌」を歌ったり（明治四十四年十月二十五日）、「世界漫遊遊び」（明治四十五年一月十日）に興じたりと、「世界」に興味を持った様子がうかがえる。照麿からのみの影響ではないだろうが、彼の「洋行談」が迪宮の目を「世界」に向けさせるひとつのきっかけになったのかもしれない（同前、三七〇頁、三八五頁）。
(66) 本書補章参照。
(67) 前掲加藤『吾国体と基督教』九七頁。
(68) 宮沢俊義『天皇機関説事件――史料は語る』上巻（有斐閣、一九七〇年）一二頁。
(69) 一九一二年三月十一日付加藤弘之宛穂積八束書簡（東京大学文書館所蔵「加藤弘之関係資料」Ⅻ―一五二）。宮沢『天皇機関説事件』によれば、宮沢は戦前、加藤弘之の孫成行から直接この書簡を見せてもらったが、その後、戦災で焼失したという（三八頁）。よって、同書簡は写しの可能性がある。
(70) 加藤弘之『国家の統治権』（実業之日本社、一九一五年）三八頁。
(71) 前掲加藤『自然と倫理』二九九頁。
(72) 前掲加藤『国家の統治権』二～三頁。

(73) 同前、二二頁。
(74) 同前、二五頁。
(75) 同前、四七頁。
(76) 同前、四七～四八頁。
(77) 同前、四九頁。
(78) 同前、四九～五〇頁。
(79) 上杉慎吉『帝国憲法述義』(有斐閣、一九一四年)四七頁。
(80) 北一輝『国体論及び純正社会主義』(北輝次郎『北一輝著作集』第一巻、みすず書房、一九五九年)一〇五～一〇九頁(初出は一九〇六年)。
(81) 同前、三四八頁。
(82) 同前、三五〇頁。
(83) 同前、三六七頁。
(84) 前掲加藤『自然と倫理』序一～二頁。
(85) 本書第二章参照。
(86) 本書第三、四章参照。
(87) 森鷗外「かのやうに」(『かのやうに』籾山書店、一九一四年)一一一～一一二頁(初出は『中央公論』第二七四号、一九一二年一月)。
(88) 森田俊男『開闢ノコトハ通常歴史ヨリ逐イダスベシ――若き日の三宅米吉』(民衆社、一九八一年)二四九～二五四頁。「かのやうに」の五条秀麿のモデルが三宅米吉である点から本章の考察をさらに深めるよう中野目徹先生より御教授いただいた。三宅は慶應義塾出身で、明治十九年にコントの社会学、バックルの開化史、スペンサーの社会進化論の方法論をとった『日本史学提要』を上梓し、記紀神話によらない日本人種の形成について論じた。しかし、「かのやうに」が発表されたとき、三宅は東京高等師範学校教授であり、高等教育会議・高等女学校学科規定取調委員、帝国博物館学芸委員といった要職に就いており、八年後には東京高等師範学校の校長に就任した。

補章　加藤弘之による「追遠碑」建設――大正二、三年の茨城県筑波郡訪問――

第一節　つながる石碑と文献史料

「追遠碑」と「神之遺徳」の扁額

筑波大学一ノ矢学生宿舎から歩いてすぐのところに、一ノ矢八坂神社がある。学園東大通りの傍らにありながら、樹齢を重ねた木々に守られ境内は静謐を保っている。ここは、太古の昔、九州から飛来した荒ぶる三足の鳥が最初に放たれた矢、つまり一の矢で射落とされた場所だという。旧暦六月七日には、素戔嗚尊が朝鮮半島からにんにくを持ち帰ったという故事に由来した「にんにく祭」が例年行なわれている。このようなゆかしい伝説を由緒とする神社に参拝する人々も、本殿の右奥にひっそりと立つ石碑に目を留めることはないだろう（図10）。

「追遠碑」と題されたその碑を建立したのは、加藤弘之である。このとき七十八歳。男爵にして枢密顧問官、教科用図書調査委員会会長など要職を占めていた。加藤はその前後、大正二年（一九一三）十月と翌年十月の二度、筑波郡を訪れている。碑文の内容は、この地の出身である祖先の方穂氏を顕彰するものである。加藤の生涯と思想を知る人であれば、彼の祖先顕彰に対して若干の違和感を抱くかもしれないが、その違和感を決定的にするのは、拝殿の入り口近い欄間に掲げられた扁額の存在である。そこにはこう記されている（図11）。

吁偉哉神之遺徳　大正二年十一月平国香遠裔従二位
勲一等文学博士法学博士加藤弘之謹書

加藤は、明治十五年（一八八二）に刊行した『人権新説』以来、進化論こそ真理と見定め、唯物論の観点から宗教とくにキリスト教批判を展開し、遺言では無宗教の葬式を希望するなど、生涯を徹底した無神論者として貫いたはずである。そのような彼が、なぜ晩年になって自身のルーツに着目し、「追遠碑」と「神之遺徳」を称える額を残したのか。前章で明らかにしたように、加藤は国家有機体説に基づく「族父統治」論において明治典憲体制における国体論の一部を取り込んだが、国体論では天皇の統治の正統性が「神勅」に求められたのに対して、加藤においてそれは〈自然〉から導かれる歴史的事実と国家の「「自然」的本性」（君主が国家有機体の頭脳にあたるということ）に求められていた。本章では大正二年、最晩年の加藤の国家思想における「神」がいかなるものであったのか、それは国体論における「神」と同義であったのかを解明することで、加藤と国体論の対決の行方を見定めたい。そこで着目するのが加藤の筑波郡訪問と建碑、奉額という行為であり、まずはその経緯を東京大学文書館所蔵「加藤弘之関係資料」のなかの筑波郡長市村成美と一ノ矢八坂神社社司高田健の加藤宛書簡から明らかにし、彼の「神」概念を同時代の政治社会状況から読み解きたい[1]。

図10　一ノ矢八坂神社の「追遠碑」

「加藤弘之関係資料」における書簡史料

「加藤弘之関係資料」は、戦前の『東京帝国大学五十年史』編纂に際して、大久保利謙によって調査がなさ

図11　一ノ矢八坂神社社殿の扁額

れ、附属図書館を経て、その後東京大学史史料室、東京大学文書館の所蔵に帰すことになった約千点からなる資料群である。

加藤受信書簡は全部で一五三点あるが、このうちの八二点八三通が筑波郡訪問に関する書簡となっている。すなわち、市村成美発簡五三通、高田健発簡二三通、その他七通である(2)。これらの書簡を繙くと、加藤の「追遠碑」建設と奉額の過程が手に取るようにわかる(3)。

まず、該当書簡の同資料全体における位置づけを見てみよう。『加藤弘之史料目録』によると、書簡は、昭和五十二年（一九七七）十二月十五日に加藤家から寄贈されたという(4)。先に述べたとおり、点数からいうと、加藤受信書簡の半数以上を筑波郡訪問と建碑・奉額に関する書簡が占めている。それ以外の加藤受信書簡では、長男照麿がドイツ留学時に近況を報告してきたものが一九点と目立つ。加藤の経歴からいって受信書簡がもっと多く残されていてもよさそうなので、いずれかの時点で破棄された可能性があると考えるのが自然だろう。

そのようななかで、筑波郡訪問関係と照麿留学関係のみ残存状況が良いのはなぜだろうか。前者に関していえば、書簡の内容を見ても、大正二年九月二十三日付の市村書簡以降、翌年の十二月二十六日付の高田書簡まで、欠落部分がないような印象を受ける。さらに、書簡以外にも、雑の部に「方穂郡に関する抜書き」（史料番号一三―

表6　加藤宛の市村・高田他書簡数

年　月	市村	高田	他
1913年9月	3	0	2
10月	7	1	2
11月	7	1	0
12月	7	1	0
1914年1月	3	0	0
2月	2	1	0
3月	3	0	0
4月	2	0	0
5月	5	4	1
6月	3	2	0
7月	3	2	0
8月	1	0	0
9月	1	2	0
10月	4	7	1
11月	0	1	0
12月	1	1	1
年月不詳	1	0	0

㈢—四七、以下同）や「茨城県筑波郡大穂村地誌書抜き」（一三—㈢—五二）等が見られる。加藤自身あるいは文書の整理者が、何かしらの意図をもって筑波郡訪問関係の書簡その他を残したと判断していいだろう。建碑は県や警察署から許可を得たうえで行なわれたが、神社境内に建てた碑の所有権は放棄しなければならない規則になっており、後代において何かしら不測の事態が起こった際の証拠として残したと考えることもできよう。

後者に関していえば、加藤自身は、明六社社員でありドイツ学の祖とまで称されながら一度の洋行も経験しておらず、照磨をドイツに留学させたのには、加藤自身の強い希望が投影されていたのではなかろうか。

本章で対象とする市村、高田書簡に関しては、表6に見るとおり、大正二年九月から翌年十二月までの間、満遍なく残存していることがわかるが、とくに大正二年十月から十二月までにかけての書簡数が多いことが一目瞭然だろう。これは主に碑と額製作について話し合われた時期だからである。

次節では、これらの書簡を用いて、加藤の筑波郡訪問の経緯とともに、建碑と奉額の動機を明らかにする。

第二節　一ノ矢八坂神社における建碑と奉額——祖先の「追遠」と「神之遺徳」

「祖先崇拝」から方穂郷への道

そもそも、加藤はいかなる経緯で筑波郡を訪れることになったのだろうか。そこには、加藤の祖先に関する入念な調査があった。加藤自身の言によれば、「父母祖先を知らんといふ念慮」こそ、人間と動物を分かつ究極の条件であり、青年期から「祖先崇拝者」として自身の家系を調査してきたという[6]。

加藤家の家譜には、本国は伊勢で代々北畠家に仕えていた方穂氏を祖とすることが書かれているが、それ以前のことについては記載がなく長らく不明のままであったという。ところが、明治四十五年七月五日、吉田東伍編『大日本地名辞書』を調べてみたところ、方穂郷という地名が常陸国筑波郡の項目にあることを発見した。そこには、方穂刑部少輔の人名が掲げられ、南北朝時代に北畠親房を護衛して常陸から伊勢に向かいそのまま在留したとの説明が付されていた。こうして加藤の家譜の不明部分が明かされたわけだが、それは想像以上の喜びを加藤に与えたようだ。

して見ると常陸国筑波郡方穂郷に居住してそれを氏としたる祖先が南北朝の時に於て南朝の正統たると北畠准后の勤王とに感激して准后が高師冬のために敗れて小田及び関の二城を退去せらるるに及び准后を衛送して伊勢に至り遂に留てその幕下となつたものと見える、実に当家の非常なる名誉であると思ふ[6]

勤王の士である北畠親房を「衛送」した祖先をもつことを「非常なる名誉」に思ったということである。さらに加藤によると、方穂氏の曩祖は平国香であるという。平国香は、桓武天皇の曾孫である高望王の子であり、甥の平将門の乱の平定に尽力した人物である。加藤が顕彰しようとした祖先とは、北畠親房に従った方穂氏であり、叛臣平将門と対立した平国香であり、さらに遡れば桓武天皇まで視野に入っていたのかもしれない。

こうして加藤は祖先の顕彰のために方穂郷があったという筑波郡大穂村を訪れることを心に決め、大正二年十月十八日、最初の筑波郡訪問のため常磐線土浦駅に降り立ったのである。

最初の筑波郡訪問

最初の筑波郡訪問は、十月十八日から二十日にかけてであった。この訪問に際して、筑波郡側の窓口になったのが、筑波郡長市村成美である。市村は、文久三年（一八六三）七月二十二日、加藤と同じ但馬国出石（現在の兵庫県豊岡市）で伊藤唯八の次男として生まれたが、後に市村長次郎の養子となって市村姓を名乗った。小学校退学後、明治法律学校校外生となる。その後、明治十五年（一八八二）山口県警部補となり、同二十六年山口警察署長、同二十八年山口県巡査教習所長兼務に任ぜられる。このとき、日清戦争の講和会議のため下関を訪れていた李鴻章に対する傷害事件の犯人逮捕に活躍したという。次いで、山口県熊毛郡長（同三十一～三十五年）を経て、同三十五年十月に筑波郡長に赴任した。『市村成美伝』によると、筑波郡長就任に際しては、同三十四年に内務省地方局長に任官した山県伊三郎の「力も加は」ったという[7]。西茨城郡長、真壁郡長を経て、同四十四年に再び筑波郡長に就任した。

市村からの初めての書簡は、以下のとおりである。

謹啓　未た拝謁の栄を得す候得共、迂生は但馬出石谷山町之御住宅跡に目下余命を送り居候伊藤唯八次男、何卒今後は愚父同様に御眷顧を給はり度願上候、陳者今回御先祖御住居の由を以て弊郡大穂村（古名方穂郷）又は接続吉沼村迄御探見の為近日御光来の趣拝承仕候ニ付、不取敢別紙の通り同村沿革の概略を御参考ニ供シ候、御来臨の節は乍不及諸事御便宜相計可申候間日時御予報願上候　敬具

九月廿三日　　市村成美

加藤男爵閣下[8]

右の書簡では、まず加藤と市村が同郷であることが述べられている。なお、加藤によっても、市村の父伊藤

唯八が加藤の谷山町における旧宅に住んでいたことが確認されている。[9] さらに、加藤の筑波郡訪問の目的が「先祖」の「住居」である大穂村、吉沼村の「探見」にあったことがわかる。

その後、十月十八日までの市村書簡（計五通）では、土浦から大穂村への道順、写真屋の有無、気温等についての加藤の質問に応じている[10]（三四、一七二）。村長白井弥太郎をはじめ村内有志者が歓迎会を予定していることも事前に通知している（七二、三四）。また、宿泊場所として市村が提示したのが、先年、後藤象二郎も滞在したことがあるという一ノ矢八坂神社社司高田健宅であった（一七一）。

こうして実施された二泊三日の筑波郡への旅は、以下のような旅程であった。十八日午前十一時過ぎ上野駅から汽車に乗り、午後一時過ぎ土浦駅着。土浦駅から自動車で大穂村に向かう。十九日八坂神社参拝、撮影の後、方穂城跡見学。午後一時大曽根小学校にて歓迎会、私立裁縫学校にて百人規模の歓迎の宴に参加。二十日、午後十二時過ぎ、自動車で土浦駅に向かう。午後四時頃土浦発の汽車に乗り、午後七時上野駅着、その後帰宅。[11] 十九日の八坂神社参拝の折の撮影は、市村が手配した下妻町の写真屋によるもので、これも「加藤弘之関係資料」として保存されている（XIX—二六）。

当時の大穂村は、玉取、大曽根、若森、佐、前野、長高野、篠崎の七つの集落からなる人口五〇七〇人の村であった。主要な道路は、北条から南に延びる県道（東京街道）であったが、補修を必要とする未完成なものだったようである。同村は「純然たる農村地帯」で、米、黍、豆、甘藷、茶、繭を主要な生産物にしていたが[12]、大正四年段階の全農家七三三戸の約半分にあたる三六九戸が五反未満の農家であった。また、小作農家二三六戸、自作兼小作農家三三四戸であり、比較的小規模な農業経営を営む農家が多かったと考えられる。[13] それでも、加藤を「狼火をも打揚げて歓迎」したのであった。[14]

歓迎会の開催場所となった大曽根小学校は、明治四十五年四月一日に大穂村立大穂第一尋常高等小学校を大穂村立大曽根尋常高等小学校と改称したものである。[15] 大正二年四月時点での生徒数は四三一名、校長は石引鶴吉。同校で加藤は歓迎会に出席するとともに、大穂村を訪れた目的などに関して演説をしたという。現在のつくば市立大曽根小学校に残されている「学校発達経過」を見ると、大正二年十月二十日に加藤が演説を行なったという記録が残っている。[16] 聴講者は八百名。小学校の児童全員が出席していたとしても、なお三百七十名近い聴衆が押し寄せたということだ。この歓迎会の発起人、賛成者の名簿が残っており、それによると、発起人は市村郡長、白井村長をはじめ二一名、賛成者七八名の計九九名であった（三七）。なお、加藤は小学校に対して「些少の金円を寄付した」[17] と述べており、市村書簡からもそのことはうかがえるが（三五）、大曽根小学校の所蔵史料のなかに寄付金に関する記録は見当たらなかった。

筑波郡滞在時の案内等を周旋したのは、主に市村郡長、白井村長、山中助役といった郡村の首長クラスであった。加藤が帰京後に礼状を差し出したのも、市村、白井、山中とともに、岡田宇之助県知事、栗田勤県嘱託、郡視学らといった県、郡、村の行政機関の者と、おそらく移動中の警備等を担当したであろう土浦・北条両警察署の署長であった（三六）。先に述べた歓迎会の発起人、賛成者に対しては、市村から挨拶状を送ったという（三七）。

建碑の手続き

加藤は最初の筑波郡訪問の折に、市村と高田に建碑の計画を告げたようだ。[18] 建碑の場所についても、書簡でのやり取りはなく、滞在時に八坂神社に決まったと考えられる。訪問から十日ほどたった十一月一日付の市村書簡ですでに、碑の台石を村内の有志者で採掘、寄付する旨が告げられている（七六）。事態は順調に進むかと思われたが、次の書簡にあるような煩瑣な手続きが必要となった。

粛啓仕候、寒気日々相募候処閣下益々御清光奉敬賀候、陳者八坂神社境内へ御建碑ノ件ニ関シ過日御来示

ノ次第モ有之一々法規ニ基キ閣下ヨリ神職ノ承認、碑文ニ就キ警察ノ認可、境内使用ニ関シ知事ノ許可ヲ請ハシ候ハ如何ニモ御煩累ト察セラルヽヲ以テ甚タ僭越ノ至リトハ存候得共、予メ御建碑ノ位置協議旁去廿一日高田神職方ヘ罷越、許可申請人ハ同社々総代中最モ信用スヘキ者ヲシテ之ヲ為サシムルコトニ談合ノ上一昨日書類作製致、昨日書記ヲ神社村役場北条警察署ヘ差遣シ夫々手続ヲ了シ本日県庁ヘ進達ノ運ニ致候間、近日中ニ知事ヨリ境内使用ノ許可アルコトト存候、尤モ五六日前内々知事ニ御碑文ヲ提示シ意見相尋ネ候処、閣下ノ御建碑ハ敢テ差支ナカルヘシトノ事ニ御座候、不日公然許可アリ次第可申上候御建碑ノ位置ハ神社ノ南側（碑石ハ神殿ト共ニ東ヨリ西ニ向フ）即チ神殿ト相並ヒ別紙写真ノ位置ニ致シ候テハ如何ニ候哉、御考案置被下度願書類写相添ヘ上申可仕候拝具

十一月廿六日　　　　　　　　　　　　　　　　　　　市村成美

加藤男爵閣下(19)

神社境内での建碑にあたって適用される法令は、大正二年内務省令第六号「官国幣社以下神社ノ祭神、神社名、社格、明細帳、境内、創立、移転、廃合、参拝、拝観、寄附金、講社、神札等ニ関スル件」の第二六条であった。その条文には、「境内地ニハ国家ニ功労アルモノ又ハ頌揚スヘキ事蹟アルモノニ非サレハ其ノ碑表又ハ形像ヲ建設スルコトヲ得ス前項ノ碑表形像ハ建設ヲ竣ルト同時ニ無条件ニテ神社ノ所有ニ移スモノニ非サレハ神社ハ其ノ建設ヲ承認スルコトヲ得ス前二項ノ規定ハ碑表又ハ形像建設取締ニ関スル他ノ規定ノ適用ヲ妨ケス」とある。また、明治十七年内務省布達第二五号「墓地及埋葬取締規則」では「碑表」の建設には「所轄警察署ノ許可」が必要とされ、明治三十三年内務省令第一八号「形像取締規則」では「官有地及公衆ノ往来出入スル地」における「形像」の建設には「地方長官ノ許可」が求められた(20)。以上のような法令で定められた事務手続きを遅滞なく進めるために、東京在住の加藤ではなく、八坂神社総代の関鎌三郎が代理の申請者となった。

このときの申請書の写しからは、建碑に関する法的手続きとともに、建碑の意義づけなどもうかがえるので興味深い。「建碑願手続写」（全六頁。東京・谷印行、一三行罫紙）には、まず、関から高田社司宛の「碑表建設承認ノ件申請」と高田の「承認書」、次に関から北条警察分署長警部佐藤操宛の「碑表建設願」があり、最後に関から岡田宇之助知事宛の「八坂神社境内へ碑表建設願」がある。知事宛の願書は以下のとおりである。

八坂神社境内へ碑表建設願

当大穂村ハ古ノ方穂郷本村ニシテ方穂氏居住ノ地ニ候処、方穂氏ハ北畠准后親房卿ノ小田城ニ拠リシ時其誠忠ニ感激シテ之ニ属シ准后転シテ関城（真壁郡関館村）ニ移リ後、又関城ヲ去ルニ及ビテ之ヲ衛送シ遂ニ伊勢ニ至リ世々北畠氏ニ仕ヘシガ、方穂加藤邦音相似タルヨリ氏ヲ改メテ其通俗ナル加藤ヲ用ヒタルモノニ候、然ルニ加藤氏ハ北畠氏滅亡ノ後志摩鳥羽城主九鬼氏ニ属シ更ニ信濃上田城主ヨリ但馬出石城主ニ転封セラレシ仙石氏ニ仕ヘテ明治維新ノ時ニ及ビシモノニ有之候、後裔ハ即チ現時ノ男爵加藤弘之氏ニ候、由来大穂村ノ地タル昔時ニアリテハ賊将高師冬ノ陣営セシ地トノミ世ニ伝ヘラレ聊モ義臣方穂氏ノ居住地トハ知ラレズ、里人深ク之ヲ遺憾トセシ次第ニ候、然ル処過般加藤男爵来遊セラレ候ニ付之ヲ好機トシ加藤ノ建碑ヲ請ヒ以テ永遠ニ義臣居住ノ地タリシコトヲ伝ヘント希望致シ候間、何卒当村□□（八坂か）神社社司承認書相添此段奉願候也

大正二年十一月廿五日　茨城県筑波郡大穂村大字玉取三十五番地　関鎌三郎

茨城県知事　岡田宇之助殿

前書之通願出ニ付調査候処相違無之ニ付奥書調印候也

大正三年十一月二十五日　筑波郡大穂村長白井弥太郎(21)

建碑の許可を申請する際の手続きの順序であるが、まず神社と警察署に願いが出され、それらを取りまとめたうえで県知事に提出されていたことがわかる。さらに、申請書の文面からは、加藤の建碑がその先祖を顕彰するという目的を超えて、大穂村にとって「北畠准后親房」に従った「義臣」の存在をアピールするという名分を有するものであったということも読み取れよう。

その後、いかなる内容かは分明でないが、県から公文照会がなされ、栗田が『常陸国誌』と加藤家の家譜を示したという。おそらく、加藤の祖先と方穂氏が同一である根拠の提示が求められたのだろう。この結果、十二月五日には県から建碑の許可が下りた（四四）。

碑の建立と扁額の奉納

以上は建碑に関する行政的な承認手続きの問題であるが、碑自体はどのような製作過程を経たのだろうか。作業は、碑面の作成と碑を支える台石製作、さらにその基礎工事の三つに分けられる。このうちとくに碑面の製作に関しては、下田章平氏による書道史的観点からの先行研究があるので、以下、下田氏の論説を参考にしながら概略的に述べたい[22]。

碑文の原案は加藤自ら作成したが、世良太一、三島中洲に添削を依頼した[23]。また、揮毫は書の大家である日下部鳴鶴に託している。碑石の彫刻は、杉孫七郎から推薦された石工酒井八右衛門を指名した[24]。

台石に関しては、大正三年三月七日付の市村書簡で、筑波山麓の山の荘村から「馬二頭人夫百五十人」で神社へ運ばれたことが報告されている（五五）。これらの費用は、高田の斡旋で神社の氏子一八四名によって負担された（五五）。

基礎工事に関しては、大正三年一月二十七日付の市村書簡によって明らかになる。

粛啓寒威凛冽難堪候処愈々御清安恭賀ノ至リニ奉存候、陳者廿五六両日御発遣ノ懇書拝読且碑石ノ図面御下付種々建設ニ関シ御指示被下敬承仕候、如仰後世ニ至リ傾斜等ノ憂ナキ様十分地堅メノ基礎工事トシテ割グリ石及コンクリートヲ置クコトハ最モ必要ト存候、是等ノ工事ハ本郡南部ノ水利組合技手ハ経験有之候ニ付同技手ヲシテ地方ノ職工ヲ指揮之ヲ為サシムルコトヲ得ヘシト存候得共、希ハ碑石四百貫目ノ外台石ノ目方ヲモ概算シ之ヲ加ヘタル重量ニ堪フヘキ割グリ石ノ高サ及コンクリートノ厚サ等確実ノ設計書近藤博士殿御部下ノ手ニテ御調製被下候ハヽ、至極好都合ニ存候、八坂神社境内辺ノ土質ハ最モ軟弱ナル軽松土ニ有之候、碑石ノ囲柵石等ハ地方ノ職工ニ於テモ組立可仕ト存候得共、何トモ多ク慣レサルカ故甚タ不細工ト存候間建設ノ際ハ熟練ノ職工一人御差遣被下候方可然ト存候、委細ハ二月一日若クハ二日頃同村へ立寄可申ニ付篤ト取調ノ上何分可申上候[25]

大まかな碑石の「図面」は加藤から提示されていたことがわかる。それにしたがって、基礎工事は郡の水利組合の土木技手が担当したようである。この水利組合とは、郡管轄の福岡堰普通水利組合（明治二十四年設立）のことであるが、大穂村は組合の区域ではない。おそらく郡長である市村の裁量によるところと思われる。[26]そして、碑石の囲柵石等の工事は「不細工」になるおそれがあるので、「熟練ノ職工」を寄越すよう依頼している。三月二七日に石工の酒井が来郡し、建碑の位置の選定に立ち会うなどしており、「熟練ノ職工」は酒井が指名されたと思われる（五七）。このような体制で、五月中旬までにコンクリートによる基礎固めが行なわれた。碑石は、東京から鉄道と荷馬車によって運搬され五月七日に神社に到着し、七月半ばに建て付けられた（六二、七二、一二六）。なお、これら一連の材料費、工賃等計六百余円は、郵便為替で加藤が支払っている。

この間、市村は仕事のついでに数度大穂に立ち寄っているが、大正三年二月二日、市村のほかに高田、白井村長、山中助役、大曽根小学校校長らが集い、建碑等に関して「協議」を行なったことが確認できる（五三）。

この後、十月六日にも市村、高田、白井、山中、神社総代が集って、落成式の段取りについて話し合ったようだ（一三六）。

一方、奉額に関しての最初の書簡は、大正二年十月二十五日付、つまり、加藤の最初の筑波郡訪問から五日後の高田によるものである。

先般御願仕候神社奉額面之義色々御配慮ニ預カリ難有奉謝候仰之通り甲号即ハナ額面ハ横一列ニ奉願候尚ホ表装迄ヲ被成下趣御申聞ニ候得共右ハ拝殿の永久の奉額として当所ニテ木額ニ刻込計画ノ有之候間何卒布地へ御揮毫之其儘頂戴致仕度右様重ねて奉願上候(27)

右書簡から、額の奉納に関しては高田が私的に依頼していたことがわかる。おそらく宿泊中にそのような話になったのだろう。

額面の配置等に関しては加藤から複数の案が提示され、高田によって「甲号」が採用された。また、題字についても、この書簡を見るかぎり高田からの提案はなされていないようである。宿泊中に高田が提示した可能性もなくはないが、「吁偉哉神之遺徳」は加藤が自選したと考えることができよう。

額用の染筆は十一月五日に高田の許に届いている（一二二）。そして、翌年二月三日付高田書簡では、額の完成を報告するとともに、二月四日の「節分祈年祭」で拝殿に奉掲する予定であることが述べられている（一二四）。この間に掛かった費用五〇円は、高田とともに建碑の書類上の申請者となった関鎌三郎ほか玉取の有志者らが出資したようだ（四四）。

二度目の筑波郡訪問と「追遠碑」落成式挙行

碑の落成式は大正三年十月十八日となった。加藤は照麿と孫の成行、四郎を同伴して十七日から十九日まで筑波郡に滞在した。宿泊先は再び高田社司宅である。

旅程は下記のとおりであった。十七日は、午前十一時上野駅発汽車、午後一時過ぎ土浦駅到着後、市村（このとき稲敷郡長に転任していた）、小関筑波郡長、白井村長、高田社司、栗田県嘱託らに出迎えられる。人力車にて午後四時大穂村着。十八日は、落成式を行なった後、午後二時から大曽根小学校で方穂青年教育会、在郷軍人会の連合統一会に出席し、演説。十九日は、小田城跡にある三島中洲が撰文した石碑とともに藤沢村にある万里小路藤房の石碑を見学。土浦駅へ向かい、午後二時半の汽車で帰京。

このときも加藤は八坂神社、大曽根小学校、前野小学校に金銭を寄付したという。碑の出来栄えに関して「意外に立派たるに驚」き、「土地に亀裂を生ずる程の大地震に逢はざればビクともせぬくらゐに思はれる」との感想を述べている。[28] 確かに、約百年後にこの地を襲った東日本大震災においても碑は「ビクとも」しなかったようである。

第三節　建碑に見る加藤弘之晩年の思想

筑波郡における地方改良運動

前節にて取り上げた書簡からわかる加藤弘之の建碑と奉額、筑波郡訪問の特質は三点指摘できよう。

第一に、郡や村における行政機関との関わりである。基本的に、加藤は市村郡長に対して一連の事業の計画を相談、指示しており、それを受けて白井村長、山中助役らが実働部隊となって計画の推進に努めていた。建碑も私的な行為ではなく、警察、村、県といった行政機関から許可を得て行なう公的な性格をもつものであった。加藤の建碑と奉額、筑波郡訪問は、地方の行政機関が主導した公的な事業であったといえよう。しかもそれは、加藤の歓迎会を村内有志者が開催したことや額の材料費と工費を村内有志者が負担したことからもわかるとおり、村内の比較的裕福な人々に支持されたものであった。

第二に、神社との密接な関係が挙げられよう。建碑と奉額を神社という場所にしたことは、宿泊先が偶然高田社司宅になったという状況のみからでは語れまい。

第三に、小学校、在郷軍人会、青年会との関係である。公民館などがなかった時代において、大規模な歓迎会を開く場所が限られていたとはいえ、大正二、三年の二度とも小学校を訪れているのは特筆に値する。小学校校長が郡長、村長らの事前協議に招かれていることからも、小学校が加藤の筑波郡訪問に際して重要な役割を与えられていたことがわかる。また二度目の訪問時には、小学校で開催された在郷軍人会と青年会の連合統一会において演説をしたことも特徴的である。

これら三点から考えて、加藤の筑波郡訪問と建碑、奉額の一連の動向が地方改良運動に連動したものであることは間違いない[29]。日露戦争によって空前の財政難に陥った政府が増税を決行すると、農村では小作農の増加、地主と小作の対立の激化といった形で危機が訪れた。明治四十一年（一九〇八）七月に成立した第二次桂内閣のもとで開始された地方改良運動は、安定した税収の確保を直接的な目的としながらも、農村問題の解決を図り、農村を新たな共同体として国家のもとに再編成することをも射程に入れるものであった。その際、農村の監督、指導は、県郡町村といった行政機関に任されることとなった。明治四十二年七月以降五回にわたって開催された地方改良事業講習会は、県官郡官及び町村吏員に対して行なわれた。

本章に登場した市村、白井、山中らは、県内の町村是作成を決定し、筑波郡における地方改良運動の主導者と目される役職にある。茨城県は明治三十八年（一九〇五）七月二十六日、報徳主義者であった坂仲輔知事の強力なリーダーシップのもとでそれを推進した[30]。筑波郡は戊申詔書公布のひと月後に筑波郡斯民会を設立し、大正七年には『筑波郡是』を刊行した。市村自身も『筑波郡案内』を編集、刊行している[31]。また、当時の筑波郡では国によって推奨された耕地整理の計画があり、茨城県でも明治四十四年三月「産業ニ関スル県是」において「今後十五ケ年ヲ期シテ県内耕地中施行適地ノ全部ニ耕地整理ヲ実行スルコト」が掲げられた[32]。加藤訪問時も、市村は、筑波郡南部の旧谷和原領約三千九百町歩の耕地整理をめぐって、強硬な延期派との間で和解を進めていた[33]。大正三年七月十日付の市村書簡でも、「目下本県下最大面積ヲ占ムル耕地整理ニ関シ県庁ヨリ主任技師技手数人来郡関係地主集会本日ニ相開居候」（七一）として県と郡の協力体制のもと、地主集会に臨む様子が報じられている。

小学校、青年会、在郷軍人会も地方改良運動のキーを握るものであった。戊申詔書において、臣民は「忠実業ニ服シ勤倹産ヲ治メ」て「醇厚俗ヲ成シ華ヲ去リ実ニ就キ荒怠相誡メ自彊息マサル」ことが求められたように、地方改良運動は財政再建のみでなく、国家を支える模範的な臣民の育成を目指すものであった。その場合、小学校は臣民を養成するための教化機関に、小学校教員は町村内における社会教育の指導者に目された。青年会も、青年層を国家に包摂するものとして日露戦後に各地で相次いで設立された[34]。大穂村でも明治四十三年以降、各大字で青年会が設置されたが、大正六年（一九一七）十月にはそれらが「教育勅語並に戊申詔書の聖旨」を奉じる大穂青年会に統一された。加藤訪問時に開催されていた青年会と在郷軍人会との連合統一会ということは、大穂村だけでなく近隣の藤沢村などでも見られた。藤沢村の修道会という青年会（大正二年設立）は在郷軍人会との連絡を密にするなかで活動していたという[35]。ちなみに大穂村の在郷軍人会の会長は、大正三年十月時点で、村の助役を務めていた山中林次郎である。

また神社もその精神的指導力を期待され、明治三十九年以降、内務省主導で小規模な神社の町村社への合祀が進められた。市村も神社整理を郡政における重要事項の一つに挙げており、「神社は国民崇敬の中心にして、独り精神的感化の大なるのみならず、之が社会に及ぼす影響深甚なるものあり」として、神社の由緒と基本財産を調査のうえ、合祀を進めて「風俗改善の適当の施設をなさしむ」ことが必要だと述べた[36]。一ノ矢八坂神社は明治六年に郷社に指定されており、地域における神社行政の中心となる規模を有していた。日清・日露両戦争の後、戦利品十数点を茨城県から下付されたこともあるという[37]。そこに忠臣顕彰の碑を建てることは、国家的なイデオロギー政策の一端を担うに等しい行為なのではないか。

加藤の筑波郡訪問は、地方改良運動を担った地方官との密接な関係のなかで行なわれたものであり、「忠実」で「勤倹」な臣民の創出を精神的な面から支える効果を有したものであったといえよう。

加藤弘之における「祖先崇拝」と神道

以上をふまえて、加藤の建碑と奉額はどのような思想に基づくものであったのかを最後に考えたい。一般的に碑を建てるという行為について、羽賀祥二氏は「記念碑は、ある歴史的出来事がそこで起きたことを表示するに過ぎない記念標柱とは異なって、そこで起きた出来事や社会的な業績をあげた人物を特定の価値意識から評価し、その意義を社会に向けて宣伝することを建立の目的としていた」と述べている[38]。加藤の建碑の場合、「社会的な業績を上げた人物」とは北畠氏に従った祖先であり、「特定の価値意識」とは「祖先崇拝」と「忠臣」のイデオロギーと言えよう。

「祖先崇拝」と「忠臣」について、加藤は以下のように述べている。

吾が邦は此の如き特殊の歴史を有して居るのであるから、吾が邦では皇祖皇宗と幷に古来皇室国家に殊勲のあつた人人即ち所謂大功臣を神として崇拝するのであつて、是れが吾か邦の祖先崇拝である[39]

日本における「祖先崇拝」は、単に自身の先祖ではなく、とくに「皇祖皇宗」と「大功臣」に対するものであるという。「追遠碑」において顕彰されている加藤の祖先は、先にも述べたとおり、南朝方についた方穂氏である。ここに明治四十年代に起こった南北朝正閏問題の影響があることは明白である。[40] 教科用図書調査委員会会長を務めていた加藤であるが、この問題に対して「追遠碑」の建設によって無言の回答を示したといえよう。

わからないのは、なぜ日本における「祖先崇拝」が「皇祖皇宗」と「大功臣」の顕彰になるのかということである。加藤いわく、それは日本が特殊な国体を保っているからだという。

今日存在して居る国国といふものは皆古来度度の易姓革命を経たもので、王統が継続して居るものは決してない唯吾が日本帝国のみである吾が邦は二千五百有余年以来族父が帝位にあらせられる訳で少しも国初とかはりがない〔中略〕それゆゑ日本の君臣は其実父子の関係である他各国の君臣は義に依て始て君臣となつたのであるけれども、日本の君臣は最初から親に依て君臣となつて居るのであると言つてよろしい[41]

日本では「易姓革命」が起こらず、一貫して天皇家による統治が行なわれてきたという立場から「族父統治」論を説いている。すなわち、天皇と臣民はまさしく君と臣であり、さらに父と子という血縁関係に擬せられるものである。日本における「祖先崇拝」とは、実際に血縁のある先祖を敬うという以上に、父としての「皇祖皇宗」を崇拝するものとなる。さらに、天皇の赤子として位置づけられる臣民は、天皇のもとで一大家族であり、生物学上のつながりがなくても、「大功臣」を祖先として敬うことができるのである。

そして、この「祖先崇拝」を中核とするものこそ、神道であった。

日本の神神即ち皇祖皇宗以下古来帝室及び社会国家に偉勲あつた人人は之を宗教的崇拝物とすべきもので

ない全く国家的崇拝物とすべきものであると思ふ是等の神神を崇拝するは日本臣民当然の責務であるのは言ふ迄もなきことで決して宗教的意味のものではない所謂祖先崇拝であるそれゆゑ苟くも日本人たる以上は是等神神の崇拝を拒むことは到底出来ぬ訳である(42)

加藤にとって、神道とは、日本の神として「皇祖皇宗」「偉勲あつた人人」を崇拝するものであり、それは宗教的信仰心とは異なるという。「日本臣民当然の責務」として神道への帰依が捉えられている(43)。つまり、加藤が八坂神社の額で讃えた「神」とは、宗教的な信仰対象ではなく、「族父統治」国家日本を創始した「皇祖皇宗」と「大功臣」としての先祖のことであった。

「大正デモクラシー」前夜の加藤弘之

従来、加藤において、国家の構成員とは「強者の権利の競争」の結果、「自由権」と「国家法制上の権利」を獲得していく存在であった。将来的には、そのなかからイギリスのジェントリーをモデルとした「上等平民」、つまり財産と知性を兼ね備えた名望家層が誕生し、明治典憲体制下における立憲制と自治制の運用を担う主体となることを理想としていた(44)。

しかし、明治末年から大正初期にかけての加藤における国家の構成員像は、「族父統治」国家における、天皇の赤子とされる臣民としての側面を強めていった。「祖先崇拝」をとおして、天皇との疑似的な父子関係を再確認し、国家のために死ぬことを厭わぬ存在でもあった(45)。

このような加藤の国家思想における国民像と臣民像の両立を可能にしたのは、進化論と国家有機体説の結合であった。「複細胞有機体」としての個人は、進化の過程で「複複細胞有機体」としての国家を構成することになるが(46)、ここにおいて個人は「権利の競争」の主体としての側面を次第に弱め、国家の一細胞として位置づけられ、頭首としての天皇の統治の「補助機関」になる。[47] 国家の構成員は統治の「補助」を行ない、国家を維持するのである。前章で述べたように、「族父統治」論はそのような国家思想に基づいて、天皇と臣民の紐帯をより強くするために導入されたものであった。

右のような国家思想に「神」はいかに位置づけられるのか。神道を非宗教とする解釈は明治政府の正統な見解に沿うものであったが、彼において神道は自然のいたるところに宿るとされる八百万の神を尊ぶものでも天皇家を無条件に崇拝するものでもなく、「皇祖皇宗」「偉勲あつた人人」、すなわち彼が『人権新説』で示した「最大優者」とそれを支えた者を敬うものであった。つまり、彼における「神」は宗教的なものではなく、生存競争の勝者として国家を創始し、維持してきたという歴史的事実そのものであった。「祖先崇拝」は、一面においては頭首としての天皇と「補助機関」としての臣民の紐帯をより強めるものであり、一面においては「強者の権利の競争」の勝者として立憲制と自治制の運用に参画する国民が国家を維持発展させてきた勝者の歴史を重んじ、その系譜に連なる者として自覚をもつことを促すものであった。

そうであるとすると加藤における「族父統治」論と「祖先崇拝」論は、単に「忠実」で「勤倹」な臣民の創出を精神的な面から支えることだけをねらったものであったわけではない。大正三年（一九一四）七月、人類が初めて直面する総力戦である第一次世界大戦が勃発した。国家は、「上等平民」のような上位数%の構成員によって運営されるものではなくなっていた。国家の構成員を総力として巻き込む時代を迎えようとしていたのである。すでに日本は、ちょうど一〇年前に日露戦争によって国家の財政的、人的疲弊を伴う戦争を経験していた。

加藤の筑波来訪からひと月、高田から以下のような書簡が届いた。

謹啓益々御清栄奉賀候此程ハ御著書御下賜被下十四日正ニ拝受仕候御厚志難有奉謝候頂戴後ハ毎夜拝読致

居次第ニ御座候国家統治権之御解説ニ就テ国家ガ直実ノ有機体ナルコト統治権ノ客体ハ人民ニアラスシテ却ツテ国家其物ナルコト等最モ愉快ニ了解仕候邪教耶蘇徒之危険千万ナル事ニ関シ閣下ヨリ親シク承ハリタルコトモ有之此度ハ御著書ニ依リテ詳シク了知致候次第自分ノ如キ職トシテ微力ナガラモ大ニ研究之必要ヲ感セラレ申候御著書ハ繰返シ、精読之上ハ人ヘモ読聞カセ可申心算ニ御座候先ハ御礼迄早々

大正三年十一月十六日　高田健

加藤男爵閣下　御侍史(48)

加藤の「祖先崇拝」論と「族父統治」論とは、「追遠碑」と「神之遺徳」の額として実体をもって示され、高田社司をはじめ筑波郡大穂村の村民に深く薫陶を与えたといえるだろう。筆者が一ノ矢八坂神社と大曽根小学校に足を運び、加藤の足跡をたどることで見出したのは、国体論と一定の距離を保ちつつ、晩年に至ってもなお時代に応じた思想課題を設定し、忠実に対処していこうとした加藤の姿であった(49)。

註

(1)　加藤弘之に関する研究のなかでも古典的作品である田畑忍『加藤弘之』(吉川弘文館、一九五九年)や晩年の族父統治論を分析した石田雄『明治政治思想史研究』(未来社、一九五四年)とともに、田頭慎一郎『加藤弘之と明治国家』(学習院大学、二〇一三年)などがあるが、何れにおいても加藤の筑波郡訪問と「族父統治」論との関係については触れていない。

(2)　一件のなかに日付、発信者の異なる書簡が二点ある場合は、二通と数えた。また、封のみの場合も一通と数えた。目録上では確認できても実際には所在がわからない書簡に関しては、書簡数にカウントしていない。

(3)　その他には、県嘱託の栗田勤、大穂村長白井弥太郎、助役山中林次郎、新治郡からの書簡が含まれている。また、加藤受信書簡には、『追遠碑建設始末』寄贈の礼状(大槻文彦)や方穂氏に関する調査結果(三上参次)等も含まれているが、筑波郡訪問とは直接的な関係を持たないものは関係書簡の数に入れていない。

（4）東京大学史史料室『加藤弘之史料目録 増補版』（東京大学史史料室、二〇一一年）。同書中「加藤弘之史料目録 増補版について」によれば、「加藤弘之関係資料」は二度にわたって、加藤家から寄贈されたという。すなわち、一度目は、一九七五年十月十一日、十一月十八日、十二月十九日に加藤隆之氏とその母からで、「日記」「著訳書の草稿」「所有物並歳入歳出帳」等であった。二度目は、一九七七年十二月十五日に寄贈され、「辞令等」「式辞等」「出版契約書」「書簡」等である。寄贈時点において、すでにある程度の仕分け、分類がなされていたことがわかる。

（5）加藤弘之『追遠碑建設始末』（一九一四年）二頁。筆者が一ノ矢八坂神社を訪れた際、神職の高田氏夫人に社所蔵の『加藤弘之自叙伝 附：金婚式記事概略・追遠碑建設始末』を見せていただいた。心より謝意を表します。

（6）同前、四頁。

（7）未至磨大洲編『市村成美伝』（市村成美伝刊行会、一九三九年）一頁。未至磨大洲は、明治三十六年四月、谷田部尋常高等小学校訓導に任命されたときから当時の筑波郡長であった市村と交際が始まり、その後筑波郡内の複数の小学校を転じた後、龍ヶ崎女学校、伊勢崎小学校等に勤務する。市村の死後、未至磨は、市村の妻富貴子から伝記の編纂を依頼され、富貴子から郵送された「沢山の資料」（五一四頁）を基に『市村成美伝』を編んだという。

（8）加藤弘之宛市村成美書簡（東京大学文書館所蔵「加藤弘之関係資料」Ⅻ―一六五）。

（9）前掲加藤『追遠碑建設始末』三三頁。

（10）以下、本文中で参照した加藤宛書簡は、括弧内に文書番号のみを記すことにする。

（11）前掲加藤『追遠碑建設始末』三三～三七頁。

（12）茨城県筑波教育会編『筑波郡案内』（茨城県筑波教育会、一九一九年）二二二頁。

（13）『茨城県筑波郡是』（茨城県筑波郡役所、一九一八年）七〇頁。ただし、日露戦争後から第一次世界大戦期にかけて、畑小作地の増加を基盤とし自小作・自作中堅層が増加したという（東敏雄「大正期茨城地域社会論序章」、『茨城県史研究』第五八号、一九八七年）。大穂村でも繭の生産が盛んであり、大戦後は比較的豊かな農家も増えたと考えられる（大穂町史編纂委員会編『大穂町史』、つくば市大穂地区教育事務所、一九八九年、二〇五～二〇八頁）。

（14）前掲加藤『追遠碑建設始末』三四頁。

（15）江戸勲・鶴見博企画監修『大曽根小学校百年の歩み』（船木仁・石基弘、一九七七年）四頁。

（16）筑波郡大曽根尋常高等小学校「学校発達経過」一六三頁。残念ながら、演題は記されていない。なお、註(15)(16)の史料は、くすのき学園つくば市大曽根小学校の校長室に所蔵されており、校長大久保隆先生と教頭江橋章先生の御厚意で閲覧させていただいたので、この場を借りて御礼申上げます。

(17) 前掲加藤『追遠碑建設始末』三五頁。

(18) 同前、三七頁。

(19) 加藤弘之宛市村成美書簡（前掲「加藤弘之関係資料」XII―三九）。

(20) 「碑表」の建設に関する法制整備と日露戦争以後の忠魂碑建設ブームの関係については、大原康男『忠魂碑の研究』（暁書房、一九八四年）三二～四五頁。

(21) 「建碑関係文書写し綴り」（前掲「加藤弘之関係資料」VIII―(三)―四五）。

(22) 下田章平「加藤弘之撰・日下部鳴鶴書「追遠碑」について」上下（『史迹と美術』第八〇巻第七号、第八号、二〇一〇年）参照。

(23) 前掲加藤『追遠碑建設始末』三八頁。

(24) 漢文の添削を漢学者の三島に、揮毫を書家の日下部に依頼するのはそう不自然ではないが、世良、杉と加藤の関係については以下のとおり。世良太一は杉亨二に師事した統計学者で、明六社の「調表」作成等の事務を担当しており、大正期まで続いていた明六社の会合で加藤と顔を合わせていた（中野目徹「解説 明六社と『明六雑誌』」、山室信一・中野目徹校注『明六雑誌』上、岩波文庫、一九九九年）。杉孫七郎は、明治三十九年に枢密顧問官に就任しており加藤と交際する機会があったと思われる。三島中洲は、明治六年に新治裁判長として赴任したことがある。中洲は茨城県にある「小田城墟之碑」（明治四年）「万里小路藤房公遺迹碑」（明治七年）の撰文をしており、どちらの碑も南朝の義臣を顕彰するものである。日下部鳴鶴に関して、中西慶爾『日下部鳴鶴伝』（木耳社、一九八四年）によると、日露戦後は「昭魂碑」（東京赤坂日枝神社、明治三十九年）や「日露戦役功烈之碑」（東京あきる野市、明治三十九年）等、戦死者を祀る碑の揮毫を複数引き受けている。また、加藤の師である佐久間象山の碑（「佐久間象山先生之碑」長野市松代、明治三十五年）の揮毫もしている。

(25) 加藤弘之宛市村成美書簡（前掲「加藤弘之関係資料」XII―五二）。

(26) 中野目徹「福岡堰普通水利組合の発足」（伊奈町史編纂専門委員会編『伊奈のむかし』伊奈町、二〇〇三年）、上原いづみ「解説二 福岡堰普通水利組合・福岡堰土地改良区の変遷」（伊奈町史編纂専門委員会『伊奈町史文書目録 第六集――近代・現代三』伊奈町教育委員会町史編纂室、二〇〇〇年）参照。当時の筑波郡には、福岡堰普通水利組合のほかに耕地整理組合があったが、前者は内務省系であり、後者は農商務省系であった。この時期、市村は、耕地整理組合内部の紛糾に手を焼いており、水利組合から技手を派遣するのは自然であるが、郡長転任の折に山県伊三郎に推薦されたという市村は内務省系の団体との相性がよかったという背景もあると考えられないだろうか。

(27) 加藤弘之宛高田健書簡（前掲「加藤弘之関係資料」Ⅻ―一二一）。

(28) 前掲加藤『追遠碑建設始末』四六～四八頁。

(29) 宮地正人『日露戦後政治史の研究――帝国主義形成期の都市と農村』（東京大学出版会、一九七三年）参照。

(30) 茨城県史編集委員会『茨城県史 近現代編』（一九八四年）二九一頁。

(31) 筑波郡における地方改良運動に関しては、中野目徹「地方改良運動の展開」（伊奈町史編纂委員会『図説 伊奈のあゆみ 伊奈町史通史編』茨城県つくばみらい市、二〇〇七年）参照。

(32) 同前。

(33) 何とか耕地整理組合の設立を実現させたものの、第一回総会の様子は、大正三年九月八日の『茨城新聞』で「郡長を引き出せ村長を殺せ谷和原耕整第紛擾」と報じられている。

(34) 平山和彦『青年集団史研究序説』下巻（新泉社、一九七八年）によれば、日露戦後から大正四年までの間、政府による青年団指導の基本方針は確定していなかったが、大正九年の訓令によって打ち出された青年会における自主、自立、自治の方針は、「底辺の民衆（＝青年）に上から与えられた地方〈自治〉政策の一環にすぎぬもの」（三二頁）として、青年会の「官製」的性格を強めたとしている。

(35) 茨城県史編さん総合部会『茨城県史 市町村編二』（一九七五年）二六五頁。

(36) 市村成美「郡行政について」（前掲『市村成美伝』）二一一頁。出典は、『茨城県筑波郡施設経営』（茨城県筑波教育会、一九一三年）。

(37) 塙泉嶺編『筑波郡郷土史』（宗教新聞社、一九二六年）二八八～二八九頁。

(38) 羽賀祥二『史蹟論――十九世紀日本の地域社会と歴史意識』（名古屋大学出版会、一九九八年）一五七頁。

(39) 加藤弘之『吾国体と基督教』（金港堂、一九〇七年）四五頁。

(40) 前掲下田論文でも、建碑の背景として南北朝正閏問題を挙げている。それによれば、大穂村は、「賊将」高師冬の居城があった村として、北畠親房が『神皇正統記』を執筆した小田城跡を擁す小田村に対して引け目を感じており、それが加藤弘之の「追遠碑」建設の目的と合致したと述べられている。

(41) 前掲加藤『吾国体と基督教』三一頁。

(42) 同前、九七頁。

(43)　ただし、「国家的崇拝物」という言葉からもわかるとおり、「祖先崇拝」を通して「族父統治」国家の日本の精神的統一を図るのは、「国家は至高至善のものでなければならぬ」という国家主義の立場によるものである（同前、一五頁）。
(44)　本書第三章参照。
(45)　「臣民一に忠君愛国の為めに尽すの外余念あらず」（加藤弘之『進化学より観察したる日露の運命』博文館、一九〇四年）八七頁。
(46)　加藤弘之『自然と倫理』（実業之日本社、一九一二年）一一二頁。
(47)　加藤弘之『国家の統治権』（実業之日本社、一九一四年）二五頁。
(48)　加藤弘之宛高田健書簡（前掲「加藤弘之関係資料」XII―一七三）。
(49)　「テクストの解釈と二次史料の情報のみによって、思想形成過程の有した可能性までもが裁断されたのでは、思想史の成果は超歴史的な思想像の提示に終始してしまうのではないか」（中野目徹『書生と官員――明治思想史点景』汲古書院、二〇〇二年、六頁）という指摘から示唆を受けた。

終章　本書の成果と残された課題

第一節　「快楽」と「努力」

「世紀末の近代」と「快楽」

再び、十九世紀末のロンドンに話を戻そう。

オスカー・ワイルドの『ドリアン・グレイの肖像』の結末は以下のようなものだ。「ドイツにおけるダーウィン主義運動の物質主義的な学説」を受容した主人公のドリアンは悪行を重ね殺人にまで手を染めるが、その美貌と若さが失われることはなかった。そのかわりに自身の「肖像画」は日に日に醜く変貌していった。しかし、ある事件をきっかけに、自身の失われたはずの良心の所在を「肖像画」に見出したドリアンはそれを破壊しようとした。駆け付けた人々が発見したのは、醜い老人の遺体と若く麗しい青年の「肖像画」であった……。

三島由紀夫は、ワイルドを「世紀末の近代から跳躍」し「中世の悲哀」に到達した「一時代の雰囲気」を体現する存在であるとした。三島によれば、「中世」は「逆説」の時代、「苦痛が快楽とされ、癩病人の傷口が薔薇の花とみられる」[1]時代であって、他方で「中世」と「世紀末の近代」の間の十八世紀は、「運命」に従順に従い、純粋に幸福を求めることが「美徳」とされる時代であった。ワイルドはこの「十八世紀人の美徳」に背き、「快楽」を追求したのである。

ワイルドにおける「快楽」は、苦痛と罪を義務として負うことで完成するものであった。罪は犯しがたいがために本質的に「快楽」であるが、宗教的束縛から逸脱していたワイルドにおいて罪を犯すことの心理的抵抗は少なかった。よって、「快楽」のために苦痛と罪は負うべきもの、要するに義務とされた。三島によれば、ワイルドは「十八世紀人の美徳」と決別し、「快楽」を追求する「逆説」の作家として「中世の悲哀」に到達することになったのである。

「僕は決して幸福を求めたことはありません。誰が幸福なんか要るもんですか？僕は快楽を求めてきたのです」とドリアン・グレイは昂然とこたえる。「ドリアン・グレイの画像」の無作法な、同時に無邪気な主題である。(2)

三島の解釈にしたがい、ワイルドが、幸福に背を向け苦痛と罪悪の負担を義務であるかのごとく追求する独特な快楽主義をドリアンに実践させたとすると、ドリアンにおける「ダーウィン主義運動の物質主義的な学説」には、「世紀末の近代」から「中世の悲哀」へと「跳躍」させるために仕掛けられた思想的な機序としての位置づけを与えることができるだろう。しかし「ダーウィン主義運動の物質主義的な学説」によって精神と肉体を一元論的に捉える快楽主義は、ドリアンの肉体から良心（精神）を「肖像画」に分離させ「肖像画」のみが残るという結末に至ったのであった。進化論的世界観に支えられた「快楽」はこうして崩壊した。作者のワイルドもまた美と「快楽」に生き、一九〇〇年にパリで寂しい客死を遂げた。

三島が「オスカア・ワイルド論」を発表したのは、彼が終戦の日の夏の光のなかに置き去りにされてから五年後のことであった。三島は、戦後の象徴天皇制と昭和天皇への違和感を拭いきれず、のちに『英霊の聲』（一九六六年）において、二・二六事件で処刑された青年将校が憑依した霊媒に「などてすめろぎは人間となりたまひし[3]」と絶叫させ、「みやび[4]」の継承者であるべき「文化概念としての天皇」に強烈な憧憬を抱き続けた。それが四年後のあの自死につながったとすれば、江藤淳のいう「全的滅亡」の系譜の最後の継承者は三島であろう。三島は現代から「明治憲法国家」以前へと遡及していき、ワイルドもまた「世紀末」から「中世」へと「跳躍」していった。ワイルドにおいて進化論は物質主義や一元論思想と結びつくことで、拡大と進歩を理念とする近代国家の「運命」を批判する「異端」の論理として彼の思想を支えたのであった。

では、「明治憲法国家」のなかで進化論によって国家統治の「正統」を論じようとし続けた加藤弘之は、いかなる地点に到達したのだろうか。

「努力」の生涯

加藤が死去したのは大正五年（一九一六）二月九日のことであった。終生一貫して進化論者であった加藤は、その生涯をとおして「運命」に抗う力をもった思想を構築し、美しい「肖像画」を残したのだろうか。

加藤の死亡時の官職は親任官の枢密顧問官で、正二位に叙せられ、勲一等旭日桐花大綬章を授かった。同じく帝国大学、東京帝国大学の総長経験者の死亡時の位階と勲等は次のとおりである。

外山正一　従二位　勲二等瑞宝章
渡辺洪基　正三位　勲一等瑞宝章
菊池大麓　従二位　勲一等旭日大綬章
浜尾新　従一位　勲一等旭日桐花大綬章
山川健次郎　正二位　勲一等旭日桐花大綬章

浜尾が従一位に叙せられているのは、帝国大学総長職だけでなく枢密院議長経験者であり、さらに後の昭和天皇の東宮大夫を務めたからであろう。東京、京都、九州の三帝国大学の総長を務め、加藤と同じく枢密顧問官であった山川も高位の位階と勲等を授けられている。外山、菊池、浜尾は文部大臣経験者である。

それらから推測するに、正二位勲一等旭日桐花大綬章というのは、大臣経験のない学者としてはまずもって最高等の位階と勲等であったといえよう。彼の功績を政府は以下のようにまとめている。

枢密顧問官従二位勲一等文学博士法学博士男爵加藤弘之ハ夙ニ法政ノ学ヲ講明シ文物制度ノ開進ニ尽シ諸官ニ歴任シ殊ニ侍講侍読ノ官ニ任シテ進講啓沃シ奉ルコト年アリ、最高学府ニ首タルコト両回教育学術ノ為ニ努力シタル他ニ比類ナシ、終ニ枢密顧問官ニ任シ積年勤労尠カラサル者ニ候処今般病気ニ罹リ危篤ニ陥リタル趣ニ付此際旭日桐花大綬章加綬相成候様上裁ヲ経テ左案訓令相成然ルヘシ(5)

右の史料は、国立公文書館所蔵の「叙勲裁可書」に収録されている加藤の叙勲についての内閣総理大臣の決裁書の一部である。大正五年二月八日に枢密院議長の山県有朋から勲章叙賜の上申書が内閣総理大臣に提出され、それに基づいて内閣書記官室で作成された訓令案は翌日に内閣総理大臣の決裁を得た。加藤が死去に際して授けられた旭日桐花大綬章は、侍読、東京大学綜理、帝国大学総長、枢密顧問官といった官職を歴任したことともに「教育学術」のための「他ニ比類」ない「努力」を評価されてのものであった。

加藤の遺言によって無宗教の形式で執り行なわれた告別式では浜尾新が式辞を読み、但馬会、出石会、協同会（貴族院の院内会派）、男爵会、麹町区公民会、学士会、京都帝国大学、九鬼隆一、国家学会、大日本婦人衛生会、通俗学術講話会、帝国学士院、帝国教育会、哲学会、同方会、日本弘道会、日本社会学院、法学協会、文部大臣、東京帝国大学等が弔辞を寄せた。(6) その後、『丁酉倫理会倫理講演集』や『哲学雑誌』、『国家学会雑誌』等の学術雑誌で追悼特集が組まれ、多くの学者が加藤の死に哀悼の意を示した。

彼の死は国家の「正統」――それは「快楽」に生きたワイルドや「全的滅亡」に殉じた西郷隆盛や三島のそれとはまったく異なり、死をもって何かしらの異議申し立てをするようなものではなかった――に連なるものであり、「努力」の結果、いわば〈優勝劣敗〉の勝者として生涯を終えたのである。本書では、外面的には栄誉に満ちた彼の生涯とその思想世界の関わりについて論じたが、次節ではその思想世界が美しい「肖像画」として完成されたのか否か、著者の考えるところを示したい。

第二節　明治国家と社会進化論

〈優勝劣敗〉の思想

本書は、近代日本における社会進化論と国家思想の関係を加藤弘之を中心として論じたものである。加藤という人物は戦前から啓蒙思想家として論じられ、戦後は「御用学者」として断罪されてきたが、本書ではそのような評価を疑うことを出発点にして、いわゆる「転向」以降の加藤に着目し、社会進化論によって独自の国家思想を構築した学者として再検討した。その際、加藤の社会進化論に基づく国家思想が、明治憲法と教育勅語に結実する思想、憲法制定後の天皇機関説、天皇主権説や家族国家観といった「明治国家の思想」といかにかかわるか、つまり、明治国家の形成、展開、再編期に一貫して社会進化論に依拠することで、統治の正統性を何に求め、いかなる国家思想を構築したのかという点に問題関心の重点を置いた。

第一章では、明治十年代の東京大学を中心とするスペンサーの社会進化論の流行について論じ、社会進化論が立憲政体の導入を含め国家思想の構築を支える論理として機能したことを指摘した。そのようなかで加藤は、ブルンチュリの国家学から国家法人説と君主機関説、天賦人権説に基づく立憲政体論、そして国家主義的志向を学び、その後バックルの開化史とドイツやイギリスにおける実証主義的手法を用いた学問等を受容して国家思想の構築を志すことになった。こうして日本の「開化」を進め、国民の「安全」を保護するための立憲政体の樹立を促進する原動力として社会進化論が国家思想に導入されたのである。このような加藤の国家思想は、明治国家の形成期において必ずしも主流であったわけではなく、明治天皇に西欧流の立憲君主像を押し付けるものとして、元田永孚ら宮中の守旧派から排斥され、元老院議官に転任させられた。

第二章では、加藤が本格的に社会進化論思想を展開した『人権新説』における引用著作の分析と初版、再版、三版の校合を行なうことで、増訂作業における思索過程を明らかにし、社会進化論と国家思想がいかに連結したのかを考察した。同書において加藤は進化の原則すなわち〈万物法〉＝“law of nature”から〈優勝劣敗〉を導き出し、〈万物法〉に依拠して統治論と権利論を構築した。〈優勝劣敗〉の法則によって天賦人権説は否定され、「優者」と「劣者」が権利をめぐって争うとされたが、国家がそれをコントロールするとされ、とくに国家を創始した「最大優者」が国内の権利の源泉となり、そのもとで「名分上ノ大権」を有する「王公政府」と「社会共存上ノ大権力」を有する「上等平民」が協力して統治を行なうという統治像が想定された。このような社会進化論に基づく国家思想の展開は、「転向」と捉えるよりも、それ以前の立憲政体論を維持しつつ、立憲政体樹立までのプロセスを明確にしたものであり、同時に国家統治の正統性理論を構築したものと見るべきであろう。『人権新説』は、これ以降展開する国家思想のプロトタイプを示したものであった。同書における加藤の統治論は、元田永孚が目指した天皇親政論とも、井上毅の「シラス」統治論とも、伊藤博文の行政国家構想とも異なり、「王公政府」と「上等平民」による君民共治の国家体制に近いものであった。これ以降、伊藤は井上というブレーンを得て、欽定憲法による天皇主権の確立を図り、一方では「内閣の天皇」を実現するという構想を持つにいたるが、〈優勝劣敗〉の思想によって統治権の正統性とともに権利の進歩を説明しようとした加藤はそこに接点をもつことはなかった。

〈天則〉の模索

第三章では、明治十年代半ばから二十年代初頭にかけて、社会進化論が新たな政治思想の思想的背景になったことについて論じた。この時期、「明治の青年」のうち三宅雪嶺や徳富蘇峰らは自由民権運動からやや距離をとりながらも薩長藩閥による欧化主義政策も批判したが、彼らの立脚地は社会進化論をひとつの思想的背景とした「国粋保存主義」と「平民主義」であった。そのようななかで東京大学総理から元老院議官に転じた加藤は草稿「自由論」を草するとともに、元老院会議での地方自治制度関連法案審議において「自治」論を展開した。彼は草稿「自由論」において『人権新説』で展開した〈優勝劣敗〉に基づく国家思想をさらに深化させることに努めており、「生存競争」によって獲得される権利を「自由」として、国家によって認可される「権利」と区別したが、これは治者と被治者の間の「権利」をめぐる競争を国家統治の枠組みのなかに収めようとするものであった。そこにおいて「自治」は被治者の「私事上ノ権力」と治者の「公権上ノ権力」の双方を健全に維持、発展させるために、その間にあって将来「立憲政治」を担うべき「上等平民」に政治的鍛錬を積ませる場であった。加藤の「自治」論は山県有朋の自治論に対しては、個人の「私権」の伸長という視点を強く持つものであったが、民権派に対してはまず「公権」を得るにふさわしい実力を蓄えるよう促すものであった。つまり、明治十年代半ばから二十年代前半の加藤は、「明治の青年」と同じく藩閥政府とも民権派とも異なる課題意識に沿って、国家秩序の維持と個人の権利の進化を同時に達成するための原理として〈優勝劣敗〉の思想を構築したのである。

明治憲法制定前後の時期を扱った第四章では、社会進化論に依拠して思想形成を図った「明治の青年」のうちとくに「国粋保存主義」に基づき反藩閥、反欧化主義を掲げた青年たちが加藤の下に集い政論雑誌『天則』を刊行し、加藤もまた大隈条約改正反対運動と内地雑居反対運動に与した事実に着目した。『天則』では加藤の国家思想変容の端緒が見出せる。『人権新説』以来の加藤の国家思想は進化論に基づくがゆえに、国家は進化して止まるところがないものとして想定されていたが、『天則』においては社会有機体説に基づき「日本人種」を保存すること、「最大優者」論に基づき「無窮皇統」を保存することが主張され、「日本人種」内における〈優勝劣敗〉と「無窮皇統」に対する〈優勝劣敗〉は、「道徳法律」を通じてそれぞれ抑制されるべきだとされた。このような日本独自の国家の在り方を支える法則は〈万物法〉における〈優勝劣敗〉の要素を弱めた〈天則〉へと変化した。このような加藤における思想の変容は、天皇主権とその正統性を「神勅」によって説明する明治典憲体制に自身の社会進化論に基づいた国家思想を何とか即応させようとした結果であった。

〈自然〉一元論と「宇宙」

第五章では、日清戦争前後の社会進化論に基づいた国家思想の変容について、「道徳法律」論に着目して論じた。『道徳法律進化の理』では「三段階有機体」説を導入したことで、国家を個人の集合体としての社会と峻別し、独自の意思を有する最高等の有機体として位置づけた。国家が個人間、個人対国家の権利をめぐる競争を抑制する手段こそ「道徳法律」であった。日本では天皇が「道徳法律」の淵源に据えられ「立憲族長政治」という独自の統治形態がとられているとされた。日本という国家において、天皇は国家の創始者すなわち「最大優者」であると同時に、未来永劫保存される進化を超越した存在として位置づけられ、日本の構成員は「帝室を奉戴」し続ける「臣民」であると同時に、権利をめぐる競争に積極的に参加し「立憲政治」を支える「国民」としての相貌をもつものになった。加藤は幕末以来、「立憲政治」を導入したうえで安定的な統治を維持するための国家思想の構築に努めてきたが、日清戦争後のわが国において彼が理想とする「上等平民」は育成されておらず、彼らが作り出す「輿論」もまた加藤が理想とするそれに比較すると大きく劣っていた。そのため、加藤の国家思想は社会進化論に基づきながらもそれを強く抑制するものになっていったのである。

第六章では、『自然と倫理』『国家の統治権』における〈自然〉論と「族父統治」論について分析し、社会進化論に基づいた国家思想の帰結に迫ろうとした。この時期において、北一輝をのぞいて社会進化論に基づく国家思想を展開する者はほとんど見られなくなったが、加藤は日露戦後の個人主義的、快楽主義的な時代風潮を批判し、〈優勝劣敗〉の復権を図った。そのような彼の発言と態度は、この時期新たな展開を見せた国家思想に基づくものであった。加藤は『自然と倫理』において、「進化」を「自然法」に基づく「宇宙」の「現象」として位置づけ、「生存競争」だけでなく、人間の「唯一利己的根本動向」が制御され国家が形成、維持されるダイナミズム全体を含めて「進化」とした。これを支えた理法こそ〈自然〉であった。〈自然〉は〈優勝劣敗〉とともにそれを抑制する原理を併せ持つものであった。

上記のような〈自然〉に基づいて極端な国家有機体説が唱えられた。そこにおいて国家は「「自然」的本性」をもつ有機体とされ、君主は「思惟中枢」として主権を把握し、国民は「君主の統治補助機関」とされた。しかし一方で、この時期に〈優勝劣敗〉の復権を図ったことからもわかるように、加藤は「立憲政治」を担う国民の権利をめぐる競争を完全に制限することが望ましいとしていたわけではなく、「公議輿論」という「人世的「自然」力」によって「君権」を制することも必要であるとした。そのような国家思想に拠ることで、「族父統治」論が唱えられ天皇主権説がとられたが、それは上杉慎吉や穂積八束らの天皇主権説とは異なり、あくまで〈自然〉に基づく独自のものであった。加藤は明治典憲体制に自身の思想を適合させようとした結果、〈天則〉を〈自然〉へと変容させるとともに、国家有機体説を取り入れ、「道徳法律」によって個人の権利競争が抑止されるという国家思想に辿りついた。

補章では、最晩年の加藤の茨城県筑波郡訪問と建碑・奉額という行為の検討をとおして、加藤における「神」とは何であったのかを論じた。加藤は「皇祖皇宗」とそれに対して「偉勲あつた人人」を「神」としたが、それはわが国を創始し維持発展させてきたという事実によって「神」になった人々であるとされた。加藤にとって「神」とは自然科学の成果のうえにたつ社会進化論によって導かれる歴史的事実を根拠とするものであり、国体論における「神」とは異なるものであった。

第三節　成果と残された課題

本書の成果

最後に、序章であげた三つの課題に即して本書の成果をまとめたい。すなわち第一に、加藤弘之における社会進化論に支えられた国家思想と現実の明治国家形成―確立―再編過程の連関を明らかにすること、第二に、加藤の同時代における位置づけを見出すなかで、社会進化論に基づいた国家思想の思想的境位を明らかにすること、第三に、近代日本において社会進化論によって国家を論じることの意味を明らかにするとともに、文化進化学といった新しい学問分野に対してひとつのパターンを提示することである。

第一の課題に関しては以下のような結論を得ることができた。明治十年代において、社会進化論は立憲政体の導入を支える理論として受容され、同十年代後半から二十年代前半になると藩閥政府を批判する者によって、理想的な国家、社会への到達の道筋を描くために受容された。しかし明治憲法制定後、社会進化論で国家を論じる者が少なくなるなか、加藤もまたその国家思想を徐々に変容させていく。権利をめぐる競争は国家規範によって抑制されるべきものとして捉えられるようになり、〈万物法〉は明治十五年時点では、〈優勝劣敗〉の側面が強調されたが、明治憲法制定後になると〈優勝劣敗〉を抑制する原理を含む〈天則〉として再解釈され、明治末年になると「宇宙」間で起こる現象をありのままに認める〈自然〉へと昇華された。また、知識と財産をもつ「生存競争」の勝者である「上等平民」が「立憲政治」における実権を把握するという統治像は、明治憲法に天皇主権が明記され国体論が確立すると次第に後退し、明治末年にはすべての「臣民」が「統治補助機関」として天皇の統治を裨補するという統治像に変容した。日本が日清・日露戦争において勝利し、次第に近代国家として内実と外貌を整えれば整えるほど、明治国家体制内部において社会進化論に基づいた国家典憲は、明治典憲体制における天皇の統治の正統性を否定する「異端」の思想となる可能性を増してきた。そのため、加藤は明治憲法制定以降、明治十五年に『人権新説』で描き出した国家思想に絵筆を加え続けた。ワイルドの顰に倣えば、彼は、進化論という自然科学を社会に応用することで成立した社会進化論を下地に持つ国家思想を一度完成させながらも、明治憲法制定後には国家有機体説と「道徳法律」論を、日露戦争後には「族父統治」論を上塗りすることで自家中毒の病に陥り、複雑で奇怪な相貌を呈する「肖像画」を残したといえるのではなかろうか。

しかし、彼は明治十年に進化論を受容して以降一貫して、十九世紀の西欧で発達した自然科学に基づいた国家思想を展開した。〈万物法〉―〈天則〉―〈自然〉と変化した進化の法則は自然科学の成果のうえに成り立つものであり、最晩年の「族父統治」論もあくまでも「国家の「自然」的本性」に基づくものとされ、加藤は自然科学に拠って生涯唯物論と無神論の立場を把持し、いかなる局面においてもそれが揺らぐことはなかった。自然科学は彼が拠って立つ唯一の基準であったといえよう。

加藤は自然科学の成果である進化論に基づいて国家思想を構築することで明治国家と対峙したが、とくに天皇の正統性を「神勅」に求める点については暗に拒否し続けた。彼は「国家の「自然」的本性」によって天皇の統治の正統性を導き出し、天皇から神性を抜き取ったのである。

第二の課題に対して、これまで「御用学者」という不名誉極まる評価をされてきた加藤であるが、実際には社会進化論に拠って立ち、明治政府の政策を批判し続けたことを指摘した。明治十年代においては天皇親政運動における「仁君」像を批判する一方で、民権派の急進的な立憲政体導入論も批判し、漸進的な立憲政体樹立を支える理論を提供した。一方で伊藤博文の行政国家構想や井上毅の「シラス」統治論とも距離をとり、伊藤および森有礼との決裂を経て東京大学の綜理を退き、伊藤を中心とする明治国家のプランニングからは外れることになった。雑誌『天則』において「明治の青年」と協働して「国粋保存主義」を唱え、政府の欧化主義政策を批判し「無窮皇統」と「日本人種」を「保存」することを訴え、対外硬運動への合流を果たした。貴族院において加藤は一時懇話会に属し谷干城とともに文部省廃止論に反対するなど、主に教育問題に関連して積極的な反応を示した。藩閥政府を批判しながらも、第一、二次大隈内閣に対して理想的な「立憲政治」像からの乖離を指摘し批判を行なった。それらの政治的な言動からうかがえる対外論や教育論、「立憲政治像」は、すべて社会進化論に基づいた国家思想に拠るものであった。

そこから察せられるのは、加藤が一貫して「国家の大経綸」の学の構築を至上命題に据えた学者であり続け、それは「官僚学者」という枠組みに収まらないものであったということである。彼は明治国家の中枢にありながら、自身の学知をもってその正統性を追究し、それをもとに明治国家に批判のまなざしを注ぎ続けた「努力」の人であった。それに対して、ワイルドの『ドリアン・グレイの肖像』における進化論（一元論）は「快楽」の人生観、世界観を導き「近代」から跳躍させた。本章の冒頭に引用したワイルドについて吉田健一は「英国では、近代はワイルドから始まる」と評言している。「近代」とは「秩序、あるいはそれまであったはずの神」が喪失され、科学の発達による実証的な精神の普及によって、従来の価値基準が崩壊した時代であり、ワイルドは英国文学の「秩序」から自由になり、「自分の思想を意識的に言葉を用いて育てて行き〔中略〕その思想を二つとない言葉で表す方法を身に着けることから生じた文体」[7]を確立させた最初の英国人であるという。「神」なき後のワイルドにおける「言葉」は、加藤にとっての進化論だといえる。加藤における進化論は明治国家における非合理的、非科学的な国家理論を再解釈し、「神」すら科学のもとに置くことで、明治国家を「近代」国家として定位しようとするものであった。確かにその試みは奇怪な「肖像画」へと帰結したが、そのような「異端」の国家思想を明治国家の中枢で維持し続けた学者は加藤をおいて他にいないだろう。

第三の課題に関して、日本において社会進化論は日露戦争後に優生学や文明批評に結実したが、加藤における社会進化論は常に国家統治の正統性を論じ、現実の明治政府を批判する知的根拠であったことを指摘した。現在、十九世紀末の社会進化論は社会ダーウィニズムと同義とされ、弱者を排斥し強者の権利を正当化したものであるとして批判される場合が多い。序章で挙げた近年の文化進化論においても、スペンサーをはじめとする十九世紀の社会進化論をまともに取り上げ、それを応用した研究はあまり見られない。その理由をA・メスーディは以下のように推測している。スペンサーをはじめとする十九世紀の「文化進化理論」は文化の進化を「進歩」と同義に捉える傾向が強いため、現在の研究者は「政治的動機を持つ十九世紀の文化進化論とつながっていると誤解される[8]」ことを恐れているという。

それに対して本書では、加藤における社会進化論が「強者ノ権利」を無批判に正当化するためのものではなかったことを明らかにした。むしろ、それは熾烈な競争によって強者と弱者が生まれる社会のメカニズムを説明する原理であるとともに、そのような社会をいかにひとつの国家として統治していくかについての指針を提供するものであった。

本書の残された課題

右のような近代日本の社会進化論はいかなる思想的「運命」をたどったのか。

ダーウィンとスペンサーによって提唱された進化論は伝統的なキリスト教的世界観に揺さぶりをかけ、イギリスでは強い抵抗をもって迎えられた。そのような「異端」の思想は海を渡ってドイツ、アメリカ、日本に到達した。ドイツと日本では国家主義と、アメリカでは資本主義と結合することで、まさに思想界における時代の寵児となった。つまり、国家として同時代の進化の最高点にあった国ではなく、社会進化論はまさに進化の途上にあった国家において積極的に受容されたのである。

そのような社会進化論の思想的役割は西欧において突如として幕を閉じることになる。一九一四年に第一次世界大戦が勃発すると、西欧諸国は科学の粋を集めた兵器を戦場に投入した。手足を失い毒ガスの後遺症を発症した傷痍兵の姿に、科学の発展のあまりに悲惨な結末を見た西欧の人々は、西欧を西欧たらしめていた思想に懐疑を抱くようになった。シュペングラー（Oswald A. G. Spengler）のいうところの「西洋の没落」が強烈に意識された。進歩理論と社会進化論はそのうちのひとつであり、国家の発展と進歩を支える社会進化論の思想的役割はここに終わったと考えられた(9)。

最晩年の加藤は理性と進歩を奉持するはずの西欧諸国が続々と宣戦布告したことに大きな衝撃を受けたが、百万人前後の死傷者を出したヴェルダンの戦いやソンムの戦いといった惨憺極まる戦闘の結末を知ることなく、ある意味では幸いな時期に死去した。

このような社会進化論の帰趨を考えたとき、本書の残された課題もまた浮かび上がってくる。本書でなしえなかったことはあまりに多いが、主に五点を挙げて今後の研究の課題としたい。

一つ目に、本書では加藤弘之を中心として社会進化論を分析したが、加藤の思想の全容を解明するにはいまだにいたっていない点である。たとえば、晩年の「宇宙」論がいかなる学問的背景をもつものであったのか触れることができなかった点が挙げられる。三宅雪嶺の『宇宙』の影響とも思われるが、史料によってそれを裏付けることができなかった。また、「文部省往復」等の本格的な分析を行なっていないため、東京大学の綜理、帝国大学の総長としての加藤の施策について論じることができず、序章で引用した井上哲次郎が言うところの「事務」の一端を明らかにできなかった点も挙げられる。

二つ目に、本書第一章で加藤が西郷とは異なる明治国家の「エトス」を構築することになったと述べたが、本書では加藤本人の〈優勝劣敗〉の思想の形成、展開、変容過程を追うにとどまり、それらが同時代のいかなる人々にどのように受容されたかを分析するにはいたらなかった。一面では、受験戦争を勝ち抜き立身出世を支える精神になり、そのような精神は、一高―帝大―高等文官試験というモデルコースを最上とするエリート主義を生み、そこから官尊民卑の精神が派生したと思われる。また、本書で見たような〈優勝劣敗〉の進化論によって国家を批判的に捉える見方がどの程度浸透していたかについては、やや見通しが悪いと言わざるをえない。

三つ目に、進化論受容の思想的基盤となっていたと考えられる「勢」の思想、朱子学的な二元論や徂徠学の政治思想など、総じて「近世的」な国家観や自然観あるいは秩序観や倫理観などの思惟構造レベルでの検討を行なうことができなかった点である。とくに『人権新説』以前の加藤の国家思想における「仁政」観と立憲君主観の関わりや、明治憲法制定後に加藤が「天則」という言葉を用いた意味などは、「近世的」な思想との関わりのなかで分析すべきことであったと思う。

四つ目には、スペンサーやヘッケル等、進化論思想の原典と明治期日本における翻訳書の比較分析を行なうことができず、翻訳という行為のもつ知的創造のプロセスと学問的認識を獲得する瞬間の緊張感のようなものを捉えきれなかったことである。明治期の社会進化論に関する先行研究はまさに汗牛充棟であるが、今後、本格的にその研究を進める場合、右のような作業を経ないかぎりは次のステージへと行くことができないであろう。

五つ目には、大正期以降における進化論思想の展開である。[10] 明治末年にベルグソンとオイケンが受容されると、長谷川如是閑や土田杏村といった「大正デモクラシー」期の知識人たちがこぞってそれらを受容し、大正期に入ると社会進化論に基づいた思想を展開したが、これらと明治期の社会進化論との連続性、非連続性についても論じることができなかった。

以上五点を課題として、今後の研究を発展させていきたい。

註

(1) 三島由紀夫「オスカア・ワイルド論」(『三島由紀夫全集 決定版』第二七巻、新潮社、二〇〇三年)二八五頁(初出は『改造文藝』第二巻第四号、一九五〇年四月)。

(2) 同前、二九四頁。

(3) 三島由紀夫『英霊の聲』(『三島由紀夫全集 決定版』第二〇巻)五一三頁(初出は『文藝』第五巻第六号、一九六六年五月)。

(4) 三島由紀夫「文化防衛論」(『三島由紀夫全集 決定版』第三五巻、二〇〇三年)四六頁(初出は『中央公論』第八三巻第七号、一九六八年七月)。

(5) 「枢密顧問官文学博士法学博士男爵加藤弘之勲章加授」(国立公文書館所蔵『大正五年 叙勲巻五ノ上 内国人五(賞勲局総裁へ訓令)』勲 四九六)。

(6) 東京大学文書館所蔵「加藤弘之関係資料」Ⅸ—八～二七、二九～三〇。

(7) 吉田健一『英国の近代文学』(岩波文庫、一九九八年)九～一五頁(初出は『あるびよん』第一巻第一号、一九四九年六月)。

(8) アレックス・メスーディ『文化進化論——ダーウィン進化論は文化を説明できるか』(野中香方子訳、NTT出版、二〇一六年)六六頁。

(9) ただし日本と同じく第一次世界大戦の主戦場にはならず、大戦後に最大の経済大国へと成長したアメリカでは、加藤の死去と同時期にウィリアム・G・サムナー(William G. Sumner)とウォードが相次いでこの世を去ったが、ウォードを初代会長とするアメリカ社会学会は引き続き組織され、経済上の「優勝劣敗」を是とする本格的な資本主義が展開された。一方で、戦勝国への賠償金とその後の猛烈なインフレによって国家経済が破綻したドイツでは、ナチスドイツが社会進化論を大幅に歪ませて利用し、最悪の人種政策を行なった。両国において社会進化論は露骨な強者の論理として作用した側面がある。

(10) 最近刊行された研究書でいうと、飯田泰三『大正知識人の思想風景——「自我」と「社会」の発見とそのゆくえ』(法政大学出版局、二〇一七年)第二篇第二章、第五篇参照。

あとがき

この「あとがき」を書いている今も本書を刊行することに迷いを感じている。昨今の人文系の若手研究者を囲繞する理不尽な環境のなかで、必ずしも内発的な動機づけだけに基づいて書き進めて来たわけではない原稿をこうして一書にすることは、学問的良心を冒瀆することに等しいのではないか。そうした環境において歴史学のような学問を選択したこと自体、ナンセンスなのかもしれない。しかし私は、歴史学が、あらゆる人間の思想と行動が絡まり合う過去を解きほぐし、ひとつの物語として織り込んでいくものであると同時に、とどまることなく変化し続ける社会を定点観測し、揺るがぬ立脚地を造り上げる最良の方法であると固く信じている。

本書は二〇一五年に筑波大学から博士（文学）学位が授与された論文を大幅に改稿して公刊するものである。各章はそれぞれ、すでに発表した単行論文に原形をとどめないほど修正を加えたものであるが、参考までに初出誌の一覧を挙げる。

第一章　国家思想の構築と社会進化論の受容←博士論文第一章
第二章　「優勝劣敗是天理矣」←「『人権新説』の再検討」（『近代史料研究』第一〇号、二〇一〇年）
第三章　明治二十年前後における〈優勝劣敗〉思想の深化←「『人権新説』以後の加藤弘之——明治国家の確立と「強者ノ権利」論の展開」（『史境』第六四号、二〇一二年）

第四章　明治国家の確立と〈天則〉の主張←「加藤弘之による雑誌『天則』の創刊」（『メディア史研究』第三七号、二〇一五年）
第五章　日清戦争前後の「道徳法律」論←「日清戦争前後の「道徳法律」論——加藤弘之における進化論的国家思想の展開」（『史境』第七二号、二〇一六年）
第六章　日露戦後における社会進化論の行方←「日露戦後における社会進化論の行方——加藤弘之の『自然と倫理』・『国家の統治権』をめぐって」（『社会文化史学』第六〇号、二〇一七年）
補　章　加藤弘之による「追遠碑」建設←「加藤弘之による「追遠碑」建設と「神之遺徳」——大正二、三年の茨城県筑波郡訪問の思想史的意義」（『日本史学集録』第三六号、二〇一三年）
（＊成稿後、本書に関連した論考として「井上円了と加藤弘之——「明治の青年」と「天保の老人」の協働」、『井上円了センター年報』第二七号、二〇一九年がある。）

まことに拙いものではあるが、ここまで到達することができたのには多くの方々からの御指導や励ましがあった。

まず、中野目徹先生には、大学入学以来一貫して御指導を賜り、博士論文の主査をお引き受けいただいただけでなく、本書の刊行を御仲介していただいた。学恩は数限りなく、ここですべてを記すことはできないので、そもそも私ごとき者を膝下に置き学問の機会をお与えくださったこと、そしてその深奥を垣間見せていただいたこと自体に心からの御礼を申し上げたい。

副査にお入りくださった千本秀樹先生、伊藤純郎先生、竹中佳彦先生にも、審査の過程でいただいた有益な御指導に対してこの場において感謝申し上げる。

先日召天された和田守先生からは、同窓の大先輩ならではの心に沁みるアドバイスをいただいた。お名前は略させていただくが、学会や研究会の場で、未熟な私に温かい御指導をくださったすべての方々に御礼申し上げたい。

日本近代史研究会のメンバー、すなわち中野目ゼミOBの先輩方にも感謝を申し上げる。研究会では新たな論文の構想について時間を忘れて徹底的に議論し、各地の史料調査には総出で取りかかる。先輩後輩間の上下の作法の厳しさに最初は抵抗感を抱いたが、それは経験科学である歴史学を考究する者たちの当然の関係であると気付いてからは自然と身についていった。今思い出しても顔から火がでるほど未熟であった私に対して、先輩方は辛抱強くアドバイスしてくださった。とくに本書の執筆に際しては専門が近い水谷悟氏、長尾宗典氏にそれこそ文字通り泣きつき、御助言を乞うた。まだまだ先輩方の領域には到達できそうもなく、今後もその背中を追い続けることを許していただければ幸いである。

本書と本書の元となった論文を執筆する過程で、史料の閲覧に便宜をはかってくださった一ノ矢八坂神社、九州大学附属図書館、京都大学大学文書館、国立公文書館、国立国会図書館、同憲政資料室、つくば市立大曽根小学校、筑波大学附属図書館、つくばみらい市、東京大学大学院法学政治学研究科附属近代日本法政史料センター（明治新聞雑誌文庫）、東京大学附属図書館、東京大学文書館、豊岡市教育委員会に、御礼を申し上げる。

ぺりかん社の藤田啓介氏には大変な御迷惑をおかけした。本書の原稿を持ち込んだときは「二十代のうちに出版したい」という私の無謀な願いを呑んでいただいたにもかかわらず、結局私自身が、入稿後に刊行された松本三之介先生の『「利己」と他者のはざまで』（以文社、二〇一七年）を乗り越える視座を提示できているかどうか懊悩し続けたことで、この日まで出版を先延ばししていただくことになった。こうなったからには平伏して謝るほかないが、それにしても大変な御迷惑をおかけしたと心苦しい。

振り返れば、私は五木寛之『青春の門 筑豊篇』の舞台で生まれ育った。すでに主要産業を失った私の故郷は他の地域に比べて、衰退の速度も深刻さも抜きん出ていたと思う。数少ない書店に積まれていたのは、子供向けの漫画やグラビア誌など「売れる」本ばかりであった。まだネットショッピングが普及していない時代で、私は本に飢えていた。そのようななかで田川市立図書館、明治学園図書館、北九州市立大学図書館に大変お世話になった。一時間に一本のディーゼル列車に揺られながら、本を紐解くのが至福のときであった。

自身の原点を顧みたとき、まぎれもなくその延長線上に今も在ることに安堵する。だからこそ今後は、もう二度と急ごしらえとごまかしと御都合主義には手を染めず、このほころびだらけの織物を繕いながら、私自身の信念と課題に基づき着実に歩を進めていきたいと強く念じている。

田中友香理

二〇一九年六月

ナ行

ハ行

タ行

事　項

ア行

カ行

マ行

ヤ行

ラ行

ワ行

ナ行

ハ行

サ行

タ行

索　引

＊人名は現代の表記に改めているため，本文における引用等の表記とは異なっている場合がある。

人　名

ア行

カ行

著者略歴

田中　友香理（たなか　ゆかり）

1987年，福岡県生まれ。筑波大学人文学類卒業。筑波大学大学院博士課程人文社会科学研究科歴史・人類学専攻修了。博士（文学）。
現在，筑波大学人文社会系助教。
専攻―日本近代思想史・史料学
論文―「家族 長善館と鈴木家」（中野目徹編『近代日本の思想をさぐる』吉川弘文館），「井上円了と加藤弘之――「明治の青年」と「天保の老人」の協働」（『井上円了研究センター年報』第27号）

装訂―― design POOL（北里俊明・田中智子）

〈優勝劣敗〉と明治国家
加藤弘之の社会進化論

2019年9月30日　初版第1刷発行

著　者　田中 友香理

発行者　廣嶋 武人

発行所　株式会社 ぺりかん社
〒113-0033 東京都文京区本郷1-28-36
TEL 03(3814)8515
http://www.perikansha.co.jp/

印刷・製本　創栄図書印刷

Printed in Japan

ISBN 978-4-8315-1546-9